Nomos Universitätsschriften

Recht

Band 1020

Aynur Akhundli

Die zivilrechtliche Haftungsverteilung bei der fehlenden Zustimmung des Zahlers im elektronischen Zahlungsverkehr

Eine vergleichende Untersuchung der deutschen und russischen Rechtsordnung

Nomos

Gedruckt mit Unterstützung des Deutschen Akademischen Austauschdienstes

Die Deutsche Nationalbibliothek verzeichnet diese Publikation in der Deutschen Nationalbibliografie; detaillierte bibliografische Daten sind im Internet über http://dnb.d-nb.de abrufbar.

Zugl.: Halle-Wittenberg, Univ., Diss., 2022

u.d.T.: Die zivilrechtliche Haftungsverteilung bei der fehlenden Zustimmung des Zahlers zum Zahlungsvorgang im elektronischen Zahlungsverkehr

ISBN 978-3-7560-0356-3 (Print)
ISBN 978-3-7489-3844-6 (ePDF)

Onlineversion
Nomos eLibrary

1. Auflage 2023

Meiner Mutter

Vorwort

Die vorliegende Arbeit wurde im Sommersemester 2022 von der juristischen und Wirtschaftswissenschaftlichen Fakultät der Martin-Luther-Universität Halle-Wittenberg als Dissertation angenommen. Literatur und Rechtsprechung sind bis Juli 2022 berücksichtigt.

Mein besonderer Dank gilt zunächst meinem Doktorvater, *Herrn Prof. Dr. Christoph Kumpan, LL.M. (Univ. of Chicago)* für die hervorragende Unterstützung und die Erstellung des Ertgutachtens. Seine konstruktiven Anmerkungen und die wertwollen Diskussionen haben wesentlich zum Gelingen meiner Arbeit beigetragen. Ein herzlicher Dank gebührt Herrn *Jun.-Prof. Dr. Azar Aliyev,* der mich durch wertwolle Diskussionen und umfassende langjährige Unterstützung maßgeblich auf meinem Weg zur Themenfindung und im Verlauf meiner wissenschaftlichen Entwicklung gefördert hat.

Meine Promotion wurde durch die großzügige Förderung der Deutscher Akademischer Austauschdienst (DAAD) ermöglicht. Ich danke DAAD zutiefst für die Möglichkeit, mich ganz auf meine Promotion zu konzentrieren.

Mein persönlicher Dank geht auch an meine Kollegen, Kolleginnen und Freunde, die mich während dieser Zeit begleitet haben. Großen Dank schulde ich ebenfalls meiner Mutter *Rahila Akhundova* und meiner Schwester *Ayten Akhundli* für ihre uneingeschränkte Unterstützung. Ich widme diese Arbeit meiner Mutter.

Halle (Saale), im August 2023 *Aynur Akhundli*

Inhaltsverzeichnis

Abkürzungsverzeichnis

a. A.	anderer Ansicht
a. F.	alte Fassung
Abs.	Absatz
AcP	Archiv für die civilistische Praxis
AG	Amtsgericht
AGB	Allgemeine Geschäftsbedingungen
Anm.	Anmerkung
AnwBl.	Anwaltsblatt
Art.	Artikel
Aufl.	Auflage
BB	Betriebsberater
Bd.	Band
BGB	Bürgerliches Gesetzbuch
BGBl.	Das Bundesgesetzblatt
BGH	Bundesgerichtshof
BGHZ	Entscheidungen des Bundesgerichtshofs in Zivilsachen
BKR	Bank- und Kapitalmarktrecht
bspw.	beispielsweise
BT-Drs.	Bundestagsdrucksache
bzw.	beziehungsweise
CR	Computer und Recht
DuD	Datenschutz und Datensicherheit
DStR	Deutsches Steuerrecht
e. V.	Eingetragener Verein
ec	electronic cash
ELV	Elektronisches Lastschriftverfahren
engl.	englisch
EuGH.	Europäischer Gerichtshof
EWir.	Entscheidungen zum Wirtschaftsrecht

f.	folgende
FAZ	Frankfurter Allgemeine Zeitung
ff.	fortfolgende
Fn.	Fußnote
gem.	gemäß
ggfs.	gegebenenfalls
GVG	Gerichtsverfassungsgesetz
GWR	Gesellschafts- und Wirtschaftsrecht
h. M.	herrschende Meinung
HGB	Handelsgesetzbuch
Hrsg.	Herausgeber
i. E.	im Ergebnis
i. S. d.	im Sinne des
i. V. m.	in Verbindung mit
insb.	insbesondere
ITRB	IT-Rechts-Berater
JuS	Juristische Schulung
JZ	Juristenzeitung
Kap.	Kapitel
KWG	Kreditwesengesetz
lat.	lateinisch
LG	Landgericht
m. w. N.	mit weiteren Nachweisen
MüKo	Münchener Kommentar
n. F.	neue Fassung
NJW	Neue Juristische Wochenschrift
Nr.	Nummer
ÖBA	Österreichische Bankarchiv
OGH	Oberster Gerichtshof
OLG	Oberlandesgericht
PIN	persönliche Identifikationsnummer
Rn.	Randnummer
Russ.	Russisch

Rz.	Randzeichen
S.	Seite
sog.	sogenannte/sogenannter/sogenanntes
TAN	Transaktionsnummer
u. a.	unter anderem
vgl.	Vergleiche
Vorb.	Vorbemerkungen
VuR	Verbraucher und Recht
WM	Wertpapier-Mitteilungen
WUB	Zeitschrift für Wirtschafts- und Bankrecht
z.B.	zum Beispiel
ZAG	Zahlungsdiensteaufsichtsgesetz
ZBB	Zeitschrift für Bankrecht und Bankwirtschaftsrecht
ZDRL	Zahlungsdiensterichtlinie
ZGB	Zivilgesetzbuch Russischer Föderation
ZHR	Die Zeitschrift für das gesamte Handels- und Wirtschaftsrecht
ZInsO	Zeitschrift für das gesamte Insolvenz
ZIP	Zeitschrift für Wirtschaftsrecht
zit.	zitiert
ZPO	Zivilprozessordnung

Einleitung

Die weltweite Automatisierung und Computerisierung aller Bereiche der menschlichen Tätigkeit hat zum ständigen Wachstum des elektronischen Handels geführt, der heute für die moderne Weltwirtschaft sowie für die Gesellschaft jedes Landes eine bedeutende Rolle spielt. Dabei ist die Entwicklung des elektronischen Handels ohne die Modernisierung des Zahlungsverkehrs, bei dem die schnellen und sicheren, bargeldlosen Bezahlmöglichleiten gewährleistet werden, nicht vorstellbar. Demzufolge werden entsprechend den Anforderungen der modernen Wirtschaft innovative Zahlungssysteme etabliert, die eine günstige, bequeme und sichere Ausführung einer Zahlung im Internet bieten. Die Verlagerung der Zahlungen ins Internet bringt neben zahlreichen Vorteilen auch neuartige Problematiken mit sich. Mit der Erhöhung der Zahlungen im Internet haben sich auch die Fälle der Cyberkriminalität erhöht, bei denen Dritte Schäden verursachen, die in der Regel zwischen den Parteien des Zahlungsvorgangs, nämlich zwischen dem Kreditinstitut und dem Zahler, zu verteilen sind. Daher ist ein geeigneter Mechanismus der rechtlichen Regulierung der Haftungsverteilung zwischen den Parteien von großer Bedeutung, so dass das Gleichgewicht zwischen den Parteien gewahrt werden kann. Sollten im Zuge dessen rechtlichen Regulierung hinsichtlich des elektronischen Zahlungsverkehrs fehlen, können die Interessen der schwächeren Partei, d.h. des Zahlers, benachteiligt werden. Deshalb zielt diese Arbeit darauf ab, die haftungsrechtlichen Aspekte des elektronischen Zahlungsverkehrs nach dem deutschen und dem russischen Recht vergleichend zu untersuchen und damit einen Beitrag zur internationalen Diskussion zu leisten. Analysiert werden im Rahmen dieser Arbeit insbesondere die Fälle, in denen eine Zahlung infolge des missbräuchlichen Handelns durch einen Dritten und dementsprechend ohne Zustimmung des Zahlers erfolgt ist. Untersucht und dargestellt werden mithin die Rechtsverhältnisse zwischen den in den Zahlungsvorgang einbezogenen Parteien, die Unterschiede und Ähnlichkeiten der gesetzlichen Regulierung der Haftungsverteilung zwischen den Parteien, wenn eine Zustimmung des Zahlers zum Zahlungsvorgang nicht vorliegt. Als Ausgangsmodell wird zunächst das weiterentwickelte, auf dem europäischen Recht basierende deutsche Recht betrachtet. Hieran anknüpfend erfolgt sodann der Vergleich mit dem russischen Recht. Darüber hinaus wird neben der rechtsvergleichenden Analyse eine ökonomische Analyse und Darstellung der rechtlichen Gestaltung des Haftungsrechts in Deutschland und Russland vorgenommen.

Die Untersuchung der Haftungsverteilung wird im Rahmen dieser Arbeit am Beispiel der Überweisung per Online-Banking und Zahlungskarten dargestellt, wobei die einzelnen Zahlungsinstrumente nicht im Einzelnen analysiert werden, sondern die Darstellung der allgemeinen Grundlagen der Gesetzgebung über die Haftungsverteilung erfolgt. Bei Bedarf wird auf die Besonderheit des jeweiligen Zahlungsinstruments eingegangen. Alle anderen elektronischen Zahlungsinstrumente, insbesondere die Zahlungen per Lastschrift, werden nicht detailliert diskutiert und nur am Rande erwähnt. Darüber hinaus beschränkt sich die Untersuchung der Haftung der Parteien grundsätzlich auf die Verhältnisse des Zahlungsdienstleisters und des Zahlers. Dabei bleiben zwischengeschaltete Stellen sowie die Verhältnisse der im Zahlungsvorgang beteiligten Zahlungsdienstleister untereinander in dieser Arbeit unberücksichtigt. Als Zahler ist im Rahmen dieser Dissertation der Verbraucher im deutschen bzw. die natürlichen Personen im russischen Recht zu verstehen und dementsprechend wird auf die möglichen vertraglichen Abbedingungen der gesetzlichen Vorschriften mit dem Unternehmen nicht eingegangen.

Auswahl der Rechtsordnungen

Für den Rechtsvergleich wurden das deutsche und das russische Recht gewählt. Sowohl die deutsche als auch die russische Rechtsordnung gehören zum kontinentalen Recht und basieren dementsprechend insbesondere auf dem römischen Recht.[1] Das Recht des Zahlungsverkehrs wird aufgrund der rasanten Entwicklung des Zahlungsverkehrs in Deutschland als auch in Russland vom Gesetzgeber ständig modernisiert. Kontinuierlich werden die neuen rechtlichen Rahmenbedingungen ausgearbeitet, die insbesondere die Regulierung der Zahlungen im Internet zum Ziel haben.

Im deutschen Recht wurden die neuen Grundlagen für den elektronischen Zahlungsverkehr durch die Umsetzung der ersten Zahlungsdiensterichtlinie des Europäischen Parlaments in Jahr 2009 geschaffen, die mit der Umsetzung der zweiten Zahlungsdiensterichtlinie des Europäischen

1 *Laue*, Die zivilrechtliche Haftung der Banken, S. 6.

Parlaments im Jahr 2018 weiterentwickelt wurden.[2] Es handelt sich dabei um die neuen einheitlichen Regelungen der §§ 675c-676c BGB, die für alle elektronischen Zahlungsinstrumente gelten sollen.

Die Modernisierung des russischen Zahlungsverkehrsrechts erfolgte durch die Schaffung des Föderalen Gesetzes »Über das nationale Zahlungssystem«, das wesentliche Neuregelungen für die Zahlungen mit elektronischen Zahlungsmitteln enthält. Allerdings erfolgt die Handhabung im russischen Recht trotz der Schaffung des neuen Gesetzes, welches grundsätzlich auf alle elektronischen Zahlungsmittel anwendbar ist, nicht einheitlich. Auf die Verhältnisse der Parteien finden damit neben den Vorschriften des Gesetzes »Über das nationale Zahlungssystem« ebenfalls die Vorschriften des Zivilgesetzbuchs der Russischen Föderation sowie bei einzelnen Fragen die normativen Akte der Zentralbank Russlands Anwendung. Mangels einheitlicher Regelung des elektronischen Zahlungsverkehrs führt dies zu zahlreichen Problemen in der Praxis, die in der vorliegenden Arbeit analysiert und dargestellt werden sollen. Eine rechtsvergleichende Analyse der haftungsrechtlichen Aspekte des Zahlungsverkehrsrechts soll einen besseren Überblick über den elektronischen Zahlungsverkehr der beiden Länder schaffen und die Verbesserungswege der bestehenden Probleme aufzeigen. Weiterführend soll durch diese Arbeit ein Beitrag zur wissenschaftlichen Diskussion der Haftungsverteilung in Deutschland und Russland geleistet werden.

Methodisches Vorgehen

Für die bevorstehende Analyse der Haftungsverteilung wird in dieser Arbeit die Methode der funktionalen Vergleichung nach Zweigert/Kötz[3] als wichtigstes Instrument der Untersuchung verwendet. Dabei steht die Funktion der gesetzlichen haftungsregelnden Vorschriften im Vordergrund.[4] Da sich das deutsche Recht im Bereich des elektronischen Zahlungsverkehrs als fortschrittlicher anzusehen ist, wird dieses als Ausgangsmodell betrachtet und die rechtlichen Fragen nach der Systematik des deutschen Rechts beschrieben.

Bevor in der Analyse auf die einzelnen haftungsregelnden Vorschriften eingegangen wird, soll für das bessere Verständnis der Rechtslage des elek-

---

2 *MüKo-BGB/Casper*, 8. Aufl., § 675c Rn. 2 ff.

3 *Kötz*, Einführung in die Rechtsvergleichung.

4 *Zweigert/Kötz*, Einführung in die Rechtsvergleichung, S. 33.

tronischen Zahlungsverkehrs ein Überblick über die allgemeinen Grundlagen des Zahlungsverkehrsrecht erfolgen. Das erste Kapitel untergliedert sich dabei in zwei Teile, wobei im ersten Teil die rechtstatsächlichen Grundlagen, die Rechtsquellen des elektronischen Zahlungsverkehrs sowie für diese Arbeit relevante Rechtsbegriffe nach dem deutschem und russischem Recht dargestellt werden. Der zweite Teil widmet sich der Darstellung der allgemeinen Grundlagen des Haftungsrechts, indem der Begriff sowie die Prinzipien der Haftungsverteilung nach dem deutschen und russischen Recht mit einem kurzen Überblick über die ökonomischen Aspekte der Verteilung des Schadensrisikos dargestellt werden.

Da die elektronischen Zahlungen zwischen Zahlungsdienstleister und Zahler sowohl in Deutschland als auch in Russland auf der Grundlage eines zivilrechtlichen Vertrags durchgeführt werden, widmet sich das zweite Kapitel den Besonderheiten der Verträge, die zwischen den Parteien für die Durchführung der elektronischen Zahlungen in Deutschland und Russland abgeschlossen werden. Von besonderer Relevanz sind dabei die Analyse der Darstellung der Pflichten der Parteien, die bei der Haftungsverteilung im Falle eines Missbrauchs eine entscheidende Rolle spielen. Am Ende des zweiten Kapitels erfolgen ebenfalls die rechtsvergleichenden Schlussfolgerungen bezüglich der gesetzlichen Regulierung eines Vertrags über die Durchführung der Zahlungsdienste nach dem jeweiligen Recht der beiden Rechtsordnungen.

Schließlich erfolgt in drittem Kapitel der Dissertation die Analyse und Erläuterung der gesetzlichen Vorschriften, welche die eigentliche Haftungsverteilung zwischen dem Zahlungsdienstleister und dem Zahler in den Fällen regelt, in welchen keine Zustimmung des Zahlers zum Zahlungsvorgang vorliegt. Um ein besseres Verständnis für solche Fälle zu ermöglichen, werden die gesetzlichen Anforderungen der Erteilung einer Zustimmung hinsichtlich eines solchen Zahlungsvorgangs sowie die Grundlagen der Ausführung nach dem deutschen und russischen Recht dargestellt. Im Rahmen der Untersuchung der Haftungsverteilung werden nicht nur die gesetzlichen Vorschriften, sondern auch die Rechtsprechung untersucht, damit die Anwendung der gesetzlich vorgeschriebenen Vorschriften nach deren Sinn und Zweck bewertet werden können. Bei der Analyse der Rechtsprechung des deutschen Rechts werden die Entscheidungen des

Bundesgerichtshofs, der Oberlandes- und Landesgerichte herangezogen.[5] Im russischen Recht werden im Wesentlichen an den Entscheidungen der Arbitragerichte, insbesondere des Obersten Arbitragegerichts, der Arbitrage-Berufungsgerichte, Arbitragegerichte der Bezirke [6] sowie der Gerichte der ordentlichen Gerichtsbarkeit, insbesondere der Berufungs- und Kassationsgerichte, angeführt und untersucht.[7] Anschließend wird die rechtsvergleichende Analyse mit den ökonomischen Einblick in die Gestaltung der Haftungsvorschriften ergänzt.

Abschließend werden im letzten Teil des Kapitels die Lösungsansätze der beiden Rechtsordnungen hinsichtlich der Verteilung des Missbrauchsrisiko zwischen den Parteien parallel analysiert und verglichen.

5 Amtsgerichte, Landgerichte, Oberlandesgerichte sind nach § 12 GVG die Gerichte der ordentlichen Gerichtsbarkeit in Deutschland.

6 Die Arbitragegerichte sind die Föderalen Gerichte der Russischen Föderation, die für die Wirtschaftstretigkeiten sowie für die Streitigkeiten im Zusammenhang mit der unternehmerischen Tätigkeit zuständig sind. Das Oberste Arbitragegericht der Russischen Föderation, Arbitrage-Berufungsgericht, die Arbitragegerichte der Bezirke, sowie die Arbitragegerichte der Subjekte der Russische Föderation gehören gem. Art. 3 der Föderalen Verfassungsgesetz »Über die Arbitragegerichte der Russischen Föderation« Nr. 1-KFZ von 28.04.1995 zu den Föderalen Arbitragegerichte der Russischen Föderation.

7 Die Kassations- und Berufungsgerichte gehören gem. Art. 1 des Föderalen Verfassungsgesetzes »Über die Gerichte der ordentlichen Gerichtsbarkeit in der Russischen Föderation« N1- FKZ vom 07.02.2011zu den Föderalen Gerichte der ordentlichen Gerichtsbarkeit der Russischen Föderation.

§1 Grundlagen

A. Elektronischer Zahlungsverkehr in Deutschland und Russland. Entwicklung und aktueller Stand.

I. Rechtstatsächliche Grundlagen

Die mit der Digitalisierung im Zusammenhang stehenden Neuerungen und Optimierungen berühren in Deutschland nunmehr auch den Bereich des Zahlungsverkehrs. Obwohl das Bargeld im Deutschland das meistbenutzte Zahlungsmittel ist,[8] ist die Anzahl der bargeldlosen Zahlungen in Deutschland in den letzten Jahren gestiegen.

Laut der Statistik der Deutschen Bundesbank[9] betrug der Anteil der bargeldlosen Zahlungen, die von deutschen Zahlungsdienstleistern im Jahr 2021 mit ihren Nichtbankenkunden abgewickelt wurden, schätzungsweise 27.3 Milliarden Transaktionen und bezifferte einen Gesamtwert von knapp 65 Billionen Euro.[10] Dabei entspricht dies einer Steigerung der unbaren Zahlungen im Vergleich zu 2020 um 5.4 % in der Anzahl und 8,05 % im Wert. Das am häufigsten genutzte unbare Zahlungsinstrument stellt in Deutschland die Lastschrift dar. Allein im Jahr 2021 wurden mittels Lastschrift 11.7 Mrd. Transaktionen durchgeführt. Diese Methode der unbaren Zahlung macht somit einen Anteil von 43 % aller Zahlungsvorgänge aus.[11] Daneben spielt auch die Überweisung eine wichtige Rolle. Im Jahr 2020 wurden von den Zahlungsdienstleistern 7.1 Mrd. Überweisungen durchgeführt.[12] Der Anteil der Kartenzahlungen hat sich im letzten Jahr,

---

8 Deutsche Bundesbank, Pressenotiz, 06.07.2022, abrufbar unter: https://www.bundesbank.de/de/presse/pressenotizen/zahlungsverhalten-in-deutschland-2021-894082.

9 Deutsche Bundesbank, Zahlungsverkehrs- und Wertpapierabwicklungsstatistiken, Juli 2022, abrufbar unter: https://www.bundesbank.de/resource/blob/804046/31e3c1532e3c3acfdaa4da83700bb6cc/mL/0 zahlungsverkehrs-und-wertpapierabwicklungs-statistiken-data.pdf, S. 10, 12.

10 Deutsche Bundesbank, Zahlungsverkehrs- und Wertpapierabwicklungsstatistiken, Juli 2022, S. 10.

11 Deutsche Bundesbank, Zahlungsverkehrs- und Wertpapierabwicklungsstatistiken, Juli 2022, S. 10.

12 Deutsche Bundesbank, Zahlungsverkehrs- und Wertpapierabwicklungsstatistiken, Juli 2022, S. 10.

im Vergleich zum Jahr 2021, am stärksten erhöht. Von den Zahlungsdienstleistern wurden 8.2 Mrd. Transaktionen mittels Zahlungskarte abgewickelt, was einem Wachstum um 9.7 % im Vergleich zum Vorjahr entspricht.[13] Der höchste Anteil der Transaktionen wurde mittels Zahlungskarten (ca. 6.5 Mrd.) in Form von sog. Debitkarten durchgeführt. Kreditkarten und insbesondere Kreditkarten mit Kreditfunktion (ca. 162 Mio.) sowie E-Geld Transaktionen (23.9 Mio.) kommen im deutschen Zahlungsverkehr, genauso wie in den letzteren Jahren, keine große Bedeutung zu.

Auch in Russland hat sich der Markt des elektronischen Zahlungsverkehrs in den letzten Jahren erheblich entwickelt. Sowohl die technologischen Innovationen im Zusammenhang mit der Erbringung von Zahlungsdiensten und den damit verbundenen Prozessen, als auch die Globalisierung und Konsolidierung des Finanzsektors haben das Auftreten neuer Zahlungsinstrumente auf dem Zahlungsmarkt beeinflusst. Angesichts der innovativen Zahlungsdiente ist der Zahlungsmarkt in Russland vielfältiger und fortschrittlicher als in Deutschland. Die Erweiterung des Kreises der Zahlungsdienste, sowie die Erleichterung des Zugangs zu den Zahlungssystemen haben das Wachstum des Anteils bargeldloser Zahlungen in Russland zur Folge. Demnach erfolgen, nach Auswertung der Ergebnisse des nationalen Zahlungssystems der Zentralbank der russischen Föderation, 78,1 % aller Zahlungen im russischen Einzelhandel mittels einer bargeldlosen Transaktion.[14] Dabei ist der Anteil der Transaktionen, die mit elektronischem Zahlungsmittel durchgeführt werden, im Jahr 2022 im Vergleich zu 2021 um 13,2 % (79,5 Milliarden Zahlungsaufträge) und um 32,4 % (1592,3 Billionen Rubel) in Bezug auf den Wert gestiegen.[15] Die Zahlungskarten sind in Russland das meistbenutzte Zahlungsmittel. Die Erweiterung der Funktionalität und Benutzerfreundlichkeit der Zahlungskarten sowie der Einsatz der Zahlungsangebote auf Basis moderner Technologien (Online-Banking, Zugang zum Konto durch Smartphone, kontaktlose Zahlung) hat zum Anstieg der Transaktionen geführt, die durch Zahlungskarten durchgeführt werden. Mithin ist der Anteil der Transaktionen unter Einsatz von Zahlungskarten der russischen Kreditinstitute im Jahr 2023 im In-und

13 Deutsche Bundesbank, Zahlungsverkehrs- und Wertpapierabwicklungsstatistiken, Juli 2022, S. 10.

14 Zentralbank von Russisches Föderation, Überwachungsergebnisse über nationales Zahlungssystem für 2018-2020, Abrufbar unter: Zentralbank von Russisches Föderation, Überwachungsergebnisse über nationales Zahlungssystem für 2020-2022, S. 5.

15 Zentralbank von Russisches Föderation, Überwachungsergebnisse über nationales Zahlungssystem für 2018-2020., S. 5.

Ausland um 9,8 % (69.6 Mrd. Zahlungsaufträge) in der Anzahl und 15,1% (155.3 Billionen Rubel) im Wert, vergleichend zum Vorjahr, gestiegen.[16]

Die rasante Entwicklung der Computertechnologie und die Entstehung der modernen innovativen Bezahlsysteme bringt neben den zahlreichen Vorteilen, wie die Möglichkeit der Durchführung der schnellen und bequemen elektronischen Zahlungen, auch Nachteile mit sich, wie die Gefahr der Entstehung erheblicher finanzieller Schäden im Falle eines Missbrauchs durch einen Dritten. Dementsprechend hat die Entwicklung der Zahlungen im Internet die Weiterentwicklung der Computerkriminalität zur Folge. Mitunter hat die professionelle Ausnutzung von Systemlücken einer Webseite und die Zugänglichkeit der Betrugsmethoden für eine große Anzahl von Personen auch ohne spezielles Wissen zum Anstieg der Anzahl der nicht autorisierten Zahlungen geführt. Laut Angaben der polizeilichen Kriminalstatistik[17] hat sich der Anteil des Betrugs bzw. Computerbetrugs mit rechtswidrig erlangten unbaren Zahlungsmitteln im Jahr 2022 im Vergleich zum Jahr 2021 um 22.5 % erhöht. Anders ist die Lage in Russland. Laut Angaben der Zentralbank hat sich die Anzahl der Transaktionen, die ohne Zustimmung des Zahlers durchgeführt wurden, im Jahr 2022 im Vergleich zum Jahr 2021 aufgrund der Maßnahmen der Banken um 15.31% verringert.[18] Vergleichend zum Vorjahr konnte in 2022 jedoch ein Anstieg der Transaktionen mit elektronischen Zahlungsmitteln, welche ohne Zustimmung des Kontoinhabers durchgeführt wurden, in Höhe von 4,29 % festgestellt werden.[19] Die Vorgehensweise, welche von den Tätern am häufigsten Anwendung findet, bezeichnet die Zentralbank Russlands als „Social Engineering". Hierbei wirkt der Täter psychologisch in der Art und Weise auf das Opfer ein, dass dieses freiwillig die von dem Täter benötigten Kontoinformationen herausgibt.[20]

16 Zentralbank von Russisches Föderation, Überwachungsergebnisse über nationales Zahlungssystem für 2018-2020, S. 4.

17 Polizeiliche Kriminalstatistik 2022, Ausgewählte Zahlen im Überblick, S. 21. Abrufbar unter: https://www.bmi.bund.de/SharedDocs/downloads/DE/publikationen/themen/sicherheit/pks-2022.pdf?__blob=publicationFile&v=4.

18 Überblick über die Transaktionen, die ohne Zustimmung des Kundens der Kreditinstitute durchgeführt werden. Für Jahr 2022, 14.02.2023. Abrufbar unter: https://www.cbr.ru/analytics/ib/operations_suvey_2022/, Pkt. 1.

19 Überblick über die Transaktionen, die ohne Zustimmung des Kundens der Kreditinstitute durchgeführt werden. Für Jahr 2022, Pkt. 1.

20 Überblick über die Transaktionen, die ohne Zustimmung des Kundens der Kreditinstitute durchgeführt werden. Für Jahr 2022, Pkt. 1.

Aus den Angaben der polizeilichen Kriminalstatistik, sowie denen der Zentralbank Russlands, lässt sich erkennen, dass das Problem der Missbrauchsfälle in den beiden Ländern weiterhin fortbesteht. Da die Missbrauchstäter in den meisten Fällen nicht zu ermitteln sind, bleibt das Problem der adäquaten Verteilung der entstandenen Missbrauchsschäden zwischen dem Kreditinstitut und dem Kontoinhaber sowohl in Deutschland als auch in Russland von besonderer Relevanz.

II. Gesetzliche Regulierung des elektronischen Zahlungsverkehrs

Die Rechtsverhältnisse zwischen den Parteien im elektronischen Zahlungsverkehr werden im deutschen Recht durch §§ 675c-676c BGB geregelt. Die primären Rechtsquellen dieser Rechtsverhältnisse im russischen Recht stellen das Föderale Gesetz vom 27. Juni 2019 »Über das nationale Zahlungssystem«[21] und die Kapitel 45 und 46 des Zivilgesetzbuchs der Russischen Föderation[22] dar. Darüber hinaus sind andere Gesetze und Rechtsakte auf die Rechtsverhältnisse im elektronischen Zahlungsverkehr im russischen Recht anwendbar. Nachfolgend werden zunächst die §§ 675c bis 676c BGB und deren Entwicklung dargestellt. Dieser anschließend erfolgt eine Untersuchung der primären Rechtsquellen in Russland und deren Entwicklungsprozess. Dabei soll die Erläuterung des Entwicklungsprozesses der Rechtsquellen es ermöglichen, den Sinn und Zweck einzelner Haftungsvorschriften besser zu verstehen.

1. Deutschland

a) Regelung durch die § 675c-676c BGB

Die gesetzliche Grundlage der Regulierung der Verhältnisse sowie der Haftung der Parteien, die an der Durchführung einer elektronischen Zahlung beteiligt sind, bilden die Regelungen im Untertitel 3 »Zahlungsdienste« des 12. Titels im 8. Abschnitt des 2. Buches des BGB. Dabei handelt es sich um die §§ 675-676c BGB, die bis zum 13.01.2018 der Umsetzung der

---

21 Föderales Gesetz vom 27. Juni 2019 Nr.161-FZ »Über das nationale Zahlungssystem« (weiter im Text: Gesetz »Über das nationale Zahlungssystem«).

22 Zivilgesetzbuch der Russischen Föderation vom 26.01.1996, N14-FZ (weiter im Text: ZGB).

zivilrechtlichen Vorschriften der ersten Zahlungsdiensterichtlinie (ZDRL)[23] ins deutsche Recht dienten. Mit dem Inkrafttreten und der Umsetzung der zivilrechtlichen Vorschriften der zweiten Zahlungsdiensterichtlinie[24] in das deutsche Recht wurden die Regelungen der §§ 675c-676c BGB entsprechend den Bestimmungen der Zahlungsdiensterichtlinie mit Wirkung zum 13.01.2018 überarbeitet und weiterentwickelt.

aa) Neugestaltung des Zahlungsverkehrsrechts durch die Zahlungsdiensterichtlinie I

Die gesetzliche Regulierung der Zahlungsdienste wird im deutschen Recht stark vom europäischen Recht beeinflusst. Die Basis für den Einfluss des europäischen Rechts bildet der Vertrag über die Europäische Union (EUV) und der Vertrag über die Arbeitsweise der Europäischen Union (AUEV),[25] die eine Grundordnung der Europäischen Union und somit primäres Unionsrecht darstellen.[26] Die Rechtsetzungsakte der Organe der Europäischen Union, die für das Privatrecht von Bedeutung sind, sind nach Art. 288 AUEV die Verordnungen und Richtlinie, die sich ihrerseits als sekundäres Unionsrecht charakterisieren lassen.[27] Die ZDRL, die auf Art. 114 EUV gestützt ist, ist am 25.12.2007 in Kraft getreten und bis zum 01.11.2009 von allen EU-Länder umzusetzen. Dabei hat die ZDRL die neue rechtliche Grundlage für den elektronischen Zahlungsverkehr im europäischen Wirtschaftsraum geschaffen. Das Primärziel war die Schaffung eines einwandfrei funktionierenden Binnenmarkts, welcher aufgrund der fehlenden Harmonisierung im und vor dem Zeitpunkt des Erlasses,

23 Die Richtlinie 2007/64 EG des Europäischen Parlaments und des Rates vom 13.11. 2007 über Zah-lungsdienste im Binnenmarkt.

24 Richtlinie (EU) 2015/2366 des Europäischen Parlaments und des Rates vom 25. November 2015 über Zahlungsdienste im Binnenmarkt, zur Änderung der Richtlinien 2002/65/EG, 2009/110/EG und 2013/36/EU und der Verordnung (EU) Nr. 1093/2010 sowie zur Aufhebung der Richtlinie 2007/64/EG (ZDRL II).

25 Die beiden Verträge sind das Ergebnis des Vertrags von Lissabon zur Änderung des Vertrags über die Europäische Union und des Vertrags zur Gründung der Europäischen Gemeinschaft, unterzeichnet in Lissabon am 13. Dezember 2007. Die Verträge sind am 01.01.2009 in Kraft getreten. Mehr dazu: *Her-degen*, Europarecht, § 8, Rn. 4 ff; *Haratsch/Koenig/Pechstein*, Europarecht, S. 9.

26 *Herdegen*, Europarecht, § 8, Rn. 5.

27 *Haratsch/ Koenig/ Pechstein*, Europarecht, S. 144.

behindert wurde.[28] Weiterhin verfolgte die Zahlungsdiensterichtlinie das Ziel, einen modernen, kohärenten und neutralen Rechtsrahmen für alle Zahlungsdienste zu schaffen, damit gleiche Wettbewerbsbedingungen für alle Zahlungssysteme gewährleistet werden.[29] Für die Schaffung eines einheitlichen Zahlungsverkehrsraums für die Staaten des Europäischen Wirtschaftsraums und für die Automatisierung und Vereinfachung der grenzüberschreitenden Zahlungen, verfolgt die Zahlungsdiensterichtlinie das Vollharmonisierungsprinzip.[30] Demnach dürfen die Mitgliedstaaten von den harmonisierten Regelungen der Zahlungsdiensterichtlinie nicht abweichen, sofern die Richtlinie dafür keinen Gestaltungsspielraum eröffnet.[31] Der Verbraucherschutz stellt dabei kein primäres Ziel der ZDRL dar, da für einen funktionierenden Binnenmarkt das Vertrauen, sowie der Anbieter als auch Nachfrager notwendig ist.[32]

Die Bundesregierung hat die Zahlungsdiensterichtlinie in zwei Teilen, einen aufsichtsrechtlichen und einen zivilrechtlichen Teil, in das deutsche Recht eingepflegt. Aufsichtsrechtlich wurde die Zahlungsdiensterichtlinie durch die Neuschaffung des Zahlungsdiensteaufsichtsgesetz (ZAG)[33] vom 25.06.2009 umgesetzt. Im zivilrechtlichen Teil (Titel III und IV der Richtlinie) wurden die Regelungen der Zahlungsdiensterichtlinie durch die Schaffung eines neuen Untertitels 3 »Zahlungsdienste« §§ 675c-676c unter dem Titel 12 »Auftrag und Geschäftsbesorgungsvertrag« und in das Einführungsgesetz zum BGB (EGBGB), Art. 248 »Informationspflichten bei Erbringung von Zahlungsdienstleistungen« verankert. Dadurch sind die Regelungen der §§ 676a-676h, die infolge der Umsetzung der Überweisungsrichtlinie[34] durch das Überweisungsgesetz[35] vom 21.7.1999 ins BGB integriert worden waren, weggefallen. Die Neuregelungen, sowohl die aufsichtsrechtlichen als auch zivilrechtlichen, waren mit Wirkung zum 31.10.2009 ohne Übergangsfristen in Kraft getreten.

Die Vorschriften der ersten Zahlungsdiensterichtlinie galten - mit Ausnahme von Schecks, Wechseln und Barzahlung – für alle Arten des bar-

28 ZDRL, Erwägungsgrund 1.
29 ZDRL, Erwägungsgrund 1.
30 *Nobbe*, WM 2011, 961.
31 Art. 86 der Richtlinie 2007/64/EG.
32 *Budde*, Das Vertragsrecht der Zahlungsdienste, S. 41
33 BGBl. I, 2009, 1506.
34 Richtlinie 97/5/EG des Europäischen Parlaments und des Rates vom 27. Januar 1997 über grenzüber-schreitende Überweisungen.
35 BGBl I 1999, 1642.

geldlosen Zahlungsverkehrs, einschließlich Überweisung, Lastschrift und Kartenzahlungen, die als »Zahlungsdienste« definiert wurden. Damit wurde auf die spezifische Regelung einzelner Zahlungsinstrumente verzichtet und die auf Abwicklungsstadien der Zahlungsvorgänge orientierte »horizontale« Gliederung eingeführt. Dies gehört zu einer der wichtigsten Neuerungen der ZDRL, da im Gegensatz zur bisherigen Rechtslage die einzelnen Kapitel der ZDRL nicht konkret für die einzelnen Zahlungsarten, sondern generell-abstrakt für sämtliche Zahlungsdienste formuliert waren.[36] Im zivilrechtlichen Teil konzentriert sich die Zahlungsdiensterichtlinie hauptsächlich auf die Verhältnisse zwischen den Zahlungsdienstleistern und Zahlungsdienstnutzern. Dabei stehen insbesondere die Informationspflichten hinsichtlich der Zahlungsdienste sowie die Rechte und Pflichten der Zahlungsdienstleister und -nutzer im Vordergrund.

bb) Zahlungsdiensterichtlinie II vom 25.11.2015 und Umsetzung ins deutsche Recht

Ein weiterer Schritt der Entwicklung des Zahlungsverkehrsrechts erfolgte durch die Verabschiedung und Umsetzung der Richtlinie 2015/2366 des Europäischen Parlaments und des Rates vom 25. November 2015 über Zahlungsdienste im Binnenmarkt (ZDRL II). Die Vorschriften der ZDRL II wurden durch das Gesetz zur Umsetzung der Zweiten Zahlungsdiensterichtlinie vom 17.7.2017[37], welche am 13.01.2018 in Kraft getreten war, in das deutsche Recht integriert. Im aufsichtsrechtlichen Teil wurde die Zahlungsdiensterichtlinie II durch die Neufassung des Zahlungsdiensteaufsichtsgesetz (ZAG) umgesetzt. Die Änderung des zivilrechtlichen Teils erfolgte durch die Änderung der Vorschriften §§ 675c bis 676c BGB. Die beiden Teile der Zahlungsdiensterichtlinie sind mit Wirkung zum 13.01.2018 in Deutschland in Kraft getreten. Ebenso wie die erste Zahlungsdiensterichtlinie verfolgt die Zahlungsdiensterichtlinie II das Vollharmonisierungsprinzip. Den Mitgliedstaaten ist es somit nicht erlaubt, abweichende innerstaat-

36 *Staudinger/Omlor*, 2020, § 675c BGB.
37 BGBl I 2017, 2446.

liche Regelungen einzuführen, soweit die Richtlinie selbst dafür einen Spielraum eröffnet.[38]

Die Regelungen der Zahlungsdiensterichtlinie II dienen dazu, den bestehenden rechtlichen Rahmen des elektronischen Zahlungsverkehrs zu aktualisieren und weiterzuentwickeln.[39] Eine erhebliche Neuerung der zweiten Zahlungsdiensterichtlinie besteht darin, dass der räumliche Anwendungsbereich der Richtlinie ausgedehnt wurde. Im Vergleich zur Zahlungsdiensterichtlinie I erfasst die neue Zahlungsdiensterichtlinie nicht nur die Zahlungsvorgänge in EU-/EWR-Währung, bei denen der Zahlungsdienstleister des Zahlers und Zahlungsempfängers in der EU ansässig sind, sondern auch Zahlungsvorgänge mit nicht EU-Elementen.[40] Geregelt werden durch die neue Zahlungsdiensterichtlinie die Zahlungen innerhalb der EU, die in einer Fremdwährung erfolgen, und solche, bei denen nur eine der beteiligten Partei in der EU ihren Sitz hat (Art. 2 ZDRL II).

cc) Regelung durch AGB-Banken, AGB-Sparkassen und Sonderbedingungen für Zahlungsverkehr

Die Besonderheit des deutschen Zahlungsverkehrsrechts liegt darin, dass die sog. Kautelarjurisprudenz eine bedeutende regulatorische Rolle bei der Regulierung des Zahlungsverkehrs spielt. Darunter wird in der heutigen deutschen Rechtslehre die Gestaltung von Rechtsbeziehungen durch vorformulierte Vereinbarungen, allgemeine Geschaftsbedingungen, verstanden.[41] Da die Zahlungen im elektronischen Zahlungsverkehr auf unterschiedlichste Weise durchgeführt werden können und für die neuen Leistungsangebote nicht immer gesetzliche Bestimmungen vorhanden sind, steht den Parteien die inhaltliche Gestaltung des Vertrags je nach Zahlungsmittel frei.[42] Dementsprechend werden die Beziehungen zwischen den Kreditinstituten und Kunden in den Allgemeinen Geschäftsbedingungen der Banken (AGB-Banken) und den Allgemeinen Geschäftsbedingungen der

38 Richtlinie 2015/2366 des Europäischen Parlaments und des Rates vom 25. November 2015 über Zahlungsdienste im Binnenmarkt, Art.107. In Folgenden »Richtlinie 2015/2366«.

39 Richtlinie 2015/2366, Erwägungsgrund 1.

40 BT-Drucks. 18/11495, 83; dazu *MüKo-BGB/Casper*, 8. Aufl.§ 675d, Rn. 25 ff; *Werner*, WM 2018, 449 (449 ff).

41 *Weber*, Rechtswörterbuch, Kautelarjurisprudenz.

42 *Langenbucher*, Die Risikozuordnung im bargeldlosen Zahlungsverkehr, S. 431.

Sparkassen (AGB-Sparkassen) sowie in den sog. Sonderbedingungen geregelt.[43] Dabei handelt es sich um von den verschiedenen Spitzenverbänden der deutschen Kreditwirtschaft entwickelte, vorformulierte Vertragsbedingungen, die bei Abschluss der Zahlungsdiensteverträge bei allen Kreditinstituten verwendet werden können.[44] Die Regulierung der Verhältnisse zwischen den Kreditinstituten und ihren Kunden durch die AGB ist im deutschen Recht von besonderer Bedeutung. Der Grund liegt einerseits in der Massenhaftigkeit der Verträge mit gleichem Inhalt zwischen Kreditinstituten und deren Kunden und andererseits in den möglicherweise vorhandenen Mängeln oder der unzureichenden Regelung der neuen Zahlungsmittel durch den Gesetzgeber.[45] Dementsprechend werden die elektronischen Zahlungen im deutschen Recht durch zwei sich gegenseitig ergänzende Normenkomplexe - die gesetzlichen Vorschriften und die privatrechtlichen Vereinbarungen - geregelt.[46]

2. Russland

Die Rechtsverhältnisse zwischen der Parteien im Bereich des Zahlungsverkehrs in Russland wird durch das ZGB, durch das Gesetz »Über das nationale Zahlungssystem«, sowie durch eine Reihe von untergesetzlichen normativen Akten der Regierung der Russischen Föderation, von Exekutivbehörden der Russischen Föderation und der Zentralbank der Russischen Föderation geregelt.[47] Im Rahmen dieser Arbeit soll nur auf solche normativen Akte der russischen Zentralbank eingegangen und diskutiert werden, welche in einem zivilrechtlichen Verhältnis stehen. Sämtliche danebenstehende Rechtsakte sollen unberücksichtigt bleiben.

---

43 Abgedruckt und kommentiert bei Bunte/Zahrte, AGB-Banken, 5. Aufl., 4.Teil Sonderbedingungen der Banken und Sparkassen: I. Sonderbedingungen für den Scheckverkehr; II. Sonderbedingungen für die SparkassenCard (Debitkarte); III. Sonderbedingungen für Sparkonten; IV. Bedingungen für den Über-weisungsverkehr; V. Bedingungen für Echtzeitüberweisungen; VI. Sonderbedingungen für das Online-Banking; VII. Bedingungen für Zahlungen mittels Lastschrift im SEPA-Basislastschriftverfahren.

44 *MüKo-BGB/Casper*, BGB, 8. Aufl., § 675c, Rn. 56. Zum Begriff AGB: § 1 III 3 a cc.

45 *LBS/Langenbucher*, Bankrechts-Kommentar, 3.Aufl., Kap. 1, Kontoführung, Rn. 13.

46 *Arndt*, Das Interbankenverhältnis im Überweisungsrecht, S. 54 ff; *Laue*, Die zivilrechtliche Haftung der Banken, S. 24.

47 *Roshdestwenskaja*, Kommentar zum Föderalen Gesetz »Über das nationale Zahlungssystem«, Art. 2, S. 9.

a) Regulierung durch Kapitel 45 und 46 des ZGB

Die gesetzliche Regelung der Zahlungen in Russland wird im Zivilgesetzbuch (ZGB)[48] der Russischen Föderation vor allem in den Kapiteln 45 und 46 »Verrechnungen« (Art. 845 - 860 ZGB), normiert. Hierbei werden im Kap. 45 des ZGB »Bankkontovertrag« die gesetzlichen Bestimmungen zum wirksamen Abschluss des Bankkontovertrags, zur wirksamen Annahme der Zahlungsaufträge, zur Ausführung, zu den Fristen sowie zur Haftung der Bank bei nicht ordnungsgemäßer Ausführung des Zahlungsauftrags bestimmt. Daneben werden durch das ZGB im Kap. 46 »Verrechnungen« die Regelungen zur Durchführung der einzelnen Zahlungsarten bestimmt. Die Zahlungsarten werden in Art. 862 ZGB als Formen der bargeldlosen Zahlungen genannt, ebenso werden die Zahlungen in Form von Überweisung, aufgrund eines Akkreditivs, Zahlungen über Inkasso und mittels Schecks sowie in einer anderen durch das Gesetz erlaubten Form der Zahlung normiert. Obwohl die Zahlungen mit dem elektronischen Zahlungsmittel als Form der bargeldlosen Zahlung in Kap. 46 ZGB (Art. 862 ZGB) nicht geregelt sind, sind sie durch das Föderale Gesetz »Über das nationale Zahlungssystem« erlaubt und somit auch gem. Art. 862 ZGB zulässig. Hinsichtlich der Zahlungen in der Form der Überweisung, die für die diese Arbeit von Bedeutung sind, enthält das Kap. 46 ZGB, genauso wie Kap. 45 ZGB, die Bestimmungen zur Annahme der Ausführung, der Ausführung einer Überweisung sowie Haftungsvorschriften für nicht ausgeführte oder fehlerhaft ausgeführte Zahlungsaufträge. Die Zahlungen in Form einer Überweisung werden in Russland in der Regel im Rahmen eines Bankkontovertrags abgewickelt, was unweigerlich zu einer Normenkollision zwischen der Haftungsvorschriften aus Kap. 45 und 46 ZGB führt.[49]

b) Föderale Gesetz »Über das nationale Zahlungssystem«

Mit der Verabschiedung des Gesetzes »Über das nationale Zahlungssystem« wurde eine neue Stufe der Entwicklung des Zahlungsverkehrsrechts erreicht. Laut der Gesetzesbegründung zum Entwurf des Föderalen Geset-

48 Zivilgesetzbuch der Russischen Föderation vom 26.01.1996, N14-FZ.

49 Siehe dazu unter: § 3 B II.

zes »Über das nationale Zahlungssystem«[50] war einer der Gründe für die Ausarbeitung und Verabschiedung des Gesetzes das Fehlen eines Rechtsrahmens für die Rechtsbeziehungen im Bereich des nationalen Zahlungssystems. Die vorherige Gesetzgebung im Bereich des Zahlungsverkehrs beinhaltete keine Bestimmungen über die Struktur des nationalen Zahlungssystems, über die aufsichtsrechtlichen Anforderungen an die Tätigkeit der einzelnen Teilnehmer des Zahlungssystems, über die Organisation und Funktionsweise der Zahlungssysteme oder über die Besonderheiten der Regulierung der grenzüberschreitenden Zahlungs- und Abwicklungssysteme.

Das neue Gesetz hat diese Lücken gefüllt und legt damit den rechtlichen und organisatorischen Rahmen für das Zahlungssystem in Russland fest. Folglich werden die Tätigkeiten der nationalen Zahlungssystemunternehmen, der Prozess der Erbringung von Zahlungsdiensten unter Verwendung elektronischer Zahlungssysteme, sowie die organisatorischen betrieblichen Anforderungen an die Zahlungssysteme, die Verfahren der Durchführung der Aufsicht und die Kontrolle hinsichtlich der Zahlungssysteme geregelt.[51]

Die wesentliche Neuerung des Gesetzes »Über das nationale Zahlungssystem« besteht in der Möglichkeit, nunmehr elektronisches Geld (E-Geld) zu verwenden. E-Geld wird erstmalig in diesem Gesetz (Art. 3 Nr. 10 des Gesetzes »Über das nationale Zahlungssystem«) definiert und erkennt solche Zahlungen damit rechtlich an.[52] Dabei werden im Gesetz die Regelungen bezüglich der Verwendung des elektronischen Zahlungsmittels und der Nutzung des elektronischen Geldes bei Geldüberweisungen sowie die Besonderheiten der Ausführung einer solcher Geldüberweisung festgelegt.

Infolge der aufgetauchten Probleme nach der Verabschiedung des Gesetzes »Über das nationale Zahlungssystem« wurden von 2011 bis 2019 mehrere Gesetzesänderungen[53] vorgenommen. Die letzte Gesetzesänderung

50 Gesetzesbegründung zum Entwurf des Föderalen Gesetzes »Über das nationale Zahlungssystem« vom 15.11.2010, S. 1.

51 Föderales Gesetz vom 27. Juni 2019 Nr.161-FZ »Über das nationale Zahlungssystem«, Art. 1; Gesetzesbegründung zum Entwurf des föderalen Gesetzes »Über das nationale Zahlungssystem«, S. 2.

52 *Homenko*, Besonderheiten der Errichtung und Funktionsweise des nationalen Zahlungssystems in Russland, S. 203.

53 Das Gesetz »Über das Nationale Zahlungssystem« wurde durch Föderale Gesetze vom 25.12.2012 N267 FZ, vom 2013.02.07 N185-FZ, vom 2013.07.23 N 251-FZ, vom 28.12.2013 N403-FZ, vom 05.05.2014 N110-FZ, vom 05.05 2014 N112-FZ, vom 22.10.2014 N319-FZ, vom 29.12.2014 N455-FZ, vom 29.12.2014 N461-FZ, vom 03.07.2016 N288-FZ, vom 03.07.2016 N290-FZ, vom 03.04.2017 N59-FZ, vom 01.05.2017 N88-FZ, vom 18.07.2017 N176-FZ, vom 27.06.2018 N167-FZ, vom

erfolgte durch das Föderale Gesetz vom 03.07.2019.[54] Dieses hat die Funktionalität des nationalen Zahlungssystems durch die Einführung neuer Bestimmungen erheblich beeinflusst. Eine der wichtigsten Novellierungen des Föderalen Gesetzes liegt darin, dass die durch den Zahler meistgenutzten Zahlungsanwendungen, wie beispielweise ApplePay, gesetzlich geregelt wurden und nun den Anforderungen des Rechtsschutzes der Zahler, insbesondere des Schutzes der persönlichen Daten, unterliegen. Bis vor kurzem wurden diese gesetzlich nicht reguliert und als »spezielle Zahlungsdienste« bezeichnet. Nunmehr werden sie als »Zahlungsanwendung« im Gesetz bestimmt und als Software definiert, die vom Anbieter der Zahlungsanwendung auf einer mit dem Internet verbundenen technischen Vorrichtung (einschließlich Mobiltelefon, Smartphone, Tablet-Computer) bereitgestellt wird, die es dem Kunden des Geldtransferbetreibers ermöglicht, Bestellungen zum Zwecke der Überweisung mit einem elektronischen Zahlungsmittel zu erstellen und zu übermitteln (Art. 1, P. b, Nr. 30 des Gesetzes »Über das nationale Zahlungssystem«). Neben dem Begriff der Zahlungsanwendung führt das Föderale Gesetz die Definition der »Payment Aggregaten« ein, die vom Geldtransferbetreiber zum Zwecke des Empfangs elektronischer Zahlungsmittel und der Teilnahme an der Übertragung der Geldmittel eingesetzte juristische Personen darstellen. Dazu gehören insbesondere E-Commerce-Plattformen und Online-Shops. Diese gesetzlichen Änderungen haben dazu geführt, dass einerseits der Zugang der neuen innovativen Zahlungssysteme zum russischen Markt ermöglicht wird und andererseits das Vertrauen des Nutzers in das neue Zahlungsmittel verstärkt wird.

Das Gesetz »Über das nationale Zahlungssystem« hat die neue Rechtslage für die Zahlungen mittels elektronischer Zahlungsmittel geschaffen. In seinem zivilrechtlichen Teil enthält das Gesetz »Über das nationale Zahlungssystem« Bestimmungen hinsichtlich der Durchführung einer Zahlung mittels elektronischer Zahlungsmittel, einschließlich der Fristen des Widerrufs, die Ablehnung und Ausführung einer Zahlung mit elektronischem Zahlungsmittel, sowie die Pflichten der Parteien in Bezug auf die Zahlungs-

---

27.06.2018 N169-FZ, vom 03.08.2018 N322-FZ, vom 28.11.2018 N452-FZ, vom 18.03.2019 N33-FZ, vom 03.07.2019 N 173-FZ, vom 02.08.2019 N264-FZ. Abrufbar in russischer Sprache unter: http://www.consultant.ru/document/cons_doc_LAW_115625/.

54 Föderale Gesetz von 03.07.2019 N173-FZ »Zur Änderung des föderalen Gesetzes »Über das nationale Zahlungssystem« und einzelne Rechtsakte der Russischen Föderation«. Das Gesetz wurde am 25.06.2019 durch Staatsduma erlassen und 26.06.2019 durch Föderationsrat gebilligt.

instrumente. Darüber hinaus enthält das Gesetz ebenfalls die Vorschriften über die Haftungsverteilung zwischen den Kreditinstituten und seinen Kunden. Erfasst werden durch die Vorschriften des Gesetzes jedoch nur die Fälle, in denen eine Zahlung ohne Zustimmung des Zahlers und unter Einsatz elektronischer Zahlungsmittel ausgelöst wird, also vor allem in Fällen der missbräuchlichen Verwendung des verlorengegangenen oder gestohlenen elektronischen Zahlungsmittels. Andere Haftungsvorschriften, wie Vorschriften für die Fällen der nicht rechtzeitigen Ausführung des Zahlungsauftrags durch die Kreditinstitute, enthält das Gesetz nicht. Auf diese Fälle finden die entsprechenden Vorschriften der Kap. 45 und 46 ZGB Anwendung.

c) Normative Akten der Zentralbank

Neben dem ZGB und dem speziellen Föderalen Gesetz »Über das nationale Zahlungssystem« werden die elektronischen Zahlungen auch durch die Zentralbanken Russlands geregelt. Für diese Dissertation ist die Verordnung »Über die Regeln der Abwicklung der Geldmittelüberweisungen« von überwiegender Bedeutung.[55] Die Verordnung enthält ergänzend zu den Vorschriften des ZGB und des Gesetzes »Über das nationale Zahlungssystem« die detaillierten und teilweise technischen Regeln über die Annahme des Zahlungsauftrags zur Ausführung sowie zur Abwicklung der Transaktion bei aller im ZGB, sowie durch die Verordnung bestimmten Zahlungsarten. Aus der zivilrechtlichen Sicht werden durch die Verordnung die Bestimmungen über die Fristen des Widerrufs, den Zeitpunkt der Unwiderruflichkeit, sowie die Regeln der Ablehnung des Zahlungsauftrags durch die Bank geregelt. Diese Regeln entsprechen und wiederholen teilweise die Vorschriften des ZGB und des Gesetzes »Über das nationale Zahlungssystem« hinsichtlich des Widerrufs, der Ablehnung und des Zeitpunkts der Unwiderruflichkeit des Zahlungsauftrags. In dieser Dissertation werden die Vorschriften dieser Verordnung bei der Darstellung der Grundlagen der Durchführung der Zahlung ergänzend zu den entsprechenden Normen des

55 Verordnung der Zentralbank der Russischen Föderation »Über die Regeln der Abwicklung der Geldmittelüberweisungen« vom 29.06.2021 Nr.762-P (weiter im Text: Die Verordnung »Über die Abwicklung der Geldmittelüberweisungen«). Das Wort »Geldmittelüberweisung« (wörtlich: »perewod deneshnych sredstw« ist hier im Sinne von Übertragung des Geldes (money transfer) verwendet.

ZGB und des Föderalen Gesetzes »Über das nationale Zahlungssystem« hinzuzitiert.

III. Begriffsbestimmungen

Die Begriffe und rechtlichen Konzepte sind in jedem Rechtssystem eng mit der Rechtskultur und Rechtsgeschichte, sowie mit den sozialen, wirtschaftlichen und politischen Bedingungen verbunden. Zudem können die Rechsbegriffe in den verschiedenen Rechtsordungen unterschiedliche Bedeutung haben. Die präzise Erläuterung der Rechtsbegriffe spielt in der rechtsvergleichenden Analyse eine entscheidende Rolle und dient dazu Fehlinterpretationen zu vermeiden und Klarheit und Verständnis in einer solchen Analyse zu leisten. Nachfolgend werden die Begriffe erläutert, welche für die vorliegenden Arbeit von Bedeutung sein werden.

1. Zahlungsdienst und Zahlungsvorgang

a) Deutschland

In der deutschen Gesetzgebung ist eine abstrakte Definition des Begriffs »Zahlungsdienst« nicht vorhanden. In § 1 Abs. 2 ZAG ist eine positive Aufzählung von Diensten bestimmt, welche Zahlungsdienste im Sinne der §§ 675c ff. BGB darstellen. Angesichts der aufgezählten Tätigkeiten sind als Zahlungsdienste solche Dienste zu verstehen, die die Ausführung einer Zahlung zwischen dem Zahler und dem Zahlungsempfänger unterstützen.[56] Hierbei werden alle privatrechtlichen Dienstleistungen umfasst, die dem Zahler bei der Übertragung eines Geldbetrags aus seinem Vermögen in das des Zahlungsempfängers helfen oder dies ermöglichen.[57] So sind beispielweise von § 1 Abs. 1 ZAG die Dienste zur Ein- und Auszahlung von Bargeld auf ein Zahlungskonto (§ 1 Abs. 1, S. 2, Nr. 1 und 2), die Ausführung von Überweisungen, Lastschriften und Kartenzahlungen (§ 1 Abs. 1, S. 2 Nr. 3) sowie die Zahlungsauslöse- und Kontoinformationsdienste umfasst (§ 1 Abs. 1, S. 2 Nr. 7 und 8). Darüber hinaus enthält § 2 Abs. 1 ZAG einen Negativkatalog der Vorgänge, die keine Zahlungsdienste sind. Hier sind

56 BT-Drucks, 16/11613, S. 32.

57 *Grüneberg/Sprau,* BGB, 81.Aufl., § 675c, Rn. 3.

bespielhaft Barzahlungen ohne zwischengeschaltete Stelle (§ 2 Abs. 1, Nr. 1 ZAG), bare Geldwechselgeschäfte (§ 2 Abs.1, Nr. 5 ZAG), Zahlungsvorgänge mittels Schecks, Wechsels, Gutscheins, Reiseschecks und Postanweisung (§ 2 Abs. 1 Nr. 6 ZAG) zu nennen. Im Gegensatz zum Begriff »Zahlungsdienst« wird der Begriff »Zahlungsvorgang« in § 675f Abs. 4 S. 1 BGB legal definiert als »jede Bereitstellung, Übermittlung oder Abhebung eines Geldbetrags, unabhängig von der zugrundeliegenden Rechtsbeziehung zwischen Zahler und Zahlungsempfänger«. Nach dieser Vorschrift ist als Zahlungsvorgang ein rein tatsächlicher Fluss von Bar- oder Buchgeld, unabhängig vom Bestehen eines rechtlichen Grundes dafür, zu verstehen[58] Damit werden durch diese Vorschrift nicht nur autorisierte oder in anderer Form legitimierte Zahlungsvorgänge, sondern auch nicht autorisierte Zahlungsvorgänge, beispielweise im Fall des Missbrauchs durch einen Dritten, erfasst.[59]

b) Russland

Ebenso wie in der deutschen Gesetzgebung enthält die russische Gesetzgebung keine abstrakte Definition des Begriffs »Zahlungsdienst«. In Art. 3 Pkt. 17 des Gesetzes »Über das nationale Zahlungssystem« wird der Zahlungsdienst als »Dienst zur Geldmittelüberweisung, Postüberweisung und zur Annahme von Zahlungen« definiert. Die Grundlage für die Bestimmung dieser Dienste ist der rechtliche Status der Subjekte, welchen sie erbringen.[60] Laut Art. 3 Nr. 1 des Gesetzes sind die Subjekte der Erbringung von Zahlungsdiensten die Betreiber der Geldmittelüberweisung, einschließlich der Betreiber der E-Geldmittelüberweisung (Art. 2 Nr. 2 des Gesetzes »Über das nationale Zahlungssystem«), die Bankzahlungsstellen, die Zahlstellen und die Föderalen Postorganisationen. Hierbei wird durch das Föderale Gesetz jedem der Subjekte eine bestimmte Art von Zahlungsdiensten zugewiesen. Nach Art. 4 Pkt. 1 des Gesetzes werden die Dienste zur Geldüberweisung durch den Betreiber der Geldüberweisung im Rahmen der gesetzlich bestimmten Formen[61] des bargeldlosen Zahlungsver-

---

58 *MüKo-BGB/Casper*, 8. Aufl., § 675f, Rn. 39.

59 *LBS/Herresthal*, Bankrechts-Kommentar, 3. Aufl., Kap. 2, § 675f, Rn. 80.

60 *Shamraev*, Rechtliche Regulierung von Zahlungsdienstleistungen: Vergleichende Analyse der russischen und europäischen Rechtsansätze, S. 13.

61 Die Formen der bargeldlosen Zahlungen werden in Art. 862 ZGB als die Zahlungen in der Form der Überweisungsaufträge, aufgrund eines Akkreditivs, Schecks Verrech-

kehrs ausgeführt. Aufgrund ihrer praktischen Bedeutung sind die Überweisungsaufträge (Art. 862 Pkt. 1 BGB, § 1 Pkt. 1.1 der Verordnung »Über die Abwicklung der Geldmittelüberweisungen«.), die Zahlungen in Form der Überweisung des Geldmittels auf Verlangen des Zahlungsempfängers (§ 1 Pkt.1.1 der Verordnung »Über die Abwicklung der Geldmittelüberweisungen«), Zahlungen in Form der Überweisungen des elektronischen Geldmittels (§ 1 Pkt. 1.1 der Verordnung »Über die Abwicklung der Geldmittelüberweisungen«) zu nennen. Die Dienste zur Postüberweisung und zur Annahme von Zahlungen werden entsprechend durch die Föderalen Postorganisationen und Zahlstellen durchgeführt.[62] Diese Arbeit fokussiert sich auf die rechtlichen Probleme bei der Durchführung einer elektronischen Zahlung, bei welcher die Zustimmung des Zahlers fehlt. Die Regulierung der Dienste zur Geldmittelüberweisung, solche zur Postüberweisung und die Annahme von Zahlungen verbleiben außerhalb des Forschungsbereichs dieser Dissertation.

Der Begriff »Zahlungsvorgang« ist dem russischen Gesetzgeber nicht bekannt. Jedoch werden in der Gesetzgebung (Kap. 46 ZGB) und in der Literatur die Begriffe »Verrechnungen«[63], »Verrechnungsvorgänge«[64] sowie »Banktransaktion« im Sinne des im deutschen Recht benutzten Begriffes »Zahlungsvorgang« verwendet. Definiert werden diese Begriffe jedoch nicht. In der Literatur wird die Ansicht vertreten, dass die Zahlungsdienste mittels Verrechnungsvorgänge zum Zweck der Abwicklung oder Annahme der Zahlungen durch die Banken erbracht werden, wobei der Begriff des »Verrechnungsvorgangs« als eine Variation des Begriffs »Banktransaktion« anzusehen ist.[65] In Art. 5 des Gesetzes »Über Banken und Banktätigkeit«[66] ist eine Aufzählung der Vorgänge festgelegt, die Banktransaktionen darstellen. Zu nennen sind beispielhaft die Eröffnung und Führung der Bankkonten von natürlichen und juristischen Personen, die Durchführung der

nung über Inkasso, und in anderen durch das Gesetz und durch die im Bankwesen üblichen Handelsbräuche vorgesehenen Formen bestimmt.

62 Die Tätigkeit der Föderalen Postorganisationen wird durch das Föderale Gesetze »Über Telekommunikation«, »Über Postkommunikation« und andere normative und untergesetzliche Akten geregelt. Die Tätigkeit der Zahlstellen wird durch das Föderale Gesetz N 103-FZ vom 06/03/2009 »Über die Tätigkeit der Zahlstellen zur Annahme von Zahlungen von den natürlichen Personen« reguliert.

63 Verrechnungen, russ. »rastschjety«, Kap. 46 ZGB.

64 Verrechnungsvorgänge, russ. »rastschjetnyje opjerazii«.

65 *Efimova*, Einzelne Probleme der Theorie des bargeldlosen Zahlungsverkehres, 2016 (28), S. 34.

66 Das Föderale Gesetz »Über die Banken und Banktätigkeit« vom 02.12.1990 Nr. 391.

Überweisungen im Auftrag der natürlichen und juristischen Personen von ihren Konten sowie die Durchführung von Geldmittelüberweisungen und Überweisungen des elektronischen Geldes ohne Eröffnung von Bankkonten (Art. 5 Nr. 3, 4 und 9 des Gesetzes »Über Banken und Banktätigkeit). Angesichts der aufgezählten Vorgänge stellen die Banktransaktionen einen Teil aller notwendigen Handlungen für die bargeldlose Überweisung des Geldmittels dar, die von den Parteien des bargeldlosen Zahlungsverkehrs durchgeführt werden.[67] Dementsprechend wird die Banktransaktion als Handlung der Bank für die Ausführung der Aufträge seiner Kunden zur Abwicklung der bargeldlosen Zahlung verstanden. Dabei führen diese Handlungen entweder zur endgültigen Ausführung des Auftrags des Kundens, wenn sich die Konten des Zahlers und des Zahlungsempfängers in derselben Bank befinden oder zur Beteiligung einer zwischengeschalteten Bank, die für die Ausführung des Kundenauftrags verantwortlich ist.[68]

Um Verwirrungen im Rahmen der rechtsvergleichenden Analyse zu vermeiden, wird bei der Analyse der Probleme des elektronischen Zahlungsverkehrs im russischen Recht, mit Ausnahme der Fälle eines direkten Zitats, der Begriff »Zahlungsvorgang« oder »Zahlung« benutzt.

2. Zahlungsdienstleister

a) Deutschland

Zu den Zahlungsdienstleistern gehören im deutschen Recht Zahlungsinstitute, E-Geld-Institute und CRR-Kreditinstitute im Sinne des § 1 Abs. 1 S. 1 Nr. 3 ZAG. Neben den oben genannten Subjekten können die Zahlungsdienste im deutschen Recht durch die Europäische Zentralbank, die Deutsche Bundesbank und andere Zentralbanken der Europäischen Union, sowie durch die in § 1 Abs. Nr. 4 ZAG bestimmten anderen Subjekte erbracht werden. Für die Erbringung der Zahlungsdienste durch die Zahlungs- und Kreditinstitute ist eine schriftliche Erlaubnis der Bundesanstalt gem.§§ 10 f. ZAG erforderlich.[69]

67 *Efimova*, Einzelne Probleme der Theorie des bargeldlosen Zahlungsverkehres, 2016 (28), 35.

68 *Efimova*, Einzelne Probleme der Theorie des bargeldlosen Zahlungsverkehres, 2016 (28), 35.

69 *MüKo-BGB, /Casper*, 8. Aufl., BGB, § 675c, Rn. 38.

b) Russland

Im russischen Recht gibt es zwei Begriffe für die Bezeichnung der Subjekte, welche die Zahlungsdienste erbringen können - »Bank« (z.B. Kap. 45 ZGB) und »Betreiber des Geldtransfers«. Gemäß Art. 1 des Gesetzes »Über Banken und Banktätigkeit« ist die Bank ein Kreditinstitut, welches das ausschließliche Recht hat, im vollen Umfang die folgenden Banktransaktionen, nämlich die Annahme der Gelder der juristischen und natürlichen Personen als Einlagen, die Platzierung dieser Gelder in eigenem Namen und auf eigene Kosten unter der Bedingung der Rückzahlung, die Entgeltlichkeit und die Befristung sowie die Eröffnung und Führung der Bankkonten der natürlichen und juristischen Personen vorzunehmen. Allerdings ist die Ausführung der einzelnen Banktransaktionen nach den Bestimmungen des Art.1 durch andere Kreditinstitute zulässig. Jedoch werden die Geldtransferdienste in der Russischen Föderation nicht nur durch Kreditinstitute erbracht. Aufgrund dessen wurde in Art. 3 des Gesetzes »Über das nationale Zahlungssystem« ein neuer Begriff, der des »Geldtransferbetreiber«, eingeführt. Ergänzend dazu hat der Gesetzgeber in Art. 3 Abs. 3 des Gesetzes »Über das nationale Zahlungssystem« für den elektronischen Geldtransfer den Begriff »Betreiber des elektronischen Geldes« normiert. Nach Art. 11 dieses Gesetzes werden die Geldtransferdienste in der Russischen Föderation durch die Zentralbank, Kreditinstitute, Wneschekonombank[70] sowie durch die Bankzahlungsstellen, Zahlstellen und die Föderalen Postorganisationen erbracht.

Da bei der Regulierung der Pflichten und der Haftung der Parteien durch das ZGB der Begriff »Bank« und durch das Gesetz »Über das nationale Zahlungssystem« der Begriff »Betreiber des Geldtransfers« benutzt wird, wird im Rahmen dieser Arbeit zur Vereinfachung der Darstellung und Analyse im russischen Recht der Begriff »Kreditinstitut« oder »Bank« verwendet.

70 Wneschekonombank- Bank für Außenwirtschaft- ist ein staatliches russisches Kreditinstitut, deren Aktivitäten sich im Wesentlichen auf die Verwaltung der Auslandsschulden der Russischen Föderation sowie der Mittel der russischen staatlichen Rentenversicherungsanstalt erstrecken.

3. Zahlungsdienstevertrag

a) Deutschland

Mit der Umsetzung der ZDRL ins deutsche Recht wurde in § 675f BGB ein Vertragstyp für Zahlungsdienste im Sinne des »Zahlungsdienstevertrags« und seine zwei Formen, der Einzelzahlungsvertrag (§ 675f Abs. 1 BGB) und der Zahlungsdiensterahmenvertrag (§ 675f Abs. 2 BGB) eingeführt. Dem § 675f Abs. 1 BGB lässt sich entnehmen, dass durch den Einzelzahlungsvertrag die Pflicht des Zahlungsdienstleisters begründet wird, für denjenigen, der einen Zahlungsdienst in Anspruch nimmt, diesen Zahlungsvorgang auszuführen. Neben dem Einzelzahlungsvertrages lässt das BGB den Abschluss eines Zahlungsdiensterahmenvertrags zu, wobei es sich um die Ausführung einer unbestimmten Zahl von Zahlungsaufträgen bzw. wiederholenden Zahlungsaufträgen durch den Zahlungsdienstleister handelt.[71] Die Parteien des Zahlungsdienstvertrages sind nach § 675f BGB der Zahlungsdienstleister und der Zahlungsdienstnutzer. Der Zahlungsdienstleister ist nach § 675f Abs. 2 S. 1 BGB verpflichtet, für den Zahlungsdienstnutzer einzelne und aufeinander folgende Zahlungsvorgänge auszuführen. Dem Zahlungsdienstnutzer wird gemäß § 675f Abs. 5 S. 1 die Verpflichtung auferlegt, das für die Erbringung eines Zahlungsdienstes vereinbarte Entgelt zu entrichten.[72]

b) Russland

Eine besondere Vertragsart für die Erbringung von Zahlungsdiensten ist im russischen Recht nicht gegeben. Die im Bereich des bargeldlosen Zahlungsverkehrs abgeschlossene Vielzahl von Verträgen lässt sich in der Literatur in zwei Kategorien unterteilen. In die erste Kategorie fallen die Verträge, die darauf abzielen, die Bedingungen zukünftiger Verrechnungsvorgänge zu vereinbaren.[73] Laut Art. 4 Abs. 1 des Gesetzes »Über das nationale Zahlungssystem« werden die Zahlungsdienste auf Basis der Verträge zwischen dem Zahlungsdienstleister und seinem Kunden erbracht. Das ZGB enthält

71 *MüKo-BGB/Casper*, 8. Aufl., § 675f, Rn. 20; *Söbbing*, WM 2016, 1066 (1068).

72 Ausführlicher dazu unter § 2 A I.

73 *Efimova*, Definition und Vertragsarten für die Organisation der bargeldlosen Zahlungen, S. 1.

nur eine Vertragsart, deren rechtlicher Zweck darin besteht, künftige bargeldlose Zahlungen eines Kunden durch ein professionellen Finanzintermediär zu gestalten.[74] Dabei handelt es sich um einen durch Art 45 des ZGB geregelten Bankkontovertrag. Dieser kann als analoger Vertrag zum Zahlungsdiensterahmenvertrag im deutschen Recht verglichen werden.[75] In Art. 845 Pkt. 1 ZGB wird die Pflicht der Bank begründet, auf das Konto des Kundens eingegangene Geldbeträge anzunehmen und die Geldmittel gutzuschreiben, sowie die Aufträge des Kundens zur Umbuchung und Auszahlung der entsprechenden Beträge vom Konto auszuführen und andere Transaktionen abzuwickeln.

Die zweite Kategorie umfasst die Verträge, die direkt auf die Leistung oder Annahme der Zahlung abgezielt sind.[76] Es handelt sich hier um die Verträge zur Abwicklung der bargeldlosen Zahlungen, namentlich den Verrechnungsvorgängen. Es sei jedoch darauf hingewiesen, dass die rechtliche Natur der Verrechnungsvorgänge im russischen Recht umstritten ist. Sowohl in der Literatur als auch in der Rechtsprechung bestehen diesbezüglich Meinungsverschiedenheiten. Nach der Auslegung des Wortlauts des Art. 5 des Gesetzes »Über die Banken und Banktätigkeit« lässt sich festlegen, dass die Verrechnungsvorgänge (Banktransaktionen) nur für die Ausführung des Bankkontovertrages und die Zahlungsanweisungen - sowohl mit als auch ohne Eröffnung eines Bankkontos - durchgeführt werden können.[77] Dementsprechend wird die Meinung von einigen Autoren und der Gerichte vertreten, dass die Banktransaktionen jeweils die Handlungen zur Erfüllung des Bankkontovertrages darstellen, also diese nicht als Rechtsgeschäfte, sondern als juristische Akte zu betrachten sind.[78]

Nach der Gegenmeinung[79] sind die Verrechnungsvorgänge als selbständige Verträge zu betrachten. Sie können auch zur Erfüllung des Bankkonto-

74 *Efimova*, Definition und Vertragsarten für die Organisation der bargeldlosen Zahlungen., S. 3.

75 *Laue*, Die zivilrechtliche Haftung der Banken, S. 40.

76 *Efimova*, Definition und Vertragsarten für die Organisation der bargeldlosen Zahlungen, S. 1.

77 *Laue*, Die zivilrechtliche Haftung der Banken, S. 37.

78 Siehe dazu bspw.: *Agarkov*, Die Definition des Rechtsgeschäfts nach dem sowjetischen Zivilrecht, S. 50-51; *Braginsky/Vitryansky*, Vertragsrecht V, B. 2, Kap. 18, S. 440-448; Beschluss des Obersten Arbitragegerichts der Russischen Föderation vom 28. April 2007, N 2100/07; Beschluss des Arbitragegerichts des Moskauer-Bezirks vom 9. Juli 2004 N KG-A41/5451-04.

79 Siehe dazu bspw.: *Efimova*, Umstrittene Fragen der Theorie des bargeldlosen Zahlungsverkehres; Beschluss des Arbitragegerichts der Region Wologda vom 31. Mai

vertrages bzw. unabhängig davon abgeschlossen werden.[80] Angesichts der gesonderten Regelungen der Verrechnungen im russischen Recht (Kap. 46 ZGB, Verrechnungen) haben die Rechtsbeziehungen in diesem Bereich eine unabhängige Bedeutung in Bezug auf das Bankkonto und ihren eigenen, selbstständigen Inhalt für die rechtliche Regulierung.[81] Durch die Durchführung eines Verrechnungsvorgangs entstehen eigenständige Rechte und Pflichten, die sich von den Rechten und Pflichten aus dem Rahmenvertrag unterscheiden. Demensprechend kann davon ausgegangen werden, dass die Verrechnungsvorgänge als Verträge angesehen werden können.[82] Das Verhältnis von Verrechnungsvorgängen zum Bankkontovertrag wird im russischen Recht wie folgt bestimmt: wenn ein Verrechnungsvorgang für die Erfüllung eines Bankkontovertrags, der einen Rahmenvertrag darstellt, durchgeführt wird, ist dieser als Zusatzvertrag zum Bankkontovertrag anzusehen.[83] Wird ein Verrechnungsvorgang ohne einen Bankkontovertrag durchgeführt, ist dieser als ein selbständiger Vertrag zu betrachten. [84] Im Rahmen dieser Dissertation werden nur die Zahlungen im Rahmen eines Bankkontovertrags untersucht. Die Analyse der Durchführung der Zahlungen ohne Eröffnung eines Bankkontos liegt dabei außerhalb des Rahmens dieser Dissertation.

4. Besonderheiten des Vertragsschlusses, Erläuterung der Begriffe der »essentiala negotii« im deutschen Recht und »wesentlichen Vertragsbedingungen« im russischen Recht

a) Deutschland

Der Vertrag im deutschen Recht kommt durch zwei korrespondierenden und übereinstimmenden Willenserklärungen der Parteien zustande, Antrag/Angebot und Annahme (§§ 145 ff. BGB). Eine wichtige Voraussetzung

2006, Nr. A13-14095 / 2005-17; Die Bestimmung des Justizkollegiums für Zivilsachen des Moskauer Stadtgerichts vom 16. Oktober 2007 Nr. 33-19633.

80 *Efimova*, Umstrittene Fragen der Theorie des bargeldlosen Zahlungsverkehrs, S. 2.

81 *Laue*, Die zivilrechtliche Haftung der Banken, S. 37.

82 *Laue*, Die zivilrechtliche Haftung der Banken, S. 37.

83 *Efimova*, Einzelne Probleme der Theorie des bargeldlosen Zahlungsverkehres, (28), S. 42.

84 Hier sind beispielweise die Überweisungen ohne Kontoeröffnung (Art. 863 Abs. 2 ZGB) zu nennen, die eine Vereinbarung zwischen dem Zahler und seiner Bank darstellen. Siehe dazu: *Laue*, Die zivil-rechtliche Haftung der Banken, S. 41.

des wirksamen Angebots stellt dabei die „Bestimmtheit" des Angebots dar.[85] Ein gültiges Angebot ist bestimmt, wenn es die wesentlichen Vertragsbestandteile (»essentiala negotii«) enthält, so dass der Vertrag durch die Annahme des Empfängers, also mit einem schlichtem „ja" oder „einverstanden", zustande kommt.[86] Dabei bestimmt das BGB nicht, welche vertraglichen Bedingungen als wesentliche Vertragsbestandteile anzusehen sind. Wesentliche Vertragsbedingungen können nach Typ des angestrebten Vertrags variieren und müssen unter Anwendung der §§ 133, 157 BGB bestimmbar sein.[87] Grundlegend lässt sich festhalten, dass die Zustimmung über den Vertragsgegenstand, Vertragsparteien und Vergütung erreicht werden muss.[88] Zudem kommt im deutschen Recht der Vertrag zustande, wenn die Parteien über die wesentlichen Vertragsbestandteile die Willenseinigung erreicht haben. Für den wirksamen Vertragsschluss genügt es dabei, dass grundsätzlich der Inhalt und Vertragsgegenstand im Angebot bestimmt oder zumindest bestimmbar ist.[89]

b) Russland

Ein Vertrag kommt im russischen Recht zustande, wenn sich die Parteien in geeigneter Form über alle wesentlichen Vertragsbedingungen geeinigt haben (Art. 432 Pkt. 1 ZGB). Der Vertragsschluss erfolgt dabei durch zwei Willenserklärungen, Angebot (Offerte) und Annahme (Art. 423 Pkt. 2 ZGB). Das Angebot muss gemäß Art. 435 Pkt. 1, S. 2 ZGB alle wesentlichen Vertragsbedingungen enthalten. Im Gegensatz zum deutschen Recht definiert das russische ZGB den Begriff der »wesentlichen Vertragsbedingungen«. Als wesentlich gelten nach Art. 432 Pkt. 1 ZGB die Bedingung zum Vertragsgegenstand die im Gesetz oder anderen Rechtsvorschriften als wesentlich oder für die jeweilige Art von Verträgen als unerlässlich bezeichnet sind, sowie alle Bedingungen, bezüglich derer nach Erklärung einer der Parteien eine Einigung herbeizuführen ist (Art. 432 Pkt. 1, S. 2 ZGB). Somit lässt sich feststellen, dass der Begriff der »wesentlichen Vertragsbe-

---

85 *MüKo-BGB/Busche*, 9. Aufl., § 145, Rn. 6; *Kötz*, Vertragsrecht, (29.08.2012), Rn. 86.

86 *Wolf/Neuner*, Allgemeiner Teil des Bürgerlichen Rechts, 11. Aufl., § 37, Rn. 4; BAG NJW 2015, 2829 ff., Tz. 19.

87 *MüKo-BGB/Busche*, 9. Aufl., § 145, Rn. 6.

88 *MüKo-BGB/Busche*, 9. Aufl., § 145, Rn. 6.

89 *M. Otto in: Herberger/Martinek/Rüßmann/Weth/Würdinger*, jurisPK-BGB, 10. Aufl., § 145, Rn. 15.

dingungen« im russischen Recht, im Vergleich zu dem deutschen Recht, weiter gefasst und dem Begriff der »essentiala negotii« nicht gleichzustellen ist. Wesentlich ist zum einen nach Art. 432 Pkt. 1 ZGB die Bedingungen zum Vertragsgegenstand. Die Definition des Begriffs „Vertragsgegenstand" ist in der russischen Literatur umstritten. Nach der in der Literatur bevorzugten Ansicht stellt der Vertragsgegenstand die Handlungen dar, zu deren Ausübung sich die Parteien im Rahmen des Vertrags verpflichten. Man spricht insofern von den Hauptleistungspflichten der Parteien.[90] Diskussionswürdig ist insofern die zweiten Kategorie der wesentlichen Bedingungen, nämlich die Bedingungen, die in den Gesetzen sowie in den anderen Rechtsvorschriften als wesentlich bezeichnet sind. Das Problem besteht einerseits darin, dass die Gesetze eine ganze Reihe der Bedingungen als wesentlich festlegen und ein Nichtvorhandensein der Vereinbarung über diese Bedingungen gem. Art. 432 Pkt. 1 ZGB dazu führen soll, dass der Vertrag als nicht abgeschlossen gilt, Zu nennen sind bei Verträgen zwischen der Bank und den Kunden solche Bedingungen über Zinssätze oder Kredite, Bedingungen über die Vertragsbedingungen, Haftung usw..[91] Der Grund der »Wesentlichkeit« dieser Bedingungen ist dabei nicht ersichtlich, weil diese Vertragslücken durch die dispositiven gesetzlichen Normen geschlossen werden können.[92] Umstritten ist im russischen Recht also die Frage, ob sich die »Wesentlichkeit« der Bedingungen aus der Art des Vertrags ergeben kann, wenn die Bedingungen weder durch die Gesetze oder andere Rechtsvorschriften, noch durch die Parteien als wesentlich bezeichnet sind.[93] Die herrschende Meinung ist der Ansicht, dass die wesentlichen Bedingungen der gesetzlich geregelten Verträge nur die in Art. 432 Pkt. 1 ZGB festgelegte Bedingungen darstellen. Die wesentlichen Bedingungen aller anderen Verträge können sich aus der Vertragsart ergeben.[94] Eine eigenständige Position der Rechtsprechung bezüglich dieser Fragen existiert nicht. Jedoch wird durch die Rechtsprechung der Umfang der wesentlichen Bedingungen in Bezug mit den einzelnen gesetzlich geregelten Verträgen konkretisiert.[95]

90 *Ioffe*, Schuldrecht, S. 13–14; *Gawze*, Schuldrecht, S. 26.
91 Ausführlicher dazu unter § 2 B I 2.
92 *Karapetov*, Kommentar zum Zivilgesetzbuch der Russischen Föderation, Allgemeiner Teil, Art. 432, S. 809.
93 *Aliyev*, Konzessionen in Russland und Kasachstan, S. 160.
94 *Braginsky/Vitryansky*, Vertragsrecht I, Kap. 7, S. 306; *Kijaško*, Nicht zustande gekommene Rechtsgeschäfte, S. 75.
95 Siehe dazu unter § 2 B I 2.

5. Bestimmung des Vertragsinhalts durch die vorformulierten Vertragsbedingungen

a) Deutschland

Heutzutage bestimmt sich der Inhalt der Zahlungsdiensteverträge, wie nahezu alle Verträge insbesondere mit Verbrauchern, durch die Allgemeine Geschäftsbedingungen (AGB). AGB sind nach § 305 Abs. 1 BGB »alle für eine Vielzahl von Verträgen vorformulierten Vertragsbedingungen, die eine Vertragspartei (Verwender) der anderen Vertragspartei bei Abschluss eines Vertrags stellt«. AGB zielen dabei im deutschen Recht darauf ab, den Inhalt der Verträge zu bestimmen.[96] Die AGB müssen nach § 305 Abs. 1 BGB von dem Verwender der anderen Partei gestellt werden. Damit wird durch den Gesetzgeber ausgedrückt, dass die AGB einseitig durch den Verwender erfasst und der gegenüberstehenden Vertragspartei auferlegt werden müssen.[97] An der Einseitigkeit der Auferlegung fehlt es, wenn die andere Partei die Möglichkeit hat, die vorformulierten Geschäftsbedingungen zu ändern oder in anderer Weise seine freie Entscheidung in der Formuliering der Geschäftsbedingungen ausüben kann.[98] Außerdem müssen die AGB gem. § 305 Abs. 2 BGB in den Vertrag einbezogen werden. Wirksame Einbeziehung der AGB setzt hierbei voraus, dass sie durch den Verwender bei Vertragsschluss der anderen Vertragspartei hingewiesen und ihr die Möglichkeit verschaffen, in zumutbarer Weise von ihrem Inhalt Kenntnis zu nehmen.[99] Werden die AGB in den Zahlungsdienstevertrag wirksam einbezogen, wird das zwischen dem Zahlungsdienstleister und Kunden bestehende Rechtsverhältnis mit einer ganzen Reihe und mit den durch den Zahlungsdienstleistler vorformulierten Regelungen ergänzt. Das Kernstück der gesetzlichen Regulierung der AGB im deutschen Recht stellt die richterliche Inhaltskontrolle nach §§ 307 - 309 BGB dar.[100] Der Zahlungsdienstleister hat dabei bei der Formulierung der AGB die Regelungen der § 307ff, sowie die der §§ 675c – 676c BGB zu beachten. Dies dient dazu, dass die andere Vertragspartei nicht durch die von dem Verwender vorformulierte

96 *Kötz,* Vertragsrecht, (29.08.2012), Rn. 247; BGHZ 200, 362 ff. (Tz. 23).

97 *Wolf/Neuner*, Allgemeiner Teil des Bürgerlichen Rechts, 11. Aufl., § 47, Rn. 14.

98 *MüKo- BGB/Fornasier*, 9. Aufl., § 305, Rn. 21.

99 Mehr zur Einbeziehung der AGB in den Vertrag: *Kötz,* Vertragsrecht, (29.08.2012), Rn. 247 ff; *MüKo- BGB/ Wurmnest*, § 305, Rn. 1 ff.

100 Mehr zu den Inhaltskontrolle von AGB: *MüKo-BGB/Wurmnest*, BGB § 307 Rn. 1 ff; *Looschelders*, Schuldrecht, Allgemeiner Teil, 18. Aufl., Rn. 334 ff.

Vertragsbedingungen in einer unangemessener und gerechtigkeitstwidrigen Weise benachteiligt wird. Wird eine der Klauseln nach der Inhaltskontolle gem. § 305ff BGB unwirksam, muss an die Stelle der unwirksamen Regelung die entsprechend dispositive Norm angewendet werden. Der restliche Vertrag zwischen der Parteien bleibt unberührt und damit grundsäzlich wirksam.[101]

b) Russland

Auch im russischen Recht bestimmt sich der Inhalt der Massengeschäfte, einschließlich der Bankkontoverträge, durch die vorformulierten Vertragsbedingungen. Dabei handelts es sich um sog. Adhäsionsverträge[102], wobei die vertraglichen Bedingungen von einer der Parteien in Standardformulare oder in einer anderen standardisierten Form festgelegt wurden und von der anderen Partei nur durch Beitritt zum ganzen Vertrag akzeptiert werden können (Art. 428 Pkt. 1 ZGB). Die Vertragsbedingung sind hierbei von einer Partei vorformuliert und der anderen Partei angeboten, wobei die Letztere diese entweder im Wege des Beitritts zum angebotenen Vertrag im Ganzen annehmen oder den Vertragsschluss ablehnen kann.[103] Art. 428 Pkt. 2 ZGB enthält die Regelung zur Inhaltskontrolle der Adhäsionsverträge, damit die schwächere Partei durch die unfairen Vertragsbedingungen nicht benachteiligt wird.[104]

Auf den ersten Blick handelt sich bei Adhäsionsverträge im russischen Recht um ein, mit den im deutschen Recht existierenden AGB, vergleichbares Institut. Die Voraussetzung der Art. 428 Pkt. 1 ZGB schreiben vor, dass die Vertragsbedingungen von einer Partei einseitig gestellt werden, für eine Vielzahl von Verträgen vorformuliert (Standartformulare) sind und die andere Partei keinen Einfluss auf die Gestaltung dieser Bedingungen hat. Fraglich erscheint es jedoch, ob Art. 428 ZGB auf solche Verträge Anwendung findet, bei welchen die andere Partei eine Einflussmöglichkeit auf die Vertragsgestaltung, und damit auch auf die einigen streng

101 *Ulmer/Brandner/Hensen*, AGB-Recht, Kommentar, 13. Aufl., Vorbemerkungen zur Inhaltskontrolle, Rn. 122 ff.

102 Auch »Beitrittsverträge« (russ. dogowory prisojedinenija).

103 *Krascheninnikow/Michejeva*, Kommentar zum ZGB, Teil 1, Art. 428, S. 1211; *Braginsky/Vitryansky*, Vertragsrecht I, Kap. 3, S. 259.

104 *Karapetov*, Kommentar zum Zivilgesetzbuch der Russischen Föderation, Allgemeiner Teil, Art. 428, S. 725.

begrenzten Vertragsbedingungen, hat. Aus Art. 428 Pkt. 1 ZGB kommt die Antwort nicht eindeutig hervor. Ein Vertrag ohne Individualverabreden ist in der Praxis kaum vorstellbar vor und somit wäre es sinnvoll, die Art. 428 ZGB auf die vorformulierten Bedingungen des Vertrags anzuwenden. Die individuell vereinbarten Vertragsbedingungen bleiben dabei außerhalb des Anwendungsbereichs der Norm.[105] Eine vergleichbare Regelung ergibt sich aus § 305 S. 2 BGB. Diese Ansicht wird auch durch das Oberste Arbitragegericht der Russischen Föderation bestätigt.[106] Allerdings existiert eine eigenständige Position der Rechtsprechung bezüglich dieser Frage. Ob im Einzelfall der Vertrag als Adhäsionsertrag zu qualifizieren ist, wird durch die Gerichte unter Berücksichtigung aller Umstände entschieden.

Ein relevanter Unterschied zwischen der gesetzlichen Regulierung der vorformulierten Vertragsbedingungen zwischen deutschem und russischem Recht stellen die Normen zur Inhaltskontrolle dar. Art. 428. Pkt. 2 ZGB sieht vor, dass die zum Vertrag beitretende Partei die Vertragsanpassung oder den Rücktritt verlangen kann, wenn der Adhäsionsvertrag die beitretende Partei in ihren, bei solchen Verträgen in der Regel, entstehenden Rechten beschränkt oder diese gänzlich ausschließt, soweit die schwächere Partei diese Bedingungen aufgrund ihrer vernünftigen Interessen nicht akzeptiert hätte, wenn sie die Möglichkeit gehabt hätte an der Gestaltung der Bedingungen mitzuwirken. Hiermit lässt sich festhalten, dass die Norm, der dem Vertrag beizutretenden Partei eine Möglichkeit an die Hand gibt, bei benachteiligenden Vertragsbedingungen vor dem Gericht die Vertragsänderung oder den Rücktritt vom Vertrag zu verlangen. Diese Regelung entspricht jedoch nicht dem Sinn und Zweck der Art. 428 ZGB, da die Einleitung des Gerichtsverfahrens durch die schwächere Partei durchzuführen ist.[107]

Für die Verbraucherverträge bestehen jedoch zahlreiche Sonderregelungen. So sind nach Art. 16 Pkt. 1 des Gesetzes »Über den Schutz der Verbraucherrechte«[108] solche Vertragsbedingungen, die Rechte der Verbraucher verletzen, unzulässig und damit nichtig, wenn diese die Gesetze oder gegen andere normative Akte der Russischen Föderation verstoßen. Damit

---

105 *Karapetov,* Kommentar zum Zivilgesetzbuch der Russischen Föderation, Allgemeiner Teil, Art. 428, S. 726.

106 Informationsschreiben des Präsidiums des Obersten Arbitragegerichts der Russischen Föderation vom 13. September 2011, Nr. 147, Pkt. 2.

107 *Karapetov,* Kommentar zum Zivilgesetzbuch der Russischen Föderation, Allgemeiner Teil, Art. 428, S. 731.

108 Das Gesetz »Über den Schutz der Verbraucherrechte« vom 07.02.1992 N 2300-1.

werden die vorformulierten Vertragsbedingungen, die Art. 16 des Gesetzes »Über den Schutz der Verbraucherrechte« verstoßen, nichtig, ohne dass der Verbraucher vor dem Gericht die Vertragsänderung verlangen muss. Jedoch bleibt die Frage ungeklärt, wie solche Vertragsbedingungen zu behandeln sind, die zwar keinen gesetzlichen Verstoß enthalten, jedoch den Verbraucher unangemessen benachteiligen. Zum Zwecke des Verbraucherschutzes wäre es sinnvoll, Art. 16 des Gesetzes »Über den Schutz der Verbraucherrechte« auch auf diese Vertragsbedingungen anzuwenden.[109] Denn wäre der Verbraucher in diesem Fall nicht der Last der Einleitung eines gerichtlichen Verfahrens ausgesetzt. Allerdings wird diese Frage, bezüglich der Verträge zwischen Banken und seinem Kunde, in der Rechtsprechung nicht weit diskutiert und bleibt daher umstritten.

6. Zahlungsauftrag

a) Deutschland

Der Begriff des »Zahlungsauftrags« ist im deutschen Recht in § 675f Abs. 4 S. 2 BGB definiert. Nach dieser Norm ist unter einem Zahlungsauftrag ein Auftrag zu verstehen, der durch den Zahler an seinen Zahlungsdienstleister für die Ausführung eines Zahlungsvorgangs unmittelbar oder mittelbar über einen Zahlungsauslösedienstleister oder den Zahlungsempfänger erteilt wird. Es handelt sich um eine rechtsverbindliche Erklärung des Zahlers hinsichtlich der Ausführung eines bestimmten Zahlungsvorgangs oder mehrerer Zahlungsvorgänge.[110] Der Zahlungsauftrag kann nur vom Zahler ausgehen, jedoch kann er sowohl vom Zahler als auch vom Zahlungsempfänger angestoßen werden.[111] Bei Zahlungsaufträgen, die unmittelbar vom Zahler erteilt werden, spricht man von »Push« Zahlungen[112], bei solchen, die mittelbar vom Zahler über den Zahlungsempfänger veranlasst werden, von »Pull«-Zahlungen.[113] Die Anweisung zur Ausführung eines

---

109 *Karapetov*, Kommentar zum Zivilgesetzbuch der Russischen Föderation, Allgemeiner Teil, Art. 428, S. 733.

110 *Grüneberg/Sprau*, BGB, 81. Aufl., § 675f, Rn. 19.

111 *PWW/Fehrenbacher*, BGB, 16. Aufl., § 675f, Rn. 27.

112 Unter »Push« Zahlungen fallen beispielweise die Überweisung und Finanztransfer.

113 Unter »Pull« Zahlungen fallen beispielweise die Lastschriften und Kreditkartenzahlungen, *PWW/Fehrenbacher*, § 675f, Rn. 28, *Koch*, Missbrauch von Zahlungsauthentifizierungsinstrumenten, S. 26.

Zahlungsauftrags muss die wichtigsten Zahlungsinformationen sowie die Zustimmung zum Zahlungsvorgang enthalten.[114]

b) Russland

Die rechtliche Grundlage der Durchführung der Geldmittelüberweisungen stellt im russischen Recht nach Art. 5 Pkt. 1 des Gesetzes »Über das nationale Zahlungssystem« der Kundenauftrag dar. Eine abstrakte Definition des Begriffs ist jedoch durch das Gesetz nicht gegeben. Nach Art. 4 Pkt. 1 des Gesetzes »Über das nationale Zahlungssystem« wird der Geldtransfer durch Geldtransferoperatoren infolge eines Kundenauftrags durchgeführt. Hierbei kann der Auftrag zur Ausführung des Geldtransfers nach dem Wortlaut dieser Vorschrift vom Zahler[115] und dem Zahlungsempfänger[116] erteilt werden.[117] Der Kundenauftrag kann nach Art. 8 Pkt. 2 des Gesetzes »Über das nationale Zahlungssystem« sowohl in Papierform als auch in elektronischer Form vorliegen. Der Kundenauftrag muss alle für den Geldtransfer erforderlichen Informationen, die Angaben des Geldtransfers, enthalten (Art. 8 Pkt. 1 des Gesetzes »Über das nationale Zahlungssystem«). Die Liste der notwendigen Angaben wird durch die normativen Akte der Zentralbank und die Verträge zwischen den Geldtransferoperatoren und ihren Kunden bestimmt.[118] Im Rahmen dieser Dissertation wird mit Ausnahme der Fälle des direkten Zitats, der Begriff »Zahlungsauftrag« benutzt.

7. Autorisierung

a) Deutschland

In § 675j Abs. 1 BGB wird der Begriff »Autorisierung« als Zustimmung des Zahlers zu einem Zahlungsvorgang definiert. Die Wirksamkeit eines

---

114 BT-Drucks, 16/11643, S. 102; *PWW/Fehrenbacher*, BGB, 16. Aufl., § 675f, Rn. 27, *Grüneberg/Sprau*, BGB, 81. Aufl., § 675f, Rn. 19.

115 Hier ist beispielweise den Kundenauftrag in Form einer Überweisung zu nennen.

116 Zu dem Auftrag, der vom Zahlungsempfänger erteilt wird, gehört bspw. der Auftrag in Form einer Lastschrift.

117 *Rjabova*, Kommentar zum Föderalen Gesetz »Über das nationale Zahlungssystem«, Art. 5, S. 53.

118 *Rjabova*, Kommentar zum Föderalen Gesetz »Über das nationale Zahlungssystem«, Art. 8, S. 83.

Zahlungsvorgangs setzt damit nach dem Wortlaut der Vorschrift die Zustimmung des Zahlers zur Ausführung des Zahlungsvorgangs voraus. Nur im Fall der Autorisierung besteht ein Aufwendungsersatzanspruch des Zahlungsdienstleisters aus §§ 675c Abs. 1, 670 BGB. Die Zustimmung kann nach §675j Abs. 1 S. 2 BGB vor der Ausführung des Zahlungsvorgangs als Einwilligung oder nach der Ausführung als Genehmigung erteilt werden. Dabei muss die Erteilung der Zustimmung als Genehmigung zwischen dem Zahlungsdienstleister und dem Zahler zuvor vereinbart werden. Dies zeigt deutlich, dass die Zustimmung als empfangsbedürftige Willenserklärung anzusehen ist und die Regelungen des § 182 BGB über die Form der Zustimmung und die des § 184 BGB über die Genehmigung auf die Autorisierung entsprechende Anwendung finden.[119]

Der Begriff »Autorisierung« ist im deutschen Recht von dem Begriff »Authentifizierung« zu unterscheiden. Dieser Begriff wird von § 1 Abs. 27 ZAG als Verfahren zur Überprüfung der Identität des Nutzers oder die berechtigte Verwendung eines bestimmten Zahlungsinstruments, einschließlich seiner personalisierten Merkmale, definiert. Hier ist beispielweise die Überprüfung der PIN und sonstiger Sicherheitsmerkmale der Karte bei dem Bezahlen am POS-Terminal oder der Kundenkennung oder die PIN und TAN beim Online-Banking zu nennen.[120]

b) Russland

Im russischen Recht kommt der Begriff »Autorisierung« nur in der Verordnung »Über die Abwicklung der Geldmittelüberweisungen« vor. Nach Art. 2.12 dieser Verordnung wird unter Autorisierung die Zustimmung des Kreditinstituts des Zahlers verstanden, eine Transaktion mittels elektronischen Zahlungsmittels durchzuführen. Es lässt sich dabei feststellen, dass der Begriff »Autorisierung« im russischen Recht in einem anderen Sinn als im deutschen Recht verwendet wird.

Der Begriff, der dem Begriff der »Autorisierung« im deutschen Recht entspricht, könnte daher als das Akzept, d.h. die Zustimmung des Zahlers zum Geldtransfer, angesehen werden.[121] Gemäß Art. 6 des Gesetzes »Über das nationale Zahlungssystem« und Art. 2.9.1 der Verordnung »Über

119 *Grüneberg/Sprau*, BGB, 81. Aufl., § 675j, Rn. 3.

120 *MüKo-BGB/Zetzsche*, 8. Aufl., § 675w, Rn. 9. Ausführlicher dazu unter § 3, A, I. 1.

121 *Laue*, Die zivilrechtliche Haftung der Banken, S. 56.

die Abwicklung der Geldmittelüberweisungen« ist die Zustimmung des Zahlers für Zahlungen in Form einer Lastschrift erforderlich. Die Zustimmung muss vom Zahler entweder vor Eingang des Auftrags des Zahlungsempfängers (vorherige Zustimmung) oder nach dessen Eingang dem den Geldtransfer ausführenden Operator erteilt werden (Art. 6 Abs. 3, S. 1 des Gesetzes »Über das nationale Zahlungssystem«). Hierbei kann die Zustimmung entweder im Vertrag zwischen dem Operator und dem Zahler oder in Form einer Urkunde oder Nachricht erfolgen. Bei der Ausführung der Aufträge, die durch den Zahler erteilt werden, wird die Zustimmung des Zahlers vermutet, weil dieser den Zahlungsauftrag, dem den Geldtransfer ausführenden Operator erteilt hat.[122]

B. Grundlagen der Haftung im Zivilrecht

Eine detaillierte Analyse der Haftung im elektronischen Zahlungsverkehr ist ohne Darstellung der allgemeinen Grundsätze der zivilrechtlichen Haftung nicht vorstellbar. Daher soll im Folgenden ein Überblick zum Haftungsbegriff im Zivilrecht sowie die skizzenhafte Darstellung der Haftungsprinzipien nach dem Zivilrecht der beiden Rechtsordnungen erfolgen. Die Darstellung der Grundlagen der zivilrechtlichen Haftungsverteilung wird mit einem Überblick der ökonomischen Aspekte der Schadensverteilung ergänzt.

I. Rechtslage in Deutschland

1. Begriff der zivilrechtlichen Haftung

Der Begriff »Haftung« ist durch das BGB nicht legal definiert, obwohl dieser in mehreren Normen zu finden ist. Daher ist in der Literatur der Begriff »Haftung« abhängig vom jeweiligen Kontext unterschiedlich definiert. Im deutschen Recht wird der Begriff »Haftung« im Zusammenhang mit dem Begriff »Schuld« oder »Schuldverhältnis« benutzt. Der Begriff »Schuldverhältnis« kann ist im weiteren und engeren Sinne verstanden werden. Dabei ist unter Schuldverhältnis im engeren Sinne die einzelne

122 Ausführlicher dazu unter § 3, B, I. 2.

Leistungsbeziehung zwischen Gläubiger und Schuldner zu verstehen.[123] Mithin handelt es sich um ein Rechtsverhältnis, in dem der Gläubiger von dem Schuldner eine bestimmte Leistung fordern kann.[124] Im weiteren Sinne bedeutet der Begriff »Schuldverhältnis« nicht nur eine einzelne Leistungspflicht, sondern die Gesamtheit mehrerer Forderungen zwischen dem Gläubiger und dem Schuldner.[125] Bei dem Begriff »Haftung« handelt es sich um die Durchsetzung der Forderung. Nach der traditionellen Lehre wird die »Haftung« als Umstand dahingehend verstanden, dass dem Gläubiger durch Zwangsvollstreckung der Zugriff auf das Schuldnervermögen zur Erfüllung der geschuldeten Leistung ermöglicht wird.[126] Dabei wird der Begriff »Schuld« im Sinne von »etwas schulden« verwendet, folglich hinsichtlich der Leistungspflicht[127] des Schuldners.[128] Dementsprechend ist unter »Haftung« das Einstehenmüssen des Schuldners mit seinem Vermögen für seine unerfüllte Schuld zu verstehen.[129] Daneben wird der Begriff »Haftung« in der deutschen Gesetzgebung und Rechtsliteratur auch in einem anderen Sinne benutzt. Wird bspw. der Begriff »Haftung« im Sinne von »Verschuldenshaftung« verwendet, so muss sie so verstanden werden, dass der Schuldner für sein Verhalten oder für das Verhalten einer anderen Person in der Weise verantwortlich ist, dass in der Folge für ihn eine Schadensersatzpflicht entsteht.[130]

In der vorliegenden Dissertation wird der Begriff »Haftung« im Sinne des weiten Verständnisses verwendet.[131] Dementsprechend wird im Rahmen dieser Arbeit sowohl die Erfüllungspflichten als auch die Schadensersatzpflichten der Parteien, die an einem Zahlungsvorgang beteiligt sind, untersucht.

123 *Staudinger/Olzen* (2019), BGB § 241, Rn. 36.

124 *Laue*, Die zivilrechtliche Haftung der Banken, S. 63; *Klunzinger*, Einführung in das Bürgerliche Recht, S. 239.

125 *Staudinger/Olzen* (2019), BGB § 241, Rn. 36.

126 *Larenz*, Lehrbuch des Schuldrechts, S. 22; *Fischinger*, Haftungsbeschränkung im Bürgerlichen Recht, S. 4.

127 *Fischinger*, Haftungsbeschränkung im Bürgerlichen Recht, S. 4.

128 *Fischinger*, Haftungsbeschränkung im Bürgerlichen Recht, S. 3; *Jauernig/Mansel*, § 241, Rn. 8.

129 *Larenz*, Lehrbuch des Schuldrechts, S. 22; *Fischinger*, Haftungsbeschränkung im bürgerlichen Recht, S. 4.

130 *Larenz*, Lehrbuch des Schuldrechts, S. 22.

131 *Canaris*, Vertrauenshaftung im Privatrecht, S. 3.

2. Prinzipien der Schadensverteilung nach deutschem Recht

Eine der wichtigsten Funktionen des Schadenersatzes im Zivilrecht ist die Gewährung eines Ausgleichs für den Schaden, dem jemandem infolge eines Schadenereignisses zugefügt wurde.[132] Der Hauptgedanke besteht darin, dass dem Geschädigten der Zustand herzustellen ist, der ohne das den Schadenersatz begründende Ereignis bestehen würde.[133] Unter dem Begriff des Schadens ist nach deutschem Recht jede Beeinträchtigung des Vermögensinteresses oder anderer Reche (immaterieller Schaden) einer Person zu verstehen. Die Voraussetzung der Haftung ist das Vorliegen eines Grundes, der die Verantwortlichkeit des Schädigers für bestimmte Handlungen begründet.[134] Ein solcher Grund könnte bspw. auf der schuldhaften Handlung des Schädigers (»Verschuldensprinzip«) oder auf der Ausübung einer erlaubten Tätigkeit, die aber zur Gefährdung der Umgebung und zur Verursachung eines Schadens führen kann (»Gefährdungshaftung«), beruhen. Da bei der Analyse der haftungsrechtlichen Regelungen im Bereich des elektronischen Zahlungsverkehrs auf die allgemeinen Prinzipien des Haftungsrechts zurückgegriffen wird, scheint zunächst eine skizzenhafte Darstellung der für das Zahlungsdiensterecht relevanten Prinzipien notwendig zu sein. Anzumerken ist, dass wegen der Komplexität der Beziehungen zwischen den Parteien, die Lösungen des Gesetzgebers bei der Haftungsverteilung zwischen den Parteien das Zusammenspiel mehrerer Haftungsprinzipien darstellen.[135]

a) Verschuldensprinzip

Eines der grundlegenden Prinzipien für die Risikozuordnung im deutschen Recht stellt die Haftung nach dem Verschuldensprinzip dar. Der Gedanke, der hinter diesem Haftungsprinzip steht, ist, dass der Schuldner für den Schaden verantwortlich gemacht werden kann, der durch sein schuldhaftes Verhalten entstanden ist.[136] Schuldhaftes Verhalten in diesem Sinne bedeutet, dass das Verhalten dem Schuldner persönlich vorgeworfen werden

132 *Larenz*, Richtiges Recht, S. 102.
133 *Larenz*, Lehrbuch des Schuldrechts, S. 424.
134 *Larenz*, Richtiges Recht, S. 102.
135 *Linardatos*, Das Haftungssystem im bargeldlosen Zahlungsverkehr, S. 59.
136 *Larenz*, Richtiges Recht, S.103; *Larenz*, Lehrbuch des Schuldrechts, S. 276.

kann, da dieses den Rechtsanforderungen nicht entspricht.[137] Dies bedeutet, dass sich der Schuldner mit der im Verkehr tatsächlich erforderlichen Sorgfalt und »gutem Willen« anders hätte verhalten können und sollen.[138] Nach den gesetzlichen Haftungsbestimmungen hat der Schuldner grundsätzlich Vorsatz und Fahrlässigkeit zu vertreten (§ 276 BGB).[139] Darüber hinaus kann das Verschuldensprinzip im deutschen Vertragsrecht nicht nur für eigenes Verhalten, sondern unter Umständen auch für fremdes Verhalten gelten (§ 278 BGB, § 675z S. 3 BGB).[140]

b) Garantieprinzip

Vom Verschuldensprinzip ist das Garantieprinzip zu unterscheiden, das vor allem für den angelsächsischen Rechtskreis[141] relevant ist, jedoch dem deutschen Recht nicht fremd ist. Die Bedeutung des Garantieprinzips ist hierbei, dass der Schuldner die rechtzeitige Erfüllung des Vertrags dem Gläubiger zuvor gewährleistet hat und die Risiken der Nichterfüllung oder nicht rechtzeitiger Erfüllung selber trägt.[142] Nach dem Gedanken des Garantieprinzips ist der Schuldner zum Schadenersatz wegen Nichtleistung oder nicht rechtzeitiger Leistung unabhängig vom Grund der Nichterfüllung der Leistung verpflichtet.[143] Dementsprechend ist das Garantieprinzip im Vergleich zum Verschuldensprinzip gläubigerfreundlicher und daher für den Schuldner strenger.[144] Im deutschen Recht, welches eher vom Grundsatz des Verschuldensprinzips ausgeht, ist die Einschränkung des Garantieprinzips durch Parteivereinbarung oder durch die Gerichte möglich.[145]

137 *Linardatos*, Das Haftungssystem im bargeldlosen Zahlungsverkehr, S. 59.

138 *Larenz*, Richtiges Recht, S. 103; *Larenz*, Lehrbuch des Schuldrechts, S. 276; *Jansen*, Struktur des Haftungsrechts, S. 620.

139 *Larenz*, Richtiges Recht, S. 103; *Larenz*, Lehrbuch des Schuldrechts, S. 276.

140 *Larenz*, Richtiges Recht, S. 103; Larenz, Lehrbuch des Schuldrechts, S. 277; Linardatos, Das Haftungssystem im bargeldlosen Zahlungsverkehr, S. 61.

141 *Ranieri*, Obligationsrecht, S. 708 ff; *Larenz*, Richtiges Recht, S. 103; *Larenz*, Lehrbuch des Schuld-rechts, S. 277.

142 *Larenz*, Richtiges Recht, S. 103; *Larenz*, Lehrbuch des Schuldrechts, S. 277.

143 *Linardatos*, Das Haftungssystem im bargeldlosen Zahlungsverkehr, S. 61.

144 *Larenz*, Lehrbuch des Schuldrechts, S. 279; *Linardatos*, Das Haftungssystem im bargeldlosen Zahlungsverkehr, S. 61.

145 *Larenz*, Lehrbuch des Schuldrechts, S. 277; *Linardatos*, Das Haftungssystem im bargeldlosen Zahlungsverkehr, S. 61.

c) Risikoprinzip

Ein weiteres Haftungsprinzip, dem infolge der steigenden Entwicklung der Technik und Automatisierung der Kommunikation eine wachsende Bedeutung zukommt, stellt das Risikoprinzip dar. Im Vergleich zum Verschuldensprinzip, das ein schuldhaftes Verhalten voraussetzt, geht das Risikoprinzip davon aus, dass ebenfalls aufgrund erlaubter Handlungen ohne Verschulden des Schuldners Schäden entstehen können, die zwischen den Parteien risikotechnisch verteilt werden müssen.[146] Dabei handelt sich um die Fälle, in denen wegen des Betreibens bestimmter Anlagen (bspw. Führen eines Kraftzeuges im Straßenverkehr) das Risiko des Entstehens unvorhersehbarer und unvermeidbarer Schäden besonders hoch ist.[147] Dementsprechend handelt es sich in diesen Fällen um eine Gefährdungshaftung, die auf dem Gedanken beruht, dass das Schadensrisiko von demjenigen zu tragen ist, der die gefährdende Betätigung ausübt, weil die gefährdende Anlage durch diesen in den Verkehr gebracht wird.[148] Da der Tatbestand der Gefährdungshaftung verschuldensunabhängig ist, ist sie insbesondere für die Schadensprävention von Bedeutung, da sie eine Motivation für die Beachtung einer effizienten Sorgfalt darstellt.[149]

d) Sphärenhaftung

Ein weiteres Haftungsprinzip, das nach seinem Grundgedanken dem Risikoprinzip nahe liegt, stellt die Verteilung der Risiken nach der Sphärentheorie dar.[150] Die Sphärentheorie ist für die Haftungsverteilung im Zahlungsdiensterecht wegen der verschuldensunabhängigen Haftungsvorschriften von großer Bedeutung.[151] Nach dem Grundsatz der Sphärentheorie muss das Schadensrisiko demjenigen auferlegt werden, in dessen Sphäre das Risiko fällt und wer diesbezüglich die bessere Beherrschungsmöglich-

146 *Larenz*, Richtiges Recht, S. 107; *Blaschczok*, Gefährdungshaftung, S. 47; *Wiebe*, Die elektronische Willenserklärung, S. 154.
147 *Larenz*, Richtiges Recht, S. 107.
148 *Larenz*, Richtiges Recht, S. 107.
149 *Jansen*, Struktur des Haftungsrechts, S. 631.
150 *Ulmer*, Das Recht der Wertpapiere, S. 315 ff.
151 *Canaris*, Bankvertragsrecht, Rn. 710; Schleicher, E-Commerce, S. 224; *Linardatos*, Das Haftungssystem im bargeldlosen Zahlungsverkehr, S. 65.

keit innehat.[152] Die Sphärentheorie geht auf Ulmer zurück und bezieht sich auf die Fälle der Fälschung und Verfälschung von Schecks, wobei der Aussteller gegenüber der Bank für die Fälschung haftet, wenn der Mangel aus seiner Sphäre stammt.[153] Hierbei liegt ein wichtiger Unterschied zwischen dem Risikoprinzip und der Sphärenhaftung, der darin besteht, dass bei der Verteilung der Risiken nach der Sphärentheorie der Gefahrengrad des Umstandes nicht relevant ist.[154]

II. Rechtslage in Russland

1. Definition der zivilrechtlichen Haftung im russischen Recht

Der Begriff der zivilrechtlichen Haftung im russischen Recht ist genauso wie im deutschen Recht nicht gesetzlich definiert. Jedoch sind in der russischen Rechtslehre die unterschiedlichen Definitionen der zivilrechtlichen Haftung zu finden. Dabei ist der unterschiedliche Inhalt der Definitionen je nach Ziel und Untersuchungsaspekt abhängig.[155]

Einerseits wird unter der zivilrechtlichen Haftung eine Form der gesetzlichen Haftung verstanden, die als Beeinflussung des Staates auf den Rechtsverletzenden durch Zwangsmaßnahmen zu sehen ist, welche für Letzteren nachteilige Folgen hat.[156] Da die im Zivilrecht geregelten Beziehungen zwischen den Parteien vermögensrechtlicher Natur sind, sind unter der zivilrechtlichen Haftung die Zwangsmaßnahmen des Staates vermögensrechtlicher Art gegen die Person, die eine Rechtsnorm verletzt hat, zu verstehen.[157] Dabei werden die Haftungsmaßnahmen durch die Gerichte gegen den Schädiger vorgenommen, damit die nachteiligen vermögensrechtlichen Folgen auf den Schädiger übertragen werden und dadurch der Vermögenszustand des Geschädigten wiederhergestellt wird.[158] Die zivilrechtlichen Haftungsmaßnahmen stellen hierbei die gesetzlich vorgesehenen Maßnahmen dar, die durch das Gericht gegen den Schädiger zum Ausgleich der

152 *Linardatos*, Das Haftungssystem im bargeldlosen Zahlungsverkehr, S. 66.
153 *Canaris*, Bankvertragsrecht, Rn. 710; *Ulmer*, Das Recht der Wertpapiere, 1938, S. 315.
154 *Linardatos*, Das Haftungssystem im bargeldlosen Zahlungsverkehr, S. 66.
155 *Hansson*, Das Gesamtsystem der Mängelrechte des Käufers nach neuem deutschem und russischem Recht, S. 118.
156 *Gribanov*, Die Ausübung und der Schutz der Zivilrechte, S. 310–312.
157 *Suchanov*, Zivilrecht, Bd. 1, S. 443.
158 *Laue*, Die zivilrechtliche Haftung der Banken, S. 83.

Schäden des Geschädigten infolge eines Schadensfalls vorgenommen werden.[159] Dementsprechend ist die Hauptfunktion der zivilrechtlichen Haftung im russischen Zivilrecht eine Ausgleichsfunktion. Dabei soll durch die zivilrechtlichen Haftungsmaßnahmen eine Kompensierung der infolge eines Schadensfalls entstandenen Verluste des Geschädigten gewährt werden.[160]

Neben diesem weiten Auslegungsansatz der Definition der zivilrechtlichen Haftung ist in der russischen Rechtsliteratur die Verwendung des Begriffs im engeren Sinne, als die zivilrechtliche Haftung für die Verletzung einer Vertragsverbindlichkeit, zu finden.[161] Danach ist unter zivilrechtlicher Haftung die Verpflichtung des Schuldners zu verstehen, dem Gläubiger den Schaden zu ersetzen, der ihm wegen der Nichterfüllung oder wegen der nicht ordnungsgemäßen Erfüllung der Vertragspflichten zugefügt wird.[162] In diesem Sinne ordnet die zivilrechtliche Haftung eine Reihe von vermögensrechtlichen Konsequenzen an, die durch die gesetzlichen Bestimmungen der Person auferlegt werden, die die Verpflichtung aus dem Vertrag nicht oder nicht ordnugsgemäß erfüllt hat.[163] Das Ziel ist es, bei dem Gläubiger den Zustand herzustellen, wie er bei ordnugsgemäßer Erfüllung des Vertrags stehen würde, wobei ihm sowohl seine Aufwendungen erstattet als auch die Wiederherstellung der verletzten Rechte erreicht werden müssen.[164] Die zivilrechtliche Haftung soll dabei eine stimulierende Funktion zur Vermeidung einer Pflichtverletzung seitens der Rechtssubjekte haben.[165]

Für ein besseres Verständnis des Begriffs der zivilrechtlichen Haftung legt die russische Rechtslehre darüber hinaus deren Merkmale fest. Dabei liegt das erste Merkmal darin, dass sich die zivilrechtliche Haftung grundsätzlich immer auf ein Vermögensverhältnis beziehen muss.[166] Dazu gehören bspw. die Ansprüche über den Schadensersatz oder über die Zahlung der Vertragsstrafen oder Geldbußen. Dabei ist für die Anwendung der

159 *Suchanov*, Zivilrecht, Bd. 1, S. 446.

160 *Suchanov*, Zivilrecht, Bd. 1, S. 447.

161 *Braginsky/Vitryansky*, Vertragsrecht I, Kap. 7, S. 612–638.

162 *Roggemann/Bergmann*, Zivilgesetzbuch der Russischen Föderation, Teil 1, Art. 393.

163 *Braginsky/Vitryansky*, Vertragsrecht I, Kap. 7, S. 612–638.

164 *Galander*, Russisches Wirtschaftsrecht, S. 228.

165 *Hansson*, Das Gesamtsystem der Mängelrechte des Käufers nach neuem deutschem und russischem Recht, S. 119.

166 *Braginskij/Vitrajnskij*, Vertragsrecht I, Kap. 7.S. 607-633; *Gribanov*, Die Ausübung und der Schutz der Zivilrechte, S. 298; *Hansson*, Das Gesamtsystem der Mängelrechte des Käufers nach neuem deutschem und russischem Recht, S. 120.

zivilrechtlichen Haftung gleichgültig, ob ein Schuldverhältnis zwischen den Parteien besteht oder nicht.[167] Das zweite Merkmal der zivilrechtlichen Haftung stellt die Tatsache dar, dass es sich bei der zivilrechtlichen Haftung im russischen Recht immer um die Verantwortlichkeit einer Partei, die eine Pflichtverletzung gegenüber der anderen Partei, deren Rechte verletzt wurden, zu vertreten hat, handelt.[168] Ein drittes Merkmal der zivilrechtlichen Haftung liegt darin, dass der Umfang der zivilrechtlichen Haftung grundsätzlich der Höhe des durch die eine Partei verursachten Schadens entsprechen muss.[169]

Wenn in dieser Dissertation von der zivilrechtliche Haftung im russischen Recht gesprochen wird, wird von der Haftung im engeren Sinne, also von der zivilrechtlichen Haftung für die Verletzung der Vertragsverbindlichkeiten, ausgegangen. Dabei wird im Rahmen dieser Arbeit, genauso wie bei der Analyse der Rechtslage im deutschen Recht, die Erfüllungspflichten und Schadensersatzpflichten der in einem Zahlungsvorgang beteiligten Parteien analysiert.

2. Prinzipien der Schadensverteilung nach russischem Recht

Die Entstehung der Schäden stellt eine Voraussetzung für den Eintritt der zivilrechtlichen Haftung dar.[170] Dabei sind unter dem Begriff des Schadens solche Aufwendungen zu verstehen, welche die Person, deren Recht verletzt wurde, zur Wiederherstellung des verletzten Rechts getätigt hat oder tätigen muss, der Verlust oder die Beschädigung ihres Vermögens (konkreter Schaden) sowie den entgangenen Gewinn, welcher die Person unter normalen Umständen des zivilrechtlichen Verkehrs hätte erhalten können, wenn ihr Recht nicht verletzt worden wäre (entgangener Gewinn).[171] Der russische Gesetzgeber geht vom Grundsatz eines vollständigen Ersatzes der Schäden aus, wobei jedoch eine Beschränkung des Umfangs des Schadens durch das Gesetz oder mittels Vertragsvereinbarung möglich ist (Art. 15, Pkt. 1 ZGB).

---

167 *Braginskij/Vitrajnskij*, Vertragsrecht I, Kap. 7, S. 607–633.

168 *Braginskij/Vitrajnskij*, Vertragsrecht I, Kap. 7, S. 607–633; *Hansson*, Das Gesamtsystem der Mängelrechte des Käufers nach neuem deutschem und russischem Recht, S. 120.

169 *Braginskij/Vitrajnskij*, Vertragsrecht I, Kap. 7, S. 607–633.

170 *Braginskij/Vitrajnskij*, Vertragsrecht I, Kap. 7, S. 607–633; *Hansson*, Das Gesamtsystem der Mängelrechte des Käufers nach neuem deutschem und russischem Recht, S. 127.

171 *Roggemann/Bergmann*, Zivilgesetzbuch der Russischen Föderation, Art. 15.

Die Frage der allgemeinen Prinzipien der Schadensverteilung, auf welchen die haftungsregelnden Normen basieren, ist in der russischen Rechtslehre anders als im deutschen Recht nicht weit diskutiert. Als Haftungsgrund für die Verletzung einer Vertragspflicht stellt das russische ZGB das Verschulden der Person fest. So haftet die Person, die eine Vertragspflicht nicht oder nicht ordnungsgemäß erfüllt hat, für eigenes Verschulden (Art. 401 ZGB). Allerdings lässt das ZGB auch Ausnahmefälle zu, sofern andere Haftungsgründe gesetzlich oder vertraglich vorgesehen sind. Zu diesen Ausnahmen gehören bspw. die Haftung der Person, deren Tätigkeit eine erhöhte Gefahr für andere darstellt (Art. 1079 Pkt. 1 ZGB). In diesem Fall haftet die Person, die eine solche Tätigkeit ausübt, für die Schaden, wenn diese nicht nachweist, dass die Schäden aufgrund höherer Gewalt oder wegen vorsätzlichen Handelns des Geschädigten enstanden sind. Festzustellen ist, dass in diesem Fall durch den Gesetzgeber eine strengere, verschuldensunabhängige Haftung der Person vorgesehen ist, deren Tätigkeit eine erhöhte Gefahr für die Menschen und die Umgebung darstellt. Da wegen des Betriebs der Gefahrenquelle das Risiko des Entstehens eines Schadens hoch ist, werden dem Eigentümer der Gefahrenquelle höhere Sorgfalts- und Vorsichtspflichten durch den Gesetzgeber auferlegt.[172] Die Schadensverteilung in dieser Norm basiert hierbei auf dem aus der deutschen Rechtslehre bekannten Risikoprinzip,[173] wenn das Schadensrisiko von demjenigen getragen werden muss, der eine gefährdende Tätigkeit ausübt.

Ein anderer Ausnahmefall vom Grundsatz der Verschuldenshaftung stellt die Haftungsverteilung hinsichtlich einer Person, die eine unternehmerische Tätigkeit ausübt, dar. Da die Banken gem. Art. 1 des Gesetzes »Über die Banken und Banktätigkeit« eine unternehmerische Tätigkeit ausüben, wird auf diesen Grundsatz bei der Analyse der Haftungsverteilung zwischen den Banken und Zahler zurückgegriffen. Aus diesem Grund soll nachfolgend ein kurzer Überblick über die Grundlagen der verschuldensabhängigen und verschuldensunabhängigen Haftung gegeben werden.

---

172 *Chushin*, Über die Probleme der Verteilung der Risiken der zivilrechtlichen Haftung. S. 623.

173 Ausführlicher dazu unter § 2, A, 2 c).

a) Grundsatz der verschuldensabhängigen Haftung

Traditionell wird im russischen Recht unter dem Begriff »Verschulden« die subjektive psychologische Einstellung der Person zu ihrem rechtswidrigen Verhalten und dessen Rechtsfolgen verstanden.[174] Dies bedeutet, dass die Person die nachteiligen Folgen des eigenen Verhaltens erwarten konnte und ihr das Bestehen der Möglichkeit der Verhinderung dieses Schadens bewusst war.[175] Das russische ZGB definiert den Begriff »Verschulden« im Zusammenhang mit dem Begriff »Schuldlosigkeit«. Dabei ist eine Person gem. Art. 401 Pkt. 1 ZGB schuldlos, wenn sie die Art der Verbindlichkeit und die von der Verkehrssitte verlangten Sorgfalt und Vorsicht entsprochen und alle Maßnahmen zur ordnungsgemäßen Erfüllung getroffen hat.[176] In diesem Zusammenhang ist das »Verschulden« nicht als die subjektive psychologische Einstellung der Person hinsichtlich eines Rechtsverhältnisses, sondern als das Nichtergreifen von objektiv möglichen Maßnahmen zur Beseitugung oder Verhinderung negativer Folgen des eigenen Handelns zu verstehen.[177] Das Verschulden kann in Form von Vorsatz oder Fahrlässigkeit bestehen (Art. 401 Pkt. 1 ZGB). Dabei liegt ein vorsätzliches Verschulden vor, wenn der Schuldner vorsätzlich Handlungen oder Unterlassungen vornimmt, um eine vertragliche Verpflichtung nicht oder nicht ordnungsgemäß zu erfüllen bzw. die Erfüllung der Verpflichtung unmöglich macht.[178] Hingegen spricht man von Fahrlässigkeit, wenn der Schuldner bei der Erfüllung seiner Verpflichtung der nach der Art der Verbindlichkeit und Verkehrssitte gebotenen Sorgfalt und demzufolge alle erforderlichen Maßnahmen für die ordungsgemäße Vertragserfüllung nicht vornimmt.[179]

Darüber hinaus wird durch den Gesetzgeber der Begriff »grobe Fahrlässigkeit« genutzt, welche in der Rechtslehre als das Nichtergreifen der minimalen Sorgfalt, die für die ordnungsgemäße Erfüllung der Verpflichtung zu

174 *Tihomirov*, Juristische Enzyklopedie, S. 127; *Hansson*, Das Gesamtsystem der Mängelrechte des Käufers nach neuem deutschem und russischem Recht, S. 124.

175 *Suchanov*, Zivilrecht, Bd. 1, S. 461.

176 *Hansson*, Das Gesamtsystem der Mängelrechte des Käufers nach neuem deutschem und russischem Recht, S. 125; *Roggemann/Bergmann*, Zivilgesetzbuch der Russischen Föderation, Art. 401.

177 *Suchanov*, Zivilrecht, Bd. 1, S. 463.

178 *Braginskij/Vitrajnskij*, Vertragsrecht I, Kap. 7, S. 607–633.

179 *Braginskij/Vitrajnskij*, Vertragsrecht I, Kap. 7, S. 607-633.

erwarten ist, verstanden wird.[180] Grobe Fahrlässigkeit ist allerdings weder für den Gläubiger noch für die Gerichte vom Vorsatz genau differenzierbar, so dass die Folgen des Verschuldens in Form der groben Fahrlässigkeit und des Vorsatzes durch das ZGB gleichgestellt worden sind.[181]

b) Verschuldensunabhängige Haftung

Eine bedeutende Ausnahme vom Grundsatz der verschuldensabhängigen Haftung im russischen Zivilrecht stellt die verschuldensunabhängige Haftung von Personen, die unternehmerische Tätigkeiten ausüben, dar. Hierbei haftet gem. Art. 401 Pkt. 3 ZGB die Person, die eine unternehmerische Tätigkeit ausübt, für die Verletzung einer vertraglichen Pflicht grundsätzlich verschuldensunabhängig. Eine Befreiung von der Haftung erfolgt für die Unternehmer nur, wenn sie nachweisen kann, dass die nicht ordnungsgemäße Erfüllung auf höherer Gewalt beruht, also aufgrund der vorliegenden außerordentlichen Umständen unmöglich geworden ist.[182] Dementsprechend haften die Unternehmer nicht nur für die schuldhafte, sondern auch für die zufällige Nichterfüllung bzw. nicht ordnungsgemäße Erfüllung einer Verbindlichkeit.[183] Diese Regelung wird durch die Rechtsprechung damit begründet, dass den Unternehmern hinsichtlich ihrer Tätigkeit ein bestimmter Grad des Risikos grundsätzlich anhaftet und diese folglich in bestimmten Fällen auch ohne Verschulden haften müssen.[184]

Bezüglich der Fälle der verschuldensunabhängigen Haftung besteht in der Rechtsliteratur die theoretische Frage, ob die verschuldensunabhängige Haftung überhaupt als Haftung anzusehen ist. Dahingehend wird die Meinung vertreten, dass die verschuldensunabhängige Haftung vielmehr als besondere Art der Verpflichtung zum Schadensersatz anzusehen sei und keine Haftung darstelle, welche im Falle der Haftung ohne Verschulden die

---

180 *Hansson,* Das Gesamtsystem der Mängelrechte des Käufers nach neuem deutschem und russischem Recht, S. 125.

181 *Braginskij/Vitrajnskij,* Vertragsrecht I, Kap. 7, S. 607–633.

182 *Roggemann/Bergmann,* Zivilgesetzbuch der Russischen Föderation, Art. 401.

183 *Suchanov,* Zivilrecht, Bd. 1, S. 465.

184 Informationsblatt des Föderalen Obersten Arbitragegerichts der Russischen Föderation von 1998 Nr. 10, S. 42; Hanson, Das Gesamtsystem der Mängelrechte des Käufers nach neuem deutschem und russischem Recht, S. 125.

Präventionsfunktion der zivilrechtlichen Haftung entgegenstehe.[185] Dieser Meinung ist jedoch nicht zuzustimmen, weil einerseits die verschuldensunabhängige Haftung durch das ZGB ausdrücklich als Haftung bestimmt wird und andererseits wegen des vermögensrechtlichen Charakters der durch das Zivilrecht geregelten Verhältnisse die Ausgleichs- und Wiederherstellungsfunktionen der zivilrechtlichen Haftung im Vordergrund steht.[186]

III. Ökonomische Aspekte der Haftungsverteilung

Die gerechte Verteilung der mit den elektronischen Zahlungssystemen verbundenen Risiken zwischen den Parteien ist sowohl rechtlich als auch wirtschaftlich relevant. Dabei sind für die Entwicklung eines geeigneten Mechanismus der rechtlichen Regulierung der Haftungsverteilung und Schaffung eines Gleichgewichts zwischen den Parteien die ökonomischen Aspekte der Verteilung der Risiken nicht außer Acht zu lassen. Im Folgenden soll ein kurzer Überblick über die Haftungsverteilung aus ökonomischer Sicht dargestellt werden, jedoch ohne tief in die ökonomische Analyse einzusteigen. Anschließend soll mit der Untersuchung der ökonomischen Aspekte im Rahmen dieser Dissertation festgestellt werden, ob und inwiefern die Haftungsverteilung zwischen der Parteien nach dem Recht der beiden Rechtsordnungen auch ökonomisch effizient sind, also zur Minimierung der gesamtgesellschaftlichen Kosten führt.[187] In Anbetracht dazu sollen sich die haftungsrechtliche Normen aus der Sicht der ökonomischen Analyse des Rechts auf das Verhalten der Parteien in der Weise auswirken, dass die knappen Ressourcen einer Gesellschaft optimal genutzt werden können.[188] Um einen Überblick auf die ökonomische Analyse der Kosten, die bei einem Schadensfall entstehen können, zu verschaffen, werden zunächst die Kostenarten beim Schadensfall kurz dargestellt. Danach erfolgt die Erläuterung der Prinzipien der Zuordnung einer Haftungspflicht aus der Sicht der ökonomischen Analyse.

185 *Suchanov*, Zivilrecht, Bd. 1, S. 467; zur Diskussion: *Bratus*, Juristische Verantwortlichkeit und Gesetzmäßigkeit. S. 163–197.

186 *Suchanov*, Zivilrecht, Bd. 1, S. 467.

187 *Taupitz*, Ökonomische Analyse und Haftungsrecht, S. 11; *Schäfer/Ott*, Lehrbuch der ökonomischen Analyse des Zivilrechts, S. 11 ff.

188 *Taupitz*, Ökonomische Analyse und Haftungsrecht, S. 11; *Schäfer/Ott*, Lehrbuch der ökonomischen Analyse des Zivilrechts, Einleitung.

1. Kostenarten beim Schadensfall

Die Verluste der gesamtwirtschaftlichen Ressourcen, die im Schadensfall in der Form der Schadenskosten entstehen können, werden durch die ökonomische Analyse des Rechts in drei Kategorien aufgeteilt, nämlich primäre, sekundäre und tertiäre Kosten.[189] Die primären Kosten stellen die entgangenen Nutzwerte des Opfers im Falle einer Schädigung dar.[190] Zu diesen Kosten gehören bspw. die Kosten der ärztlichen Behandlung, die Kosten der nicht geleisteten Arbeit, die Kosten zur Behandlung von Schmerzen etc.[191] Die Minderung dieser Schäden steht aus ökonomischer Sicht wegen der Präventionfunktion des Haftungsrechts im Vordergrund.[192] Als sekundäre Kosten werden die Schäden, die durch ungünstige Schadensverteilung enstanden sind, angesehen.[193] Aus ökonomischer Perspektive ist es nicht gleichgültig, wenn bspw. Schäden in Höhe von 10.000 Euro nur einer Person auferlegt werden, wenn bei 10.000 Personen die Schäden in Höhe von nur einem Euro entstehen oder wenn die Schäden in Nutzen im Sinne dessen bemessen werden, was ein bestimmtes Gut für die bestimmte Person darstellt.[194] Dabei sind auch gesamtwirtschaftlich mehrere kleinere Verluste bei vielen Personen einem großen Verlust bei einer Person vorzuziehen, weil es weniger belastend ist, wenn 10 000 Menschen jeweils einen Euro verlieren als wenn eine Person 10.000 Euro verliert, was viel wahrscheinlicher zum wirtschaftlichen Verlust führen würde.[195] Solche günstigen Schadensverteilungen werden bspw. durch Versicherungsunternehmen erreicht, wenn die drohenden Schäden zwischen allen Mitgliedern des Versicherungsunternehmens verteilt werden anstelle sie nur einer Person zuzuweisen.[196]

Die letzte Art der Kosten, die bei einem Schadensfall entstehen, sind die tertiären Kosten. Darunter werden die Aufwendungskosten für die Abwicklung und Umverteilung der eingetretenen Schäden, also sog. Trans-

189 *Calabresi*, The Costs of Accidents, S. 26 ff.

190 *Calabresi*, The Costs of Accidents, S. 26 ff; *Schäfer/Ott*, Lehrbuch der ökonomischen Analyse des Zivilrechts, S. 171.

191 *Linardatos*, Das Haftungssystem im bargeldlosen Zahlungsverkehr, S. 71.

192 *Taupitz*, Ökonomische Analyse und Haftungsrecht, S. 140.

193 *Taupitz*, Ökonomische Analyse und Haftungsrecht, S. 140.

194 *Calabresi*, The Costs of Accidents, S. 39; *Taupitz*, Ökonomische Analyse und Haftungsrecht, S. 140.

195 *Calabresi*, The Costs of Accidents, S. 39; *Feezer*, Capacity to bear loss as a factor in the decision of certain types of tort cases, S. 809–810.

196 *Linardatos*, Das Haftungssystem im bargeldlosen Zahlungsverkehr, S. 72.

aktionskosten des Schadenausgleichs, verstanden. [197] Aus Perspektive der ökonomischen Analyse des Rechts müssen diese Kosten möglichst gering gehalten werden.[198] Aus ökonomischer Sicht würde es zudem eine bessere Lösung darstellen, wenn die primären, sekundären und tertiären Kosten gleichzeitig minimiert werden könnten.[199] Jedoch ist die gleichzeitige Minimierung der Kosten wegen der bestehenden Konfikte der jeweiligen Ziele der Kostengruppen in der Praxis nicht möglich.[200] Nimmt man bspw. an, dass die Senkung der tertiären Schäden im Fokus stünde, so wäre eine Haftungsregel sinnvoll, die die Kosten nur dem Geschädigten auferlegt.[201] Dadurch könnten die Transaktionskosten der Schadensverlagerung auf null gesenkt werden, da keine Aufwendungen für den Schadensausgleich entstehen.[202] Allerdings gäbe es in diesem Fall beim Schädiger keinen Anreiz zur Verhütung dieser Schäden, was dann wiederum zu einer Erhöhung der Schadenshöhe führen könnte.[203] Genauso wenig wäre es wirtschaftlich sinnvoll, wenn durch das Haftungssystem nur das Ziel der Schadensstreuung und der Absenkung der sekundären Kosten angestrebt würde. Dies könnte zu einer Erhöhung der primären Kosten führen, da für die Schädiger kein Anlass besteht, die Schäden zu verhindern.[204] Aufgrund der bestehenden Zielkonflikte der verschiedenen Kostenarten ist eine wichtige Aufgabe des Haftungsrechts eine Kompromisslösung zu finden. Dies kann durch die Minimierung der die Summe aus Schadensvermeidungsaufwand und primären, sekundären und tertiären darstellenden Kosten erreicht werden.[205]

---

197 *Taupitz*, Ökonomische Analyse und Haftungsrecht, S. 141; *Calabresi*, The Costs of Accidents – A Legal and Economic Analysis, S. 28.

198 *Taupitz*, Ökonomische Analyse und Haftungsrecht, S. 141.

199 *Taupitz*, Ökonomische Analyse und Haftungsrecht, S. 141.

200 *Schäfer/Ott*, Lehrbuch der ökonomischen Analyse des Zivilrechts, S. 183 ff.

201 *Taupitz*, Ökonomische Analyse und Haftungsrecht, S. 141; *Schäfer/Ott*, Lehrbuch der ökonomischen Analyse des Zivilrechts, S. 184.

202 *Schäfer/Ott*, Lehrbuch der ökonomischen Analyse des Zivilrechts, S. 184.

203 *Schäfer/Ott*, Lehrbuch der ökonomischen Analyse des Zivilrechts, S. 184.

204 *Schäfer/Ott*, Lehrbuch der ökonomischen Analyse des Zivilrechts, S. 184.

205 *Schäfer/Ott*, Lehrbuch der ökonomischen Analyse des Zivilrechts, S. 184.

2. Prinzipien der Zuordnung einer Haftungspflicht aus der Sicht der ökonomischen Analyse

Zur ökonomischen Analyse des Rechts gehört die Untersuchung und Schaffung der Prinzipien, wie die Kosten aus einem Schadensfall zwischen der Parteien ökonomisch effizient zu verteilen sind.[206] Durch die ökonomische Analyse des Zahlungsverkehrsrechts nach Cooter/Rubin[207] werden diese Prinzipien in drei Arten aufgeteilt: das Schadensstreuungsprinzip (»the loss spreading principle«), das Schadensreduzierungsprinzip (»the loss reduction principle«) und das Schadensauferlegungsprinzip (»the loss imposition principle«).

Nach dem Grundsatz des Schadensstreuungsprinzips sind die Kosten derjenigen Partei aufzuerlegen, die die Risikoneutralität zu den geringsten Kosten erreichen kann.[208] So können im Bereich des Zahlungsverkehrs die Finanzinstitute im Gegensatz zu dem Kunden vollständige Risikoneutralität durch die Verteilung der Schäden auf die gesamte Kundengruppe des Finanzinstituts erreichen.[209] Allgemein ist die Risikoneutralität hinsichtlich der geringsten Kosten von derjenigen Partei erreichbar, welcher die größeren wirtschaftlichen Ressourcen zur Verfügung stehen und die Möglichkeit innehat, diese Schäden vorherzusagen und zwischen den Kunden effektiv zu verteilen.[210] Dementsprechend schlägt der Grundsatz des Schadensstreuungsprinzips vor, dass die Schadenskosten den Finanzinstituten und nicht den einzelnen Kunden auferlegt werden sollen.[211]

Ein weiteres Prinzip der Verteilung des Schadensrisikos im Rahmen der ökonomischen Analyse des Zahlungsverkehrsrechts stellt das Prinzip der Schadensreduzierung dar. Darunter wird die Haftungsregel verstanden, dass die Haftungskosten derjenigen Partei zugewiesen werden, die diesen Schaden zu den geringsten Kosten verhindern kann.[212] Dahinter steht der Grundgedanke, dass ein effektives Haftungssystem den Anreiz für die Parteien schaffen soll, die Schadensentstehung zu vermeiden. Im Zahlungsver-

206 *Linardatos*, Das Haftungssystem im bargeldlosen Zahlungsverkehr, S. 74.
207 *Cooter/Rubin,* A Theory of loss allocation in consumer payments.
208 *Cooter/Rubin,* A Theory of loss allocation in consumer payments, S. 71.
209 *Cooter/Rubin,* A Theory of loss allocation in consumer payments, S. 71.
210 *Cooter/Rubin,* A Theory of loss allocation in consumer payments, S. 71; *Friedman/Savage*, The Utility Analysis of Choices Involving Risk, S. 56.
211 *Cooter/Rubin,* A Theory of loss allocation in consumer payments, S. 72.
212 *Cooter/Rubin,* A Theory of loss allocation in consumer payments, S. 72; *Calabresi*, The costs of accidents, S. 136.

kehrsrecht können die Haftungskosten zwischen den Finanzinstituten und den Kunden so vermieden werden, dass jede Partei, die ihr jeweils möglichen und zur Verfügung stehenden Vorsichtsmaßnahmen trifft. Hiermit soll ein effektives Haftungssystem nach dem Grundsatz des Schadensrisikoreduzierungsprinzips entstehen, welche die Haftung stets derjenigen Partei auferlegt, welche in der Lage ist, zu den geringsten Kosten die Vorsichtsmaßnahmen zu treffen.[213] Dem Schadensreduzierungsprinzip liegt ebenfalls das Prinzip von dem sog. »cheapest cost avoider« von Calabresi zugrunde[214], wobei die Schadenskosten auf derjenige Partei aufzuerlegen sind, welche das Schadensereignis mit den geringsten Kosten hätte vermeiden können.[215] Dabei bedeutet dies notwendigerweise nicht, dass dieses Person Schädiger ist und kann im Einzelfall auch die Geschädigte sein.[216]

Das letzte Prinzip, das durch die ökonomische Analyse des Zahlungsverkehrsrechts zu nennen ist, ist das Schadensauferlegungsprinzip.[217] Im Gegensatz zum Schadensstreuungs- und Schadensreduzierungsprinzip bezieht sich dieses Prinzip auf die Durchsetzung der zugewiesenen Haftung. Dementsprechend müssen die Haftungsregeln so ausgestaltet werden, dass die Kosten für die Durchsetzungsverfahren der Haftung möglichst geringgehalten werden. [218] In einem Streitfall über eine Zahlung wäre bspw. ein kostengünstiger Ansatz die Kosten der Partei zuzuweisen, die diese Kosten anfänglich zu tragen hat, nämlich der Geschädigte.[219] Allerdings könnte dieser Ansatz zu einem Konflikt zwischen dem Schadenauferlegungsprinzip und den Prinzipien der Schadensstreuung und der Schadensverhinderung führen, da der Geschädigte nicht zwangsläufig die überlegene Partei ist, die Schäden verteilen oder mit dem geringsten Kostenaufwand verhindern kann.[220] Dabei wäre es aus der Sicht der ökonomischen Analyse des Rechts für ein effektives Durchsetzungsverfahren eine bessere Lösung, wenn die Kosten durch eine klare, einfache Haftungsregel möglichst kostengünstig ggf. vom Geschädigten an die Partei übertragen werden, die die endgültigen Schadenkosten erleiden muss, wobei durch die Verringe-

213 *Calabresi*, The Cost of Accidents, 68–77; *Posner*, Economic Analysis of law, S. 147.
214 *Calabresi*, The Cost of Accidents, S. 136 ff.
215 *Calabresi*, The Cost of Accidents, S. 136; *Schäfer/Ott*, Lehrbuch der ökonomischen Analyse des Zivilrechts, S. 279.
216 *Linardatos*, Das Haftungssystem im bargeldlosen Zahlungsverkehr, S. 72.
217 *Cooter/Rubin*, A Theory of loss allocation in consumer payments, S. 72.
218 *Cooter/Rubin*, A Theory of loss allocation in consumer payments, S. 78.
219 *Cooter/Rubin*, A Theory of loss allocation in consumer payments, S. 78.
220 *Cooter/Rubin*, A Theory of loss allocation in consumer payments, S. 78.

rung der Zahl der unbegründeten Klagen die Verringerung der Kosten des Durchsetzungsverfahrens ermöglicht wird .[221]

Die dargestellten Prinzipien der Risikozuweisung schlagen folglich allgemeine Überlegungen vor, wie die Haftungsregelungen ausgestaltet werden können, sodass die Gesamtkosten im Rahmen eines Schadensfalls minimiert werden können. Eine wichtige Aufgabe des Haftungsrechts besteht darin, dass durch die Analyse der Wechselwirkungen zwischen den verschiedenen Zielen der Prinzipien gleichwohl rechtlich und wirtschaftlich effektive Haftungsregeln geschaffen werden. Deshalb wird bei der Analyse der Haftungsverteilung im Rahmen dieser Dissertation beschrieben, ob und inwiefern die haftungsrechtlichen Vorschriften den wirtschaftlichen Effienzerwägungen entsprechen.

C. Zwischenergebnis

1. Die voranschreitende Digitalisierung hat in Russland, sowie in Deutschland die Entwicklung im Zahlungsverkehr mit sich gebracht. In den beiden Ländern ist dabei ein Wachstum der bargeldlosen Zahlungen festzustellen, wobei Russland ein deutlich stärkeres Wachstum im fortgeschrittenen Zahlungsmarkt verzeichnet. Das Problem der missbräuchlichen Verwendung der Zahlungsinstrumente stellt für die beiden Länder ein aktuelles Problem dar. Allerdings ist in Russland eine positive Entwicklung festzustellen hinsichtlich solcher Zahlungen, deren Zahlungsvorgängen nicht durch den Zahler zugestimmt wurde.
2. Die gesetzliche Regulierung der Rechtsverhältnisse zwischen den Parteien erfolgt im deutschen Recht durch §§ 675c – 676c BGB, die ihrerseits die Umsetzung der europäischen ZDRL und ZDRL II darstellen. Im russischen Recht werden die Rechtsverhältnisse zwischen den Parteien durch das Gesetz »Über das nationale Zahlungssystem« geregelt. Der wichtigste Unterschied der rechtlichen Regulierung der zivilrechtlichen Haftung der Parteien der beiden Ländern besteht darin, dass für die Regulierung der zivilrechtlichen Verhältnisse im deutschen Recht nur die Vorschriften der §§ 675c-676c BGB einschlägig sind, die auf alle Zahlungsarten anwendbar sind. Anders als im deutschen Recht sind im russischen Recht die zivilrechtlichen Vorschriften des Zahlungsver-

221 *Hoffman/Spitzer*, The Coase Theorem, S. 25; *Cooter/Rubin*, A Theory of loss allocation in consumer payments, S. 78.

kehrsrechts in einer ganzen Reihe von Gesetzen verstreut. Vorgaben hinsichtlich einer gesetzlichen Grundlage für die Regulierung von elektronischen Zahlungen ergeben sich neben dem speziellen Gesetz »Über das nationale Zahlungssystem« und den allgemeinen Vorschriften des ZGB auch aus den normativen Akten der Zentralbank der Russischen Föderation sowie aus der Verordnung »Über die Regeln der Abwicklung der Geldmittelüberweisungen«. Darüber hinaus sind im russischen Recht im Gegensatz zum deutschen Recht keine allgemeinen, auf alle Zahlungsarten anwendbaren Vorschriften vorhanden. Dabei werden die einzelnen Arten von elektronischen Zahlungen im Kap. 46 des ZGB sowie im Gesetz »Über das nationale Zahlungssystem« geregelt.

3. Die Analyse der Haftungsprinzipien, auf denen die haftungsregelnden Normen des Zahlungsverkehrsrechts beruhen, zeigt auf, dass in Russland, im Vergleich zu Deutschland, eine grundlegende Diskussion zu den Prinzipien der Haftungsverteilung nicht gegeben ist. Das russische Zivilrecht geht grundsätzlich im Rahmen der vertraglichen Haftung der Parteien vom Grundsatz der verschuldensabhängigen Haftung aus, wobei in bestimmten Fällen auch eine verschuldensunabhängige Haftung vorgesehen wird. Zu den für das Zahlungsverkehrsrecht relevanten Prinzipien gehören dabei im deutschen Recht das Verschuldensprinzip, das Garantieprinzip, das Risikoprinzip sowie das Prinzip der Verteilung der Risiken nach der Sphärentheorie.
4. Die ökonomische Analyse des Zahlungsverkehrsrechts beschäftigt sich mit der Frage, wie eine wirtschaftlich effiziente Haftungsverteilung zwischen den Parteien erfolgen kann, damit die knappen gesamtwirtschaftlichen Ressourcen nicht verschwendet werden. Diesbezüglich werden von Cooter/Rubin drei Prinzipien der effizienten Schadenskostenverteilung vorgeschlagen, nämlich das Schadensstreuungsprinzip, das Schadensreduzierungsprinzip und das Schadensauferlegungsprinzip. Da zwischen diesen drei Prinzipien Zielkonflikte bestehen, wäre aus Sicht der ökonomischen Analyse ein solches Haftungssystem effizient, bei dem die Summe der primären, sekundären und tertiären Kosten minimiert werden können.

§2 Zahlungsvertrag als Grundlage für die zivilrechtliche Haftung im deutschen und russischen Recht

Die Rechtsverhältnisse zwischen den Kreditinstituten und ihren Kunden werden sowohl in Deutschland als auch in Russland auf der Basis zivilrechtlicher Verträge geregelt. Dementsprechend stellt der zwischen dem Kreditinstitut und dem Kunden abgeschlossene Vertrag die wichtigste Anspruchsgrundlage in den Fällen dar, in welchen die Zahlung durch einen Missbrauch des elektronischen Zahlungsmittels abgewickelt wurde. Dabei wird sowohl seitens deutscher als auch russischer Gerichte die Bedingungen des Zahlungsvertrags sowie die Pflichten der Parteien gemäß des Zahlungsvertrags beachtet. Im deutschen Recht handelt es sich um den relativ neu geschaffenen Zahlungsdienstevertrag, der in den §§ 675 ff. BGB geregelt ist. Im russischen Recht werden diese Beziehungen durch den im Kapitel 45 ZGB geregelten Bankkontovertrag geregelt. Aufgrund der unterschiedlichen Ansätze zur Regulierung des Zahlungsverkehrs durch die deutschen und russischen Rechtsordnungen umfasst die gesetzliche Regulierung des Bankontovertrags im russischen Recht anders als der Zahlungdienstevertrag im deutschen Recht die Fälle der Verwendung eines elektronischen Zahlungsmittels nicht. Die Besonderheiten des Abschlusses sowie die Festlegung der für die Haftung relevanten Bedingungen des Vertrags hinsichtlich der Nutzung des elektronischen Zahlungsmittels werden hierbei im Gesetz »Über das nationale Zahlungssystem« geregelt. Auch im deutschen Recht kann für die Nutzung bestimmter Zahlungsinstrumente, bspw. der Zahlungskarten, ein mit dem Zahlungsdienstevertrag verbundener Kartenvertrag notwending sein. Allerdings stellt der Kartenvertrag im deutschen Recht auch einen Zahlungsdiensterahmenvertrag dar[222] und wird somit ebenso von den Regelungen der §§ 675 ff. BGB umfasst.

Darauf aufbauend werden in diesem Kapitel der Dissertation zunächst die gesetzlichen Bestimmungen zu den Besonderheiten des Abschlusses, der Änderung und der Kündigung des Zahlungsdienstevetrags nach dem deutschen und russischen Recht erläutert, um die Einblicke zu den rechtlichen Mechanismen der Vertragsgestaltung zwischen den Parteien zu liefern. Danach erfolgt die Erläuterung der Pflichten der Parteien aus dem

222 *MüKo-BGB/Casper*, 8. Aufl., § 675f, Rn. 30.

Zahlungsdienstevertrag. Betrachtet werden dabei sowohl Hauptleistungspflichten als auch Sorgfaltsplichten der Parteien, um ein umfassendes Verständnis der Vertragsgestaltung zu schaffen, wobei der Fokus der Analyse auf den Sorgfaltspflichten der Parteien gelegt wird. Zum Schluss folgt die rechtsvergleichende Betrachtung der gesetzlichen Regelungen des Zahlungsvertrags der beiden Rechtsordnungen und die Bewertung aus Sicht der ökonomischen Analyse des Rechts.

A. Deutschland

Der Zahlungsdiensterahmenvertrag ist in § 675f BGB geregelt und stellt eine Sonderform des Geschäftsbesorgungsvertrags dar.[223] Hierbei handelt es sich um ein Dauerschuldverhältnis, welches auf die Abwicklung des bargeldlosen Zahlungsverkehrs gerichtet ist[224] und dienst- und werkvertragliche Elemente aufweist.[225] Das werkvertragliche Element des Zahlungsvertrags beinhaltet die Durchführung von Überweisungen, während das dienstvertragliche Element die Kontoführung betrifft. § 675f BGB unterscheidet zwischen dem Einzelzahlungsvertrag (Abs. 1) und dem Zahlungsdiensterahmenvertrag (Abs. 2). Die Parteien des Zahlungsdiensterahmenvertrags sind gemäß § 675f Abs. 1 BGB der Zahlungsdienstleister und der Zahlungsdienstnutzer. Die Zahlungsdienstleister haben die Funktion der Erbringung der Zahlungsdienste.[226] Der Zahlungsdienstnutzer ist gemäß § 675f Abs. 1 BGB eine Person, die einen Zahlungsdienst als Zahler oder Zahlungsempfänger oder in beiden Eigenschaften in Anspruch nimmt. Der Besitz eines Zahlungskontos bei dem Zahlungsdienstleister ist nicht zwingend erforderlich,[227] entscheidend ist jedoch, dass die Person einen Zahlungsauftrag erteilt (§ 1 Abs. 15 ZAG). Der Zahlungsempfänger ist demgegenüber eine Person, die den Geldbetrag, der durch einen Zahlungsvorgang übertragen wird, als Empfänger erhält (§ 1 Abs. 16 ZAG).

---

223 *Ellenberger/Bunte*, BankR-HdB, § 1 Rn. 16.

224 *Schwintowski*, Bankrecht, 6.Aufl., Kap. 10, Rn. 91; *Grundmann*, WM 2009, 1109, 1113.

225 BT-Drucks, 16/11643, S. 102, *Grüneberg/Sprau*, BGB, 81. Aufl., § 675f, Rn.1; *Erman/Graf v. Westphalen*, BGB, 16. Aufl., § 675f, Rn. 2, *MüKo-BGB/Casper*, 8. Aufl., § 675f, Rn. 7.

226 *MüKo-BGB/Casper*, 8. Aufl., § 675c, Rn. 38.

227 *MüKo-BGB/Casper*, 8. Aufl., § 675c, Rn. 10.

I. Zahlungsdiensterahmenvertrag

1. Zustandekommen

Der Zahlungsdiensterahmenvertrag kommt im deutschen Recht durch die Einigung zwischen dem Zahlungsdienstleister und dem Zahlungsdienstnutzer zustande. Beim Zustandekommen des Rahmenvertrags gelten die allgemeinen Bestimmungen der §§ 145 ff. BGB über den Vertragsschluss.[228] In der Praxis wird der maßgebliche Teil der Rechtsverhältnisse zwischen den Parteien durch die AGB der Banken, Sparkassen und Sonderbedingungen geregelt. Zudem finden die Regelungen der § 305ff BGB über die Einbeziehung der AGB die entsprechende Anwendung. Grundsätzlich bedarf der Vertragsabschluss keiner Form. Jedoch werden in der Praxis, wegen der Einbeziehung der AGB, sowie die Erfüllung der Informationspflichten des Art. 248 EGBGB[229], solche Verträge in der schriftlichen Form abgeschlossen.[230]

Einen Abschlusszwang seitens des Zahlungsdienstleisters sieht § 675f BGB grundsätzlich nicht vor.[231] Eine Ausnahme von dieser Regel stellen jedoch nach § 30 Abs. 1 ZKG die Basiskontoverträge[232] dar, wonach ein Kontrahierungszwang des Zahlungsdienstleister für die Verträge mit dem Verbraucher vorgesehen ist. Die Basiskontoverträge werden als Spezialform des Zahlungsdiensterahmenvertrags qualifiziert[233] und stellen die Grundlage für die Führung eines Zahlungskontos mit grundlegenden Funktionen (Basiskonto) dar. Dadurch werden gemäß § 38 Abs. 2 ZKG Barein- und -auszahlungen, Überweisungen, Lastschriften und die Zahlungen unter Einsatz von Zahlungskarten angeboten. Unter eine Ausnahme fallen hierbei die Kreditkartengeschäfte. Für den Abschluss des Basiskontovertrags wird ein Antrag auf Abschluss eines Basiskontovertrags durch den Berechtigten und die Annahme des Zahlungsdienstleister benötigt. Wenn die Vorausset-

228 *MüKo-BGB/Casper*, 8. Aufl., § 675f, Rn. 23.

229 Ausführlicher dazu unter §2 A II 1.

230 *MüKo-BGB/Casper*, 8. Aufl., § 675f Rn. 23; *Grüneberg/Sprau*, BGB, 81. Aufl., § 675f Rn. 3; *Schwintowski*, Bankrecht, 5.Aufl., Kap. 9, Rn. 92.

231 *Schwintowski*, Bankrecht, 6.Aufl., Kap. 10, Rn. 95; *Grüneberg/Sprau*, BGB, 81. Aufl., § 675f Rn. 3.

232 Zahlungskontengesetz- ZKG, vom 11.04.2016.

233 BT-Drucks 18/7204, S. 74; *Arzt*, ZBB 2016, 191 (193).

zungen der §§ 31 Abs. 1 S. 1, 33 ZKG erfüllt sind, ist die Bank zur Annahme des Antrags verpflichtet.[234]

Ein Diskussionsthema stellt im deutschen Recht die Rechtsnatur des allgemeinen Bankvertrags dar. Durch den Zahlungsdiensterahmenvertrag sind nur die Zahlungsdienste erfasst. In Praxis sind die Beziehungen der Parteien nicht nur auf die Erbringung der Zahlungsdienste gerichtet, sondern auf eine lange Dauer und eine unbestimmte Anzahl anderer Bankdienstleistungen. Der allgemeine Bankvertrag soll damit die gesamte Geschäftsverbindung zwischen den Parteien regeln.[235] Dabei soll es sich um eine Rahmenvereinbarung i.S.v § 305 Abs. 3 BGB handeln, in dessen Rahmen zukünftig verschiedene Bankgeschäfte vereinbart und abgewickelt werden können.[236] Das Problem besteht hierbei darin, ob diese Geschäftsverbindung zwischen den Parteien als allgemeiner Bankvertrag anzusehen ist.[237] Die Diskussion ist insbesondere im Lichte der Schutzpflichten der Parteien, nämlich Verschwiegenheits-, Aufklärungs-, Auskunfts- oder Beratungspflichten von Bedeutung[238]. Allerdings ist für die Analyse der Haftungsverteilung zwischen den Parteien bei der Durchführung des Zahlungsvorgangs ohne Zustimmung des Zahlers dieser Diskurs irrelevant, da die jeweiligen Pflichten der Parteien in Bezug auf die Zahlungsinstrumente durch den Zahlungsdiensterahmenvertrag geregelt sind.

2. Abgrenzung zum Einzelzahlungsvertrag

Der Zahlungsdiensterahmenvertrag ist von dem Einzelzahlungsvertrag zu unterscheiden. Nach dem Einzelzahlungsvertrag verpflichtet sich der Zahlungsdienstleister gemäß § 675f BGB einen einzelnen Zahlungsvorgang für

234 Jedoch bestimmen die §§ 36–38 ZKG die abschließenden Gründe, die den Zahlungsdienstleister zur Ablehnung des Antrags auf Abschluss eines Basiskontos berechtigen. Dabei darf der Zahlungsdienstleister den Antrag ablehnen, wenn der Verbraucher Inhaber eines Zahlungskontos bei einem anderen Kreditinstitut ist (§ 35 ZKG), ein strafbares Verhalten oder ein Verstoß gegen ein gesetzliches Verbot des Verbrauchers vorliegt oder ein Vertrag zwischen dem Verbraucher und dem Kreditinstitut im letzten Jahr wegen Zahlungsverzugs des Verbrauchers im Sinne des § 42 Abs. 3 Nr. 2 ZKG vorlag und durch das Kreditinstitut gekündigt wurde.

235 *Schwintowski,* Bankrecht, 6. Aufl., Kap. 1, Rn. 30.

236 *Schwintowski,* Bankrecht, 6.Aufl., Kap. 1, Rn. 30.

237 Die BGH hat die Anerkennung des allgemeinen Bankvertrags abgelehnt: BGH, vom 24.9.2002 - XI ZR 345/01 = NJW 2002, 3695. In Literatur wird die Rechtsprechung kritisiert: *Schwintowski,* Bankrecht, 6. Aufl., Kap. 1, Rn. 32 ff; *Roth,* WM 2003, 480.

238 *Schwintowski,* Bankrecht, 6. Aufl., Kap. 1, Rn. 31.

den Zahlungsdienstnutzer auszuführen. Werden mehrere aufeinander folgende Zahlungsvorgänge durch den Zahlungsdienstleister ausgeführt, so handelt es sich nach § 675f Abs. 2 BGB nicht um einen Einzelzahlungsvertrag, sondern um einen Zahlungsdiensterahmenvertrag.

Diskussionswürdig ist die Ansicht in der Literatur, dass die im Rahmen des Zahlungsdienstevertrags ausgeführten Zahlungsvorgänge zugleich jeweils einen Einzelzahlungsvertrag darstellen.[239] Dies wird aus dem Wortlaut des Art. 248 § 12 EGBGB gefolgert, wonach die Informationspflichten »bei einem Einzelzahlungsvertrag, der nicht Gegenstand eines Zahlungsdiensterahmenvertrags ist«, geregelt wird.[240] Allerdings geht die herrschende Meinung[241] davon aus, dass der Einzelzahlungsvertrag und der Zahlungsdiensterahmenvertrag voneinander zu unterscheiden sind. Die Zahlungsvorgänge werden entweder im Rahmen eines Einzelzahlungsvertrags oder eines Zahlungsdiensterahmenvertrags ausgeführt.[242] Dabei sind letztere keine selbständigen Verträge, sondern stellen auftragsrechtliche Weisungen im Sinne des § 665 BGB dar.[243]

Der Einzelzahlungsvertrag stellt einen gegenseitigen Vertrag dar und kommt nach den allgemeinen Regeln des Vertragsschlusses gem. §§ 145 ff BGB zustande.[244] Für den Abschluss des Einzelzahlungsvertrags bestehen keine besonderen Formvoraussetzungen.[245] Ein Kontrahierungszwang für den Zahlungsdienstleister gilt im Fall des Einzelzahlungsvertrags ebenfalls nicht.[246]

Hinsichtlich des Inhalts des Einzelzahlungsvertrags wird in der deutschen Rechtsliteratur überwiegend die Meinung vertreten, dass sich der Inhalt des Einzelzahlungsvertrags nach einem Zahlungsauftrag bestimmt,

239 *PWW/Fehrenbacher*, BGB, 16. Aufl., § 675f Rn. 2 ff.

240 *Schulte-Nölke*, BGB, 11. Aufl., § 675f, Rn. 4.

241 *MüKo-BGB/Casper*, 8. Aufl., § 675f, Rn. 13; *Grüneberg/Sprau*, BGB, 81 Aufl., § 675f, Rn. 5; *Grundmann*, WM, 2009, 1109, 1113.

242 *Schulte-Nölke*, BGB, 11. Aufl., § 675f, Rn. 4.

243 *MüKo-BGB/Casper*, 8. Aufl., § 675f, Rn. 13; *Werner* BKR 2010, 353.

244 *MüKo-BGB/Casper*, 8. Aufl., § 675f, Rn. 13; *PWW/Fehrenbacher*, 16.Aufl., § 675f, Rn. 2.

245 *PWW/Fehrenbacher*, BGB, 16 Aufl., § 675f, Rn. 3; *MüKo-BGB/Casper*, 8. Aufl., § 675f, Rn. 13.

246 *MüKo-BGB/Casper*, 8. Aufl., § 675f, Rn. 15; *Grüneberg/Sprau*, BGB, 81. Aufl., § 675f, Rn. 4.

den der Einzelvertrag beinhaltet.[247] Jedoch bedarf es anders als bei Zahlungsdiensterahmenverträgen, bei denen der Zahlungsauftrag durch die auftragsrechtliche Weisung zustande kommt, bei Einzelzahlungsverträgen der Annahme des Zahlungsdienstleisters.[248] Hierbei begründet der Antrag des Zahlungsdienstnutzers, der auf Abschluss des Einzelzahlungsvertrages gerichtet ist, keine Pflicht des Zahlungsdienstleisters zur unverzüglichen Antwort gem. § 362 HGB.[249]

Die Hauptleistungspflicht des Zahlungsdienstleisters aus dem Einzelzahlungsvertrag wird durch § 675f Abs. 1 BGB bestimmt und besteht in der Ausführung eines Zahlungsvorgangs für den Zahlungsdienstnutzer.[250] Dabei wird unter Ausführung die Herbeiführung des Erfolgs verstanden.[251] Demgemäß gilt der Zahlungsauftrag erst dann als ausgeführt, wenn der Zahlungsbeitrag auf dem Konto des Zahlungsdienstleisters des Zahlungsempfängers eingegangen ist.[252] Es ist also nicht ausreichend, wenn der Zahlungsdienstleister den Auftrag des Zahlers nur weiterleitet. Die Pflicht des Zahlungsdienstnutzers aus dem Einzahlungsvertrag ist die Entrichtung des für die Erbringung eines Zahlungsdienstes vereinbarten Entgelts (§ 675f Abs. 5 BGB).

Die Einzelzahlungsverträge kommen in der Praxis selten und am ehesten in der Form einer Barüberweisung auf das Konto des Empfängers vor, beschränken sich auf einen einzelnen Zahlungsvorgang und gelten bereits mit der Ausführung als beendet.[253] Zudem sind der Einzelzahlungsverträge mangels praktischer Bedeutung für die Analyse der Haftungsverteilung zwischen den Parteien bei der nicht autorisierten Zahlungen irrelevant.

---

247 *MüKo-BGB/Casper*, 8. Aufl., § 675f, Rn. 18; *Köndgen*, JuS 2011, 481, 485 f.; *Ellenberger/Findeisen/Nobbe/Walz*, Kommentar zum Zahlungsverkehrsrecht, 3. Aufl., § 675f, Rn. 6.

248 *MüKo-BGB/Casper*, 8. Aufl., § 675f., Rn. 13.

249 *MüKo-BGB/Casper*, 8. Aufl., § 675f Rn. 14; *PWW/Fehrenbacher*, BGB, 16 Aufl., § 675f, Rn. 3.

250 BT-Drucks 16/11643, S. 102.

251 *PWW//Fehrenbacher*, BGB, 16. Aufl., § 675f, Rn. 2; *MüKo-BGB/Casper*, 8. Aufl., § 675f, Rn. 17.

252 *MüKo-BGB/Casper*, 8. Aufl., § 675f, Rn. 19.

253 *MüKo-BGB/Casper*, 8. Aufl., § 675f, Rn. 19.

3. Änderung und Beendigung des Zahlungsdiensterahmenvertrags

a) Änderung

Die gesetzlichen Regelungen zur Änderung des Zahlungsdiensterahmenvertrags finden sich in § 675g Abs. 1 BGB. In den Fällen, in denen die Änderungen auf Initiative des Zahlungsdienstleisters vorgenommen werden, sind diese nach § 675g Abs. 1 BGB mit einer Frist von mindestens zwei Monaten vor dem vorgeschlagenen Zeitpunkt ihres Wirksamwerdens in Textform, verständlich und klar sowie in der nach Art. 248 EGBGB vorgeschriebenen Form anzubieten. Für die Zinssätze und Wechselkurse sind die erleichterten Änderungsvoraussetzungen vorgesehen gem. § 675g Abs. 1 und 2 BGB.[254]

Eine Vertragsänderung, die seitens des Zahlungsdienstnutzers vorgeschlagen wird, stellt eine invitatio ad offerendum dar und auch bei dieser erfolgt eine Veranlassung zur Änderung durch den Zahlungsdienstleister.[255] Der Zahlungsdienstnutzer kann das Angebot auch davor annehmen, allerdings darf das Inkrafttreten der angestrebten Änderung nur nach Ablauf der Frist von zwei Monaten erfolgen.[256]

Ein Diskussionsthema im deutschem Recht stellen die Vereinbarung der Parteien durch AGB über eine Zustimmungsfiktion dar. Grundsätzlich besteht nach § 675g Abs. 2 BGB für den Zahlungsdienstleister die Möglichkeit einer Vereinbarung der Zustimmung des Zahlungsdienstnutzers zur Änderung. [257] In der Praxis erfolgte die Zustimmung durch die Parteivereinbarung per AGB, wobei das Schweigen des Zahlungsdienstnutzers als Zustimmung zur Änderung gilt, wenn er seine Ablehnung nicht vor dem Zeitpunkt des Wirksamwerdens der Änderung kundgetan hat.[258] Lag eine

254 Dabei sind die Änderungen von Zinssätzen oder Wechselkursen unmittelbar und ohne vorherige Zustimmung wirksam, wenn dies im Zahlungsdiensterahmenvertrag vereinbart wurde und die Änderungen auf den dort vereinbarten Referenzzinssätzen oder Referenzwechselkursen beruhen. Die Benachteiligung des Zahlungsdienstnutzers durch die Berechnung ist nach § 675g Abs. 4 BGB nicht erlaubt.

255 *MüKo-BGB/Casper*, 8 Aufl., § 675g, Rn. 4; *Ellenberger/Findeisen/Nobbe/Schindele*, 3. Aufl., § 675g, Rn. 8; *Grüneberg/Sprau*, BGB, 81 Aufl., § 675g, Rn. 2.

256 *MüKo/Casper*, BGB, 8. Aufl., § 675g, Rn. 5.

257 *Ellenberger/Findeisen/Nobbe/Schindele*, Kommentar zum Zahlungsverkehrsrecht, 3. Aufl., § 675g, Rn. 19.

258 *MüKo-BGB/Casper*, 8 Aufl., § 675g, Rn. 8; *Omlor*, BKR 2018 109 ff; *Ellenberger/Findeisen/Nobbe/Schindele*, Kommentar zum Zahlungsverkehrsrecht, 3.Aufl., § 675g, Rn. 19.

solche Vereinbarung vor, war der Zahlungsdienstnutzer nach § 675g Abs. 2 S. 2 BGB ab dem Zugang des Angebots des Zahlungsdienstleisters über die Änderung und bis zum Wirksamwerden dieser Änderung zur außerordentlichen und fristlosen Kündigung des Zahlungsdiensterahmenvertrags berechtigt.[259] Der Zahlungsdienstleister hat darüber hinaus dem Zahlungsdienstnutzer bei der Vereinbarung der Zustimmung über die Folgen seines Schweigens sowie über das Recht des Zahlungsdienstnutzers zur außerordentlichen und fristlosen Kündigung zu informieren.[260] Demzufolge galt im Falle des Widerspruchs seitens des Zahlungsdienstnutzers der Zahlungsdiensterahmenvertrag mit dem bisherigen Inhalt fort, wobei das Schweigen des Zahlungsdienstnutzers als erfolgte Annahme zur Vertragsänderung angesehen werden kann. Die Rechtsprechung hat bezüglich der in der Praxis bestehenden Zustimmungsfiktionsklauseln eine Stellung genommen und diese für unwirksam erklärt.[261] Nach der Meinung des Zivilsenats des BGH ist eine weit gefasste Klausel, der zufolge Schweigen als Zustimmung des Zahlungsdienstnutzers zur Vertragsänderung gilt, nicht mit §§ 305, 311 I, 145 ff. BGB zu vereinbaren, weil dies zu einer unangemessenen Benachteiligung des Zahlungsdienstnutzers gem. § 307 I 1, II Nr. 1 BGB führt.[262] Hierbei verhindert nach dem BGH der § 675g Abs. 2 BGB den Einsatz der allgemeinen Inhaltskontrolle der AGB nicht. Der Zivilsenat beruft sich auf den allgemeinen zivilrechtlichen Grundsatz, dass Schweigen nur in Ausnahmefällen und zugunsten der anderen Vertragspartei als Zustimmung angenommen darf und in den anderen Fällen als Ablehnung zu deuten ist.[263] Darüber hinaus bestimmt eine solche Klausel nach Meinung des Zivilsenats ein einseitiges und inhaltlich nicht begrenztes Änderungsrecht des Zahlungsdienstleisters, weil er einerseits hinsichtlich der gewünschten Vertragsänderung tätig werden muss und andererseits die Gründe des Schweigens (bspw. Krankheit) die Geltung der Klausel nicht beeinflussen.[264] Demzufolge wird die Vereinbarung in der Form einer weiten Klausel, wonach das Schweigen des Zahlungsdienstnutzers als Zustimmung gilt, durch den Zivilsenat für unwirksam erklärt. Der Entscheidung des BGH ist nicht

259 *Ellenberger/Findeisen/Nobbe/Schindele,* Kommentar zum Zahlungsverkehrsrecht, 3. Aufl., § 675g, Rn. 22.

260 *MüKo-BGB/Casper*, 8. Aufl., § 675g, Rn. 9; LG Berlin WM 2018, 1693; *Budde*, Das Vertragsrecht der Zahlungsdienste, S. 127.

261 BGH NJW 2021, 2273.

262 BGH NJW 2021, 2273, Rn. 22.

263 BGH NJW 2021, 3145, Rn. 3.

264 BGH NJW 2021, 2273, Rn. 22.

zuzustimmen, da diese Entscheidung, auf welche sich die Banken einstellen müssen,[265] zu den rechtlichen und praktischen Problemen im Massenverkehr führen kann. Die Kunden sind nun einerseits gezwungen, auf jegliche technische und rechtliche AGB-Änderungen zu reagieren, die in der Praxis oft kein Interesse darstellt.[266] Dabei kann die fehlende Abgabe zur Vertragskündigung führen, die aus praktischer und rechtlicher Hinsicht eine suboptimale Lösung für den Verbraucher darstellt.[267] Auf der Seite des Zahlungsdienstleisters führt dies ebenfalls zu einem beträchtlichen administrativen Aufwand, die neuen AGB einzuführen und die ausdrückliche Zustimmung von der Kunden einzuholen, die oft in der Praxis die Änderungen nicht zur Kenntnis nehmen.[268]

b) Beendigung

Durch § 675h BGB wird die ordentliche Kündigung sowohl für den Zahlungsdienstnutzer (Abs. 1) als auch für den Zahlungsdienstleister (Abs. 2) geregelt. Die Vorschrift hat einerseits die Erleichterung der Kündigungsmöglichkeit für den Zahlungsdienstnutzer und andererseits die Erleichterung des Wechsels von einem Zahlungsdienstleister zu einem anderen zum Ziel. Zugleich besteht das Recht der Parteien fort, den Zahlungsdiensterahmenvertrag durch Vereinbarung zu beenden.[269] Möglich ist es ebenfalls für den Zahlungsdienstleister den Zahlungsdienstrahmenvertag in den im Gesetz bestimmten Fällen sowie gemäß §§ 313 Abs. 3 S. 2, 314, 626 BGB außerordentlich zu kündigen.[270] Die Regeln der § 675h BGB zur ordentlichen Kündigung sind für die Zahlungsdienstnutzer, welche Verbraucher sind, zwingend und können dementsprechend nicht abbedungen werden.[271]

265 *MüKo- BGB/Casper*, 8. Aufl., § 675g, Rn. 12.
266 *Habersack*, BKR 2020, 53, 56; *Grigoleit* ÖBA 2020, 460 f.
267 *MüKo- BGB/Casper*, 8. Aufl., § 675g, Rn. 12; *Habersack*, BKR 2020, 53, 56.
268 *MüKo- BGB/Casper*, 8. Aufl., § 675g, Rn. 11.
269 *MüKo-BGB/Casper*, 8.Aufl., § 675h, Rn. 2; *Grüneberg/Sprau*, BGB, 81. Aufl., § 675h, Rn. 1.
270 *Grüneberg/Sprau*, BGB, 81. Aufl., 675h, Rn. 1.
271 *MüKo-BGB/Casper*, 8. Aufl., § 675h, Rn. 4.

aa) Kündigung durch den Zahlungsdienstnutzer

§ 675h Abs. 1 BGB begründet das Recht des Zahlungsdienstnutzers den Zahlungsdiensterahmenvertrag jederzeit ohne Einhaltung einer Kündigungsfrist und grundsätzlich ohne Angabe eines Grundes zu kündigen.[272] Allerdings wird dem Zahlungsdienstleister durch § 675h Abs. 1 S. 2 BGB die Möglichkeit eingeräumt, eine Kündigungsfrist von nicht mehr als einem Monat zu vereinbaren.

Die Kündigungserklärung stellt im deutschen Recht eine Gestaltungserklärung dar und sie unterliegt den §§ 104 ff BGB.[273] Der Zahlungsdienstnutzer kann dabei die Kündigungserklärung formfrei oder sogar in konkludenter Form abgeben, wenn der Kündigungswunsch durch sein Verhalten zum Ausdruck kommt.[274] Eine Teilkündigung durch den Zahlungsdienstnutzer ist jedoch unzulässig.[275] Bei Kündigung durch den Zahlungsdienstnutzer ist der Zahlungsdienstleister gem. § 675h Abs. 4 BGB verpflichtet, diese ohne Gebühr durchzuführen.[276]

bb) Kündigung durch den Zahlungsdienstleister

Die Vorschriften des Rechts des Zahlungsdienstleisters zur ordentlichen Kündigung finden sich im deutschen Recht in § 675h Abs. 2 BGB. Dabei werden vom Gesetzgeber für den Zahlungsdienstleister strengere Regeln als für den Zahlungsdienstnutzer vorgesehen. Nach § 675h Abs. 2 BGB kann der Zahlungsdienstleister den Zahlungsdienstvertrag nur bei unbefristet abgeschlossenen Verträgen und im Falle der Vereinbarung eines Kündigungsrechts ordentlich kündigen. Darüber hinaus muss der Zahlungsdienstleister gemäß § 675h Abs. 2 BGB eine Kündigungsfrist von mindestens zwei Monaten einhalten. Auch dem Zahlungsdienstleister wird es nicht ermöglicht,

---

272 *MüKo-BGB/Casper*, 8. Aufl., § 675h, Rn. 5–7; *Erman/Graf v. Westphalen*, BGB, 16. Aufl., Rn. 3; *Grüneberg/Sprau*, BGB, 81. Aufl., Rn. 2.

273 Gestaltungserklärung ist einseitige, empfangsbedürftige Willenserklärung. durch die der Erklärende einseitig auf den Bestand oder den Inhalt von Verträgen oder anderen mehrseitigen Rechtsgeschäften einwirken kann. Mehr dazu: *Grüneberg/Sprau*, BGB, 81. Aufl., § 675h, Rn. 2.

274 *Grüneberg/Sprau*, BGB, 81. Aufl., § 675h. Rn. 2.; *Herresthal*, WM 2013, 773, 774.

275 *MüKo-BGB/Casper*, 8. Aufl., § 675h, Rn. 5; BGH NJW 2006, 430, Rn. 12.

276 *Omlor*, WM 2018, 937, 940.

einzelne Dienstleistungen ohne ausdrückliche Abrede zu kündigen.[277] Nach der Entscheidung des BGH[278] kann die Kündigung einzelner Dienstleistungen durch den Zahlungsdienstleister nur im Rahmen der Änderungskündigung erfolgen, wenn der Zahlungsdienstevertrag komplett gekündigt und gleichzeitig einen Vertrag mit reduzierten Dienstleistungen angeboten wird.[279]

Im Gegensatz zur Kündigungserklärung durch den Zahlungsdienstnutzer muss der Zahlungsdienstleister nach den Bestimmungen des § 675h Abs. 2 S. 3 BGB bei der Angabe der Erklärung die Formvorschriften des Art. 248 §§ 2 und 3 EGBGB beachten. Hierbei muss die Kündigungserklärung des Zahlungsdienstleisters in Textform erfolgen sowie klar und verständlich verfasst werden. Wie auch für den Zahlungsdienstnutzer bedarf es bei der Kündigung seitens des Zahlungsdienstleisters grundsätzlich keiner Angabe eines Kündigungsgrundes.[280] Zu beachten ist, dass die für die Kündigung des Basiskontovertrags die gesonderten Regeln der §§ 42, 43 ZKG vorgesehen sind. Danach muss bei der Kündigung des Basiskontovertrags einer der in § 42 Abs. 2-5 ZKG genannten Kündigungsgründe vorliegen und im Rahmen der Kündigungserklärung angegeben werden (§ 43 Abs. 2 S. 1 ZKG). Darüber hinaus hat der Zahlungsdienstleister nach § 42 Abs. 1 ZKG die Frist von mindestens zwei Monaten einzuhalten.[281]

cc) Rechtsfolgen der Kündigung

Die Kündigung des Zahlungsdiensterahmenvertrags führt im deutschem Recht zur Vertragsaufhebung ex nunc.[282] Dies bedeutet, dass der Zahlungsdienstleister nicht mehr zur Abwicklung weiterer Zahlungsvorgänge für den Zahlungsdienstnutzer verpflichtet ist.[283] Dabei lässt sich hinterfragen, ob der Zahlungsdienstleister für einen gewissen Zeitraum zur Entgegen-

277 BGH NJW 2006, 430, Rn. 12.

278 BGH, Urteil vom 8. 11. 2005 - XI ZR 74/05 (LG Mainz); BGH NJW 2006, 430, Rn. 12.

279 BGH NJW 2006, 430, Rn. 12; *MüKo-BGB/Casper*, 8. Aufl., § 675h, Rn. 9; *Grüneberg/Sprau*, BGB, 81. Aufl., § 675h, Rn. 3.

280 *MüKo-BGB*/Casper, 8. Aufl., § 675h, Rn. 19; *Herresthal*, WM 2013, 773, 782; *Grüneberg/Sprau*, BGB, 81. Aufl., § 675h, Rn. 3.

281 *MüKo-BGB/Casper*, 8. Aufl., BGB § 675h, Rn. 12.

282 *PWW/Fehrenbacher*, BGB. § 675h, Rn. 1.

283 *MüKo-BGB/Casper*, 8. Aufl., BGB § 675h, Rn. 20.

nahme von auf den Namen des früheren Kunden eingehende Zahlungen verpflichtet ist. Der BGH hat dies mit seiner Entscheidung[284] befürwortet. Nach der gerichtlichen Entscheidung muss der Zahlungsdienstleister auch nach der Kündigung des Zahlungsdiensterahmenvertrags und nach Erlöschen des Kontos noch für einen gewissen Zeitraum für den Zahlungsdienstnutzer die Zahlungen entgegennehmen, gem.§ 676f S. 1 BGB verbuchen und nach § 667 BGB an ihn herausgeben.[285] Der erlangte Betrag kann durch den Zahlungsdienstleister mit dem nicht ausgeglichenen Sollsaldo verrechnet werden.[286]

Die Berechnung des Entgelts bei der Kündigung des Zahlungsdienstrahmenvertrages ist in § 675h Abs. 3 BGB geregelt. Danach sind die periodisch vereinbarten Entgelte nur anteilig bis zum Zeitpunkt der Vertragsaufhebung zu entrichten. Dementsprechend ist die Gebühr bis zum Zeitpunkt der Beendigung des Vertrages nicht zu zahlen - sie ist anteilig zu kürzen und in Rechnung zu stellen.[287] Dagegen ist im Falle des im Voraus entrichteten Entgelts, das auch unter die Zeit nach Beendigung des Vertrages fällt, dieses anteilig durch den Zahlungsdienstleister zu erstatten.[288]

II. Pflichten der Parteien

Neben der in § 675f Abs. 1 BGB bestimmten Hauptpflichten des Zahlungsdienstleisters und des Zahlungsdienstnutzers enthalten die Vorschriften der §§ 675c-676c BGB die Nebenpflichten der Parteien, die bei der Haftungsverteilung zwischen den Parteien im Missbrauchsfall entscheidend sind. Zu nennen sind beispielsweise die Pflichten des Zahlungsdienstnutzers und des Zahlungsdienstleisters bezüglich der Zahlungsinstrumente gem. §§ 675l, 675m BGB, mit denen die Haftung des Zahlungsdienstnutzers bei missbräuchlicher Verwendung des Zahlungsinstruments gem. § 675v BGB verbunden ist. Darüber hinaus enthält das BGB zusätzlich zu den Vorschriften der §§ 675c-676c BGB weitere Regelungen hinsichtlich der

284 BGH NJW 2006, 430.

285 BGH, NJW 2006, 430, Rn.12; BGH, WM 2008, 1442, Rn. 12; *Schwintowski*, Bankrecht, 6. Aufl., Kap. 10, Rn. 180; BGH, NJW 2007, 914.

286 BGHZ, NJW 2007, 914; BGH-WM 2008, 1442 Rn. 12; *Schimansky/Bunte/Lwowski/Schmieder*, Bankrechts-Handbuch, § 47, Rn. 36; *LBS/Herresthal*, Bankrechts-Kommentar, 3. Aufl., Kap. 2, § 675h, Rn. 12; *Herresthal*, WM 2013, 773, 776 ff.

287 *MüKo-BGB/Casper*, 8. Aufl., § 675h, Rn. 24; *Schwintowski*, Bankrecht, 6.Aufl., Kap. 10, Rn. 185.

288 *MüKo-BGB/Casper*, 8. Aufl., § 675h, Rn. 24.

Informationspflichten des Zahlungsdienstleisters, die durch § 675d BGB i.V.m. Art. 248 §§ 1-16 EGBGB geregelt sind.

Im Folgenden erfolgt die Darstellung und Analyse der Pflichten der Parteien aus dem Zahlungsdiensterahmenvertrag. Um einen umfassenden Einblick über den Zahlungsdiensterahmenvertrag zu verschaffen, erfolgt zuerst die Darstellung der Hauptpflichten der Parteien, ohne detailliert auf die einzelnen Pflichten einzugehen. Danach erfolgt die Erläuterung der forschungsrelevanten Nebenpflichten sowie der vorvertraglichen und vertraglichen Informationspflichten der Parteien.

1. Vorvertragliche und vertragliche Informationspflichten

Zur Gewährleistung, dass der Zahlungsdienstnutzer auch vor Vertragsabschluss und im Rahmen des Zahlungsdiensterahmenvertrags über die Vertragsbedingungen und andere relevante Informationen unterrichtet wird, sieht das Zahlungsdiensterecht die vertraglichen und vorvertraglichen Informationspflichten des Zahlungsdienstleisters vor, die dieser dem Zahlungsdienstnutzer bei Erbringung der Zahlungsdienste zu erteilen hat.[289] Die gesetzlichen Bestimmungen bezüglich der Informationspflichten finden sich in § 675d BGB. Allerdings wird die Regelung der Informationspflichten durch die Verweisung des § 675d BGB auf Art. 248 § 1-16 EGBGB weitestgehend konkretisiert.

Art. 248 § 1-16 EGBGB enthält einen umfangreichen Katalog von Informationspflichten, welche in vier Abschnitte, die allgemeinen Vorschriften, die Informationspflichten beim Zahlungsdiensterahmenvertrags, beim Einzelzahlungsvertrag und die Informationspflichten des Zahlungsempfängers und Dritten, gegliedert sind. Durch die allgemeinen Vorschriften wird bestimmt, dass die Informationen entweder »mitgeteilt« oder »zur Verfügung gestellt« werden müssen.[290] Dabei ist unter »Mitteilung« die Übermittlung der Informationen seitens des Zahlungsdienstleisters in dem vom Gesetz geforderten Zeitpunkten ohne Aufforderung des Zahlungsdienstnutzers zu verstehen.[291] Diese Art der Unterrichtung ist z.B. in Art. 248 § 3 EGBGB statuiert, wenn der Zahlungsdienstleister beim Abschluss des Zahlungsdiens-

289 *Schimansky/Bunte/Lwowski/Schmieder*, Bankrechts-Handbuch, § 47, Rn. 24; *Rösler/Werner*, Erhebliche Neuerungen im zivilen Bankrecht, BKR 2009, 1.

290 *MüKo-BGB/Casper*, 8. Aufl., § 675d, Rn. 5; *Grüneberg/Sprau*, BGB, § 675d, Rn. 2.

291 BT-Drucks. 16/11643, 100 zu § 675d Abs. 1 BGB; *MüKo-BGB/Casper*, EGBGB, 8. Aufl., Art. 248, § 3, Rn. 3.

tevertrags aufgrund des Gesetzes bestimmte Informationen mitzuteilen hat. Bei der »Zurverfügungstellung« ist der Zahlungsdienstleister verpflichtet, die Information dem Zahlungsdienstnutzer bereitzustellen und diese Information muss gleichwohl durch den Zahlungsdienstnutzer gefordert werden.[292] Die Letztere bedeutet, dass der Zahlungsdienstnutzer selber aktiv werden und vom Zahlungsdienstleister die Informationen bspw. durch der Überprüfung seines Postfachs des Bankkontos, anfordern muss.[293] Diese Art der Mitteilung sieht Art. 248 § 12 EGBGB für die Informationen beim Abschluss des Einzelzahlungsvertrags vor, wenn dem Zahlungsdienstnutzer die Informationen zur Verfügung gestellt werden müssen. Die Informationen und Vertragsbedingungen sind gemäß Art. 248 § 2 EGBGB durch den Zahlungsdienstleister in klarer und verständlicher Form sowie in der Amtssprache des Mitgliedstaats der Europäischen Union oder des Vertragsstaats des Abkommens über den Europäischen Wirtschaftsraum zu erteilen. Allerdings können die Parteien eine andere Sprache vereinbaren, die nicht unbedingt eine Amtssprache innerhalb der Europäischen Union oder des Europäischen Wirtschaftsraums ist.[294]

Die Informationspflichten des Zahlungsdienstleisters bei Zahlungsdiensterahmenverträgen befinden sich in Art. 248 § 4 EGBGB. Nach diesen Vorschriften ist der Zahlungsdienstleister beim Abschluss des Zahlungsdiensterahmenvertrags zur Mitteilung der Informationen seiner Kontaktdaten, des zu erbringenden Zahlungsdienstes, des Entgelts, der Zinsen und Wechselkurse, der Kommunikation, der Änderung der Bedingungen und der Kündigung des Vertrages, des anwendbaren Rechts oder des zuständigen Gerichts, der Hinweise auf mögliche Beschwerdeverfahren verpflichtet. Von besonderer Relevanz sind die Informationspflichten des Zahlungsdienstleistes zu den Schutz- und Abhilfemaßnahmen gem. § 248 § 4 Nr. 5 EGBG. Dementsprechend muss der Zahlungsdienstleister dem Zahler schon vor dessen Abgabe der Vertragserklärung über die technischen Besonderheiten der Nutzung der einzelnen Dienste, der Abwicklung der Zahlungsdienste sowie über die sichere Verwahrung der Zahlungsinstrumente als auch personalisierte Merkmale, bspw. die Verwahrung der Kredit- und Debitkarten

---

292 *Schwintowski*, Bankrecht, 6. Aufl., Kap. 10, Rn. 56; *MüKo-BGB/Casper*, EGBGB, 8. Aufl., Art. 248, § 3, Rn. 3.

293 EuGH NJW 2017, 871, Rn. 47.

294 *Ellenberger/Findeisen/Nobbe/Böger/Brian/Pfeifer*, Kommentar zum Zahlungsverkehrsrecht, 3. Aufl., Anhang zu § 675d: Art. 248 § 2 EGBGB, Rn. 5; *Derleder*, NJW 2009, 3195, 3196.

und die PIN (persönliche Identifikationsnummer) und TAN (Transaktionsnummer) informieren.[295] Darüber hinaus ist die Unterrichtung über das Verfahren bei einem vermuteten oder tatsächlichen Missbrauchsfall des Zahlungsdienstnutzers hinsichtlich der Anzeigepflicht sowie über die Haftung des Zahlungsdienstnutzers im Faller einer missbräuchlichen Verwendung des Zahlungsinstruments notwendig (Art. 248 § 4 Nr. 5 EGBGB). Obwohl die Informationen gemäß Art 248 § 4 Abs. 1 EGBGB vor Abgabe der Vertragserklärung des Zahlungsdienstnutzers mitgeteilt werden müssen, lässt das Gesetz es allerdings zu, dass die in Art 248 § 4 Abs. 1 EGBGB bestimmten Informationen dem Zahlungsdienstnutzer in Form des Vertragsentwurfs mitgeteilt werden.[296] Die vorvertraglichen Informationspflichten des Zahlungsdienstleisters werden im deutschen Recht in den AGB und Sonderbedingungen geregelt und sind dabei ein Teil des Zahlungsdiensterahmenvertrags.[297] Werden die vorvertraglichen Informationspflichten durch den Zahlungsdienstleister verletzt, hat der Zahlungsdienstnutzer einen Anspruch aus §§ 280 Abs. 1, 241 Abs. 2, 311 Abs. 2 BGB.[298] Ob der Schaden des Zahlungsdienstnutzers durch die fehlende oder fehlerhafte Unterrichtung entstanden sind, muss unter Berücksichtigung des Einzelfalls untersucht werden.[299].

Darüber hinaus statuiert Art. 248 EGBGB die vertraglichen Informationspflichten, die dem Zahlungsdienstnutzer während der Vertragslaufzeit mitgeteilt werden müssen. Von Bedeutung ist insbesondere die Pflicht des Zahlungsdienstleisters zur Unterrichtung des Zahlers nach Belastung des Kontos mit dem Zahlungsbetrag eines einzelnen Zahlungsvorgangs gem. Art. 248 § 7 EGBGB. Dementsprechend ist der Zahlungsdienstleister verpflichtet dem Zahler alle relevanten Daten, einschließlich die Informationen über den Zahlungsempfänger und den Zahlungsbetrag, mitzuteilen. Dies sollte den Zahlungsdienstnutzer ermöglichen seine Kontobelastungen zu überprüfen.[300] Diese Informationen sind nach Art. 248 § 7 EGBGB nach der Ausführung des Zahlungsvorgangs mitzuteilen, wenn der Zahler ein

---

295 *Ellenberger/Findeisen/Nobbe/Böger/Brian/Pfeifer,* Kommentar zum Zahlungsverkehrsrecht, 3. Aufl., Anhang zu § 675d: Art. 248, § 4 EGBGB, Rn. 20.

296 *LBS/Herresthal,* Bankrechts-Kommentar, 3. Aufl., Kap. 2, § 675d, Rn. 20.

297 *Ellenberger/Findeisen/Nobbe/Böger/Brian/Pfeifer,* Kommentar zum Zahlungsverkehrsrecht, 3. Aufl., Anhang zu § 675d: Art. 248 § 2 EGBGB, Rn. 8.

298 *Ellenberger/Findeisen/Nobbe/Böger/Brian/Pfeifer,* Kommentar zum Zahlungsverkehrsrecht, 3. Aufl., Anhang zu § 675d: Art. 248 § 2 EGBGB, Rn. 1.

299 *MüKo- BGB/Casper*, 8. Aufl., § 675d, Rn. 11.

300 *MüKoBGB/Casper*, 8. Aufl., EGBGB, Art. 248 § 7 Rn. 4.

Zahlungskonto beim Zahlungsdienstleister hat. Allerdings können die Parteien gem. Art. 248 § 10 EGBGB über eine andere Form und Häufigkeit der Mitteilung vereinbaren. Allerdings müssen die Informationen über Kontobelastungen nach Art. 248 § 10 S.2 EGBGB wenigstens einmal monatlich erteilt werden, wovon auch in der Praxis weit Gebrauch gemacht wird.[301] Somit kann der Zahlungsdienstleister dem Zahler über Kontobelastungen entsprechend der Vereinbarung durch die Versendung der monatlichen Kontoauszüge, die Bereitstellung einer Möglichkeit des Ausdrucks oder die Übersendung einer speicherbaren Datei oder deren Bereitstellung zum Abruf unterrichten. Erfüllt der Zahlungsdienstleister seine vertraglichen Informationspflichten gem. § 675d Abs. 1 i V. m. Art. 248 EGBGB nicht, begründet dies einen Anspruch des Zahlungsdienstnutzers gem. § 280 Abs. 1 BGB.[302]

2. Pflichten aus dem Zahlungsdienstrahmenvertrags

a) Hauptpflichten des Zahlungsdienstleisters gem.§ 675f Abs. 2 BGB

Die Hauptpflichten der Parteien bei dem Zahlungsdiensterahmenvertrag werden durch § 675f Abs. 2 BGB bestimmt. Demnach ist der Zahlungsdienstleister, egal ob dieser der Zahlungsdienstleister des Zahlers oder der Zahlungsdienstleister des Zahlungsempfängers ist, zum einen zur Ausführung von einzelnen und aufeinander folgenden Zahlungsvorgängen und zum anderen zur Führung des Zahlungskontos für den Zahlungsdienstnutzer verpflichtet. Die Verpflichtung des Zahlungsdienstleisters zur Ausführung der Zahlungsvorgänge stellt eine Erfolgspflicht dar, d.h. der Zahlungsvorgang seitens des Zahlungsdienstleisters des Zahlungsempfängers gilt nur dann als ausgeführt, wenn er seine Verpflichtung zur unverzüglichen Zurverfügungstellung der eingegangenen Zahlungsbeiträge gem. § 675t Abs. 1 BGB erfüllt hat.[303] Dies bedeutet, dass der Zahlungsdienstleister den Zahlungsbetrag auf dem Konto des Zahlungsdienstnutzer ungekürzt in dem Umfang gutschreiben muss, indem er diesen im Rahmen des

301 *Ellenberger/Findeisen/Nobbe/Böger/Brian/Pfeifer*, Kommentar zum Zahlungsverkehrsrecht, 3. Aufl., Anhang zu § 675d: Art. 248 § 7 EGBGB, Rn. 3.

302 *MüKo-BGB/Casper*, 8. Aufl., § 675d, Rn. 11.

303 *Ellenberger/Findeisen/Nobbe/Walz/Ahmedi*, Kommentar zum Zahlungsverkehrsrecht, 3. Aufl., § 675f, Rn. 3; *MüKo-BGB/Casper*, 8. Aufl., § 675f, Rn. 28; *Staudinger/Omlor*, BGB (2012), § 675f, Rn. 5.

Clearings oder unmittelbar vom Zahlungsdienstleister des Zahlers erhalten hat.[304] Die Ausführung der einzelnen und der aufeinander folgenden Zahlungsvorgänge erfolgt auf der Grundlage des Zahlungsauftrags, der eine geschäftsbesorgungsrechtliche Weisung nach § 665 S. 1 BGB darstellt.[305] Hierunter fallen nicht nur die Überweisungen, sondern auch Gutschriften und Barauszahlungen, weil anhand des Begriffs »Zahlungsvorgang« sowohl die Übermittlung als auch die Aufhebung des Geldbetrags erfasst sind.[306] Im Rahmen eines Zahlungsdiensterahmenvertrags werden durch den Zahlungsdienstleister mehrere Zahlungsvorgänge zu verschiedenen Zeitpunkten durchgeführt.[307] Führt der Zahlungsdienstleister einen Zahlungsvorgang aus ohne ein Zahlungskonto für den Zahlungsdienstnutzer führen zu müssen, handelt es sich hierbei um einen Einzelzahlungsvertrag.[308]

Die zweite Hauptpflicht des Zahlungsdienstleisters aus dem Zahlungsdiensterahmenvertrag besteht darin, dass er gem.§ 675f Abs. 2 BGB für den Zahlungsdienstnutzer einen Zahlungskonto führen muss. Das Zahlungskonto kann nach den Bestimmungen dieser Norm auf Namen des bestimmten Zahlungsdienstnutzers oder auf die Namen der mehreren Zahlungsdienstnutzer geführt werden.[309]

b) Die Pflichten des Zahlungsdienstleisters in Bezug auf die Zahlungsinstrumente gem. § 675m BGB

Bei der Haftungsverteilung in Missbrauchsfällen sind die durch § 675m BGB geregelten einzelnen Pflichten des Zahlungsdienstleisters von großer

304 *Grüneberg/Sprau,* BGB, 81. Aufl., § 675t, Rn. 4; *MüKo-BGB/Jungmann,* 8. Aufl., § 675t, Rn. 19; BT-Drs., 16/11643, 112; *Ellenberger/Findeisen/Nobbe/Burghardt,* Kommentar zum Zahlungsverkehrsrecht, 3. Aufl., § 675t, Rn. 6.

305 *Grüneberg/Sprau,* BGB, 81. Aufl., § 675f, Rn. 8; *Ellenberger/Findeisen/Nobbe/Böger/Walz/Ahmedi,* Kommentar zum Zahlungsverkehrsrecht, 3. Aufl., § 675f Rn. 11.

306 *MüKo-BGB/Casper,* 8.Aufl., § 675f, Rn. 28.

307 *MüKo-BGB/Casper,* 8.Aufl., § 675f, Rn. 20.

308 *MüKo-BGB/Casper,* 8.Aufl., § 675f, Rn. 20.

309 Im letzteren Fall handelt es sich um sog. Und- bzw. Oder-Konten.Bei einem Und-Konto handelt es um ein gemeinsames Zahlungskonto mehrerer Personen, wenn den Mitinhabern gemeinschaftlich über das Guthaben verfügen. Oder-Konto stellt ein gemeinsame Zahlungskonto mehrerer Personen dar, wenn jeder Kontoinhaber berechtigt ist, auch ohne das Eiverständnis der anderen Mitinhaber über Guthaben zu verfügen. Mehr dazu: *MüKo-BGB/Casper,* 8. Aufl., § 675f, Rn. 32; *Kümpel/Mülbert/Früh/Seyfried/Kropf,* Bankrecht und Kapitalmarktrecht, 6. Aufl., Rn. 3.993 ff.

Bedeutung. Sie korrespondieren mit den Pflichten des Zahlungsdienstnutzers gem.§ 675l BGB[310] und dienen dahingehend, dass Missbrauchsrisiko durch organisatorische Maßnahmen und entsprechendes Verhalten der Parteien zu minimieren.[311]

§ 675m Abs. 1 BGB stellt ein Katalog von Pflichten des Zahlungsdienstleisters fest, der jedoch nicht als abschließend anzusehen ist, und beschränkt sich darauf, ob diese Sorgfaltspflichten in dessen Verantwortungsbereich erforderlich und zumutbar sind.[312]

Nach dem § 675m BGB muss der Zahlungsdienstleister zum einen sicherstellen, dass die personalisierten Maßnahmen des Zahlungsinstruments im Rahmen des abgeschlossenen Zahlungsdiensterahmenvertrags nur der berechtigten Person zugänglich sind (§ 675m Abs. 1 S. 1 Nr. 1 BGB). Dabei handelt es sich bei dieser Verpflichtung einerseits um die Pflicht des Zahlungsdienstleisters zur Gewährleistung der sicheren Übermittlung der personalisierten Sicherheitsmerkmale an den Zahlungsdienstnutzer sowie andererseits zum Schutz vor unbefugtem Zugriff.[313] Dies ist der Fall, wenn bspw. die PIN in einem Briefumschlag gesendet wird, sodass den Inhalt des Briefs vom Dritten nicht zu erkennen ist.[314] Darüber hinaus muss der sichere Einsatz der personalisierten Sicherheitsmerkmale vom Zahlungsdienstleister garantiert werden, bspw. bei der Eingabe im Online-Banking durch die Modernisierung der Technik entsprechend der Anforderungen oder durch andere organisatorische Maßnahmen.[315] Kommt der Zahlungsdienstleister seiner Verpflichtung gem. § 675m Abs. 1 S. 1 Nr. 1 BGB nicht nach, führt dies zum Wegfallen der Haftung des Zahlungsdienstnutzers gem. § 675v Abs. 4 BGB.[316]

---

310 Ausführlicher dazu unter §2 II 3 b.

311 *Ellenberger/Findeisen/Nobbe/Böger/Frey/Ahmedi,* Kommentar zum Zahlungsverkehrsrecht, 3 Aufl., § 675m, Rn. 6; *MüKo-BGB/Jungmann,* 8. Aufl., § 675m, Rn. 2.

312 *MüKo-BGB/Jungmann,* 8. Aufl., § 675m, Rn. 3; *Hoffmann/Haupert/Freiling,* ZHR 181, 2017, 780, 793.

313 *Grüneberg/Sprau,* BGB, 81. Aufl., § 675m, Rn. 2, *LBS/Herresthal,* BGB, 3. Aufl., Kap. 3, § 675m, Rn. 3.

314 *LBS/Herresthal,* BGB, 3. Aufl., Kap. 3, § 675m, Rn. 3; *Ellenberger/Findeisen/Nobbe/Böger/Frey/Ahmedi,* Kommentar zum Zahlungsverkehrsrecht, 3. Aufl., § 675m, Rn. 6; *MüKo-BGB/Jungmann,* 8. Aufl. § 675m, Rn. 8.

315 *Ellenberger/Findeisen/Nobbe/Böger/Frey/Ahmedi,* Kommentar zum Zahlungsverkehrsrecht, 3. Aufl., § 675m, Rn. 6; *MüKo-BGB/Jungmann,* 8. Aufl., § 675m, Rn. 8; *Grüneberg/Sprau,* BGB, 81. Aufl., § 675m, Rn. 2; *Klabunde/Schulte am* Hülse, MMR, 2010, 84, 88; *Lochter/Schindler,* MMR 2006, 292, 296.

316 Ausführlicher dazu unter § 3 A II 2.

Eine weitere Verpflichtung des Zahlungsdienstleisters wird durch § 675m Abs. 1 S. 1 Nr. 3 BGB geregelt und besteht in der Einrichtung eines Meldesystems, sodass der Zahlungsdienstnutzer jederzeit die Möglichkeit zur Erfüllung seiner Anzeigepflicht gem. § 675l Abs. 1 S. 2 BGB im Falle des Verlusts, Diebstahls, der missbräuchlichen Verwendung oder sonstiger nicht autorisierter Nutzung eines Zahlungsinstruments erhält oder die Sperrung seines Kontos gemäß § 675k Abs. 2 S. 5 BGB aufheben kann. Außerdem ist die Anzeigemöglichkeit des Zahlungsdienstnutzers gem. § 675l Abs. 1 S. 2 BGB kostenfrei zu gestatten.[317] Diese Vorschrift begründet jedoch keine Verpflichtung des Zahlungsdienstleisters zur Verfügungsstellung einer kostenlosen Telefonnummer, sondern verpflichtet allenfalls den Zahlungsdienstleister, kein Entgelt für die Entgegennahme der Anzeigen zu vereinbaren (bspw. kostenpflichtige Hotline).[318] Die Nichterfüllung der der Verpflichtung gem. § 675m Abs. 1 Nr. 3 hat zur Rechtsfolge, dass die Haftung des Zahlungsdienstnutzers gem. § 675v Abs. 5 S. 2 BGB entfällt.[319]

Außerdem bestimmt § 675m Abs. 1 S. 1 Nr. 5 BGB die Verpflichtung des Zahlungsdienstleisters zur Verhinderung der Nutzung des Zahlungsinstruments (in der Regel durch Sperrung des Zahlungsinstruments) in den Fällen, wenn eine entsprechende Anzeige des Zahlungsdienstnutzers gem.§ 675l Abs. 1 S. 2 BGB beim ihm eingegangen ist.[320] Der Zahlungsdienstleister ist darüber hinaus gem. § 675v Abs. 1 S. 2 BGB verpflichtet, auf Verlangen des Zahlungsdienstnutzers diesem eine Bestätigung über die Anzeige zur Verfügung zu stellen. Diese Bestätigung ist in schriftlicher Form bis mindestens 18 Monate nach der Anzeige mit Angabe des Datums und der Uhrzeit des Eingangs der Anzeige zu erteilen, damit diese von dem Zahlungsdienstnutzer zu Beweiszwecken verwendet werden kann.[321]

Schließich wird dem Zahlungsdienstleister gem.§ 675m Abs. 1 S. 1 Nr. 2 die Pflicht auferlegt, die Zahlungsinstrumente und die personalisierten Merkmale dem Zahlungsdienstnutzer nur dann zu übersenden, wenn der

317 OLG Frankfurt BeckRS 2016, 06051.

318 *MüKo-BGB/Jungmann*, 8. Aufl., § 675m, Rn. 31,32.

319 *Linardatos*, BKR 2015, 96, 99.

320 *MüKo-BGB/Jungmann*, 8. Aufl., § 675m, Rn. 34; LG Düsseldorf ZIP 2012, 1748 (1749); *Ellenberger/Findeisen/Nobbe/Böger/Frey/Ahmedi*, Kommentar zum Zahlungsverkehrsrecht, 3. Aufl., § 675m, Rn. 16.

321 *Ellenberger/Findeisen/Nobbe/Böger/Frey/Ahmedi*, Kommentar zum Zahlungsverkehrsrecht, 3. Aufl., § 675m, Rn. 19.

Zahlungsdienstnutzer diese anfordert.[322] Eine Ausnahme dieser Regel stellen allenfalls die Fälle dar, in welchen das Zahlungsinstrument, z.B. infolge einer Sperrung, ersetzt werden muss.[323]

3. Pflichten des Zahlungsdienstnutzers

a) Hauptpflichten des Zahlungsdienstnutzers gem.§ 675f Abs. 5 BGB

Bei dem Zahlungsdiensterahmenvertrag legt § 675f Abs. 5 BGB die Verpflichtung des Zahlungsdienstnutzers fest. Dieser ist verpflichtet, dem Zahlungsdienstleister für die Erbringung der Zahlungsdienste das vereinbarte Entgelt zu entrichten. Allerdings ist auch die Vereinbarung der Unentgeltlichkeit zwischen den Parteien zulässig.[324] Die Parteien müssen bei der Vereinbarung der Höhe des Entgelts die Regelungen der Verordnung (EG) 2560/2001 über grenzüberschreitende Zahlungen in Euro beachten.[325] Außerdem ist der Zahlungsdienstnutzer verpflichtet, dem Zahlungsdienstleister für die Ausführung des Auftrags den erforderlichen Betrag als Aufwendungsersatz bzw. den Vorschuss nach § 675c Abs. 1 i.V.m § 670 bzw. § 669 BGB zu leisten. Dabei hat die Belastungsbuchung im Falle einer Überweisung bis zum Eingang des Zahlungsbetrages auf dem Konto des Zahlungsdienstleisters des Empfängers zur Folge, dass ein Anspruch auf Vorschuss im Sinne von § 669 BGB besteht.[326]

b) Die Pflichten des Zahlungsdienstnutzers in Bezug auf die Zahlungsinstrumente gem.§ 675l BGB

Genauso wie für den Zahlungsdienstleister legt das BGB eine Reihe von Pflichten des Zahlungsdienstnutzers fest, die darauf gerichtet sind, durch eine sichere Verwahrung der Zahlungsinstrumente sowie personalisierte Sicherheitsmerkmale und durch unverzügliche Anzeige der Fälle der miss-

322 *Ellenberger/Findeisen/Nobbe/Böger/Frey/Ahmedi*, Kommentar zum Zahlungsverkehrsrecht, 3. Aufl., § 675m, Rn. 10.

323 *MüKo-BGB/Jungmann*, 8. Aufl., § 675m, Rn. 37, *Fornasier*, WM 2013, 205 (205ff); *Fervers*, BKR 2019, 165, 170 ff.

324 BT-Drucks 16/11642, S. 102.

325 *MüKo-BGB/Casper*, 8. Aufl., § 675f, Rn. 63.

326 *Kümpel/Mülbert/Früh/Seyfried /Werner*, Bank- und Kapitalmarktrecht, 6. Aufl., Rn. 4.254.

bräuchlichen Verwendung des Zahlungsinstruments, solche Vorkommnisse zu minimieren.[327] Die Pflichten werden durch § 675l BGB geregelt und stellen dabei die Sorgfaltspflichten des Zahlungsdienstnutzers im Umgang mit den Zahlungsinstrumenten dar.[328] Auf einen abschließenden numerus clausus der Sorgfaltspflichten wird durch den Gesetzgeber auch im Fall des Zahlungsdienstnutzers verzichtet. Stattdessen ist eine vertragliche Vereinbarung der Sorgfaltspflichten des Zahlungsdienstnutzers gem. § 675l Abs. 2 BGB möglich, welche in der Regel von dem Zahlungsdienstleister ausgehen.

Durch den Zahlungsdienstnutzer müssen gem.§ 675l Abs. 1 S. 1 BGB zum Schutze der personalisierten Merkmale vor unbefugten Zugriff, nach Erhalt des Zahlungsinstruments alle zumutbaren Vorkehrungen getroffen werden.[329] Dabei bestimmt sich aus dem Wortlaut der Vorschrift, dass der Zahlungsdienstnutzer nur die personalisierten Merkmale vor unbefugtem Zugriff schützen muss. Allerdings ist nach h. M. in Anbetracht des Zwecks der Norm, die der Verhinderung der missbräuchlichen Verwendung des Zahlungsinstruments dient, anzunehmen, dass der Geltungsbereich der Vorschrift nicht nur die personalisierten Merkmale, sondern auch das verkörperte Zahlungsinstrument selbst umfassen soll.[330] Die Sorgfaltspflicht des Zahlungsdienstnutzers bezüglich der Zahlungsinstrumente und den personalisierten Sicherheitsmerkmalen beginnt gem. § 675l Abs. 1 S. 1 BGB mit dem Zeitpunkt, wenn das Zahlungsinstrument in den Herrschaftsbereich des Zahlungsdienstnutzers gelangt ist.[331] Dementsprechend wird das Risiko der Versendung des Zahlungsinstruments durch den Gesetzgeber gem. § 675m Abs. 2 BGB dem Zahlungsdienstleister auferlegt. Die Sorgfaltspflicht des Zahlungsdienstnutzers gem.§ 675l Abs. 1 S. 1 BGB besteht dabei darin, dass er für den Schutz des Zahlungsinstruments und der

327 *MüKo-BGB/Jungmann*, 8. Aufl., BGB, § 675l, Rn. 5.

328 *Ellenberger/Findeisen/Nobbe/Böger/Frey/Ahmedi*, Kommentar zum Zahlungsverkehrsrecht, 3. Aufl., § 675l, Rn. 3.

329 *Müller-Brockhausen*, Haftung für den Missbrauch von Zugangsdaten im Internet, 2014, Rn. 124 ff.; *Lorenz*, DuD 2013, 220 ff., *Zahrte*, BKR 2016, 315 ff.; *van Gelder FS Nobbe*, 2009, 55, 58 ff.; *Verheyen/Elgert*, K&R 2015, 440; *Schulte am Hülse/Klabunde*, MMR 2010, 84 ff.; *Erfurth*, WM 2006, 2198 ff.; *Borges*, NJW 2005, 3313 ff.

330 *MüKo-BGB/Jungmann*, 8.Aufl., § 675l, Rn. 10; *Ellenberger/Findeisen/Nobbe/Böger/Frey/Ahmedi*, Kommentar zum Zahlungsverkehrsrecht, 3. Aufl., § 675l, Rn. 8; *Grüneberg/Sprau*, BGB, 81. Aufl., § 675m, Rn. 2; *Hofmann*, BKR 2014, 105. 106; *Danwerth*, ZBB 2015, 119, 134; *Scheibengruber*, BKR 2010, 15, 20.

331 *MüKo-BGB/Jungmann*, 8. Aufl., § 675l, Rn. 15; *Ellenberger/Findeisen/Nobbe/Böger/Frey/Ahmedi*, Kommentar zum Zahlungsverkehrsrecht, 3. Aufl., § 675l, Rn. 9.

personalisierten Merkmale vor unbefugtem Zugriff alle ihm zumutbaren Vorkehrungen trifft. Was unter dem Begriff »unbefugter Zugriff« zu verstehen ist, bestimmt sich in der Regel nach dem zwischen den Parteien abgeschlossenen Zahlungsdiensterahmenvertrag.[332] In der Praxis finden sich die Vereinbarungen in den entsprechenden Bedingungen, die für das jeweilige Zahlungsinstruments gelten und in der Form von AGB in den Zahlungsdiensterahmenvertrag einbezogen wurden.[333] Dementsprechend ist der Zugriff nur dann als unbefugt anzusehen, wenn er vom Zahlungsdiensterahmenvertrag nicht gestattet ist.[334]

Fraglich ist, welche Vorkehrungen des Zahlungsdienstnutzers für den Schutz des Zahlungsinstruments als zumutbar anzusehen sind, damit die Regelungen des § 675v Abs. 3 Nr. 2 BGB hinsichtlich der Haftung des Zahlungsdienstnutzers im Falle eines Verstoßes gegen die Sorgfaltspflichten[335] nicht eingreifen. Eine Definition der Zumutbarkeit ist in § 675l BGB nicht gegeben. Im deutschen Recht erfolgt die Auslegung des Begriffs der Zumutbarkeit der Vorkehrungen im Einzelfall in Anbetracht der Besonderheiten des jeweiligen Zahlungsinstruments und der jeweiligen personalisierten Sicherheitsmerkmale.[336] Dabei erfolgt die Konkretisierung der Sorgfaltspflichten unter der Berücksichtigung der Regelungen des § 675l BGB im Rahmen des Zahlungsdiensterahmenvertrags.[337] Handelt es sich um AGB, unterliegen die Sorgfaltspflichten des Zahlungsdienstnutzers dabei der Inhaltskontrolle gem. §§ 305 ff BGB.[338] Als grundlegende Regelung für die Bestimmung der Grenzen der Zumutbarkeit der Sorgfaltspflichten gilt dabei der Gedanke, dass die Sorgfaltspflichten neben der Verhinderung von Missbrauchsfällen auch die Nutzung des elektronischen Zahlungsinstruments im Rahmen einer normalen Lebensführung zulassen müssen.[339] Es können bspw. beim Online-Banking vom Zahlungsdienstnutzer keine Sorgfaltsvorkehrungen erwartet werden, die das normale Nutzen des Online-Bankings

332 *Ellenberger/Findeisen/Nobbe/Böger/Frey/Ahmedi*, Kommentar zum Zahlungsverkehrsrecht, 3. Aufl., § 675l, Rn. 10.

333 *MüKo-BGB/Jungmann*, 8. Aufl., § 675l, Rn. 18.

334 *Grüneberg/Sprau*, BGB, 81. Aufl., § 675l, Rn. 2; *Ellenberger/Findeisen/Nobbe/Böger/Frey/Ahmedi*, Kommentar zum Zahlungsverkehrsrecht, 3. Aufl., § 675l, Rn. 9.

335 Ausführlicher dazu unter § 3 A II 2.

336 *Grüneberg/Sprau*, BGB, 81. Aufl., § 675l, Rn. 2.

337 *Ellenberger/Findeisen/Nobbe/Böger/Frey/Ahmedi*, Kommentar zum Zahlungsverkehrsrecht, 3. Aufl., § 675l, Rn. 10.

338 *LBS/Herresthal*, Bankrechts-Kommentar, 3. Aufl., Kap. 3, § 675l, Rn. 7.

339 *Ellenberger/Findeisen/Nobbe/Böger/Frey/Ahmedi*, Kommentar zum Zahlungsverkehrsrecht, 3. Aufl., § 675l, Rn. 10; *MüKo-BGB/Jungmann*, 8. Aufl., § 675l, Rn. 31.

einschränken würden, wie bspw. die Einstellung von speziellen Virenprogrammen.[340] Von der Rechtsprechung werden weitere Sicherheitsvorkehrungen genannt, die vom Zahlungsdienstnutzer nicht erwartet werden dürfen. So ist es bspw. nach Meinung des LG Köln[341] unzumutbar, vom Zahlungsdienstnutzer zu erwarten, dass er die PIN einer Zahlungskarte im Gedächtnis behält. Ebenso kann nicht vom Zahlungsdienstnutzer erwartet werden, dass er seine Zahlungskarte in einem geschlossenen Raum in einem Safe aufbewahrt, weil dies die tägliche Nutzung der Zahlungsinstrumente erheblich erschweren würde.[342] Allerdings sieht es bspw. das OLG Düsseldorf[343] als zumutbar an, dass der Zahlungsdienstnutzer seine Zahlungskarte im öffentlichen Raum nicht unbeaufsichtigt lässt.[344]

Die zweite Verpflichtung des Zahlungsdienstnutzers in Bezug auf das Zahlungsinstrument besteht gem. § 675l Abs. 1 S. 2 BGB darin, dass dieser im Falle des Verlusts, Diebstahls, der missbräuchlicher Verwendung oder der sonstigen nicht autorisierten Nutzung des Zahlungsinstruments nach der Erlangung der Kenntnis davon eine solche Tatsache unverzüglich anzuzeigen hat. Die Anzeigepflicht des Zahlungsdienstnutzers ist für die Verteilung des Haftungsrisikos zwischen den Parteien von besonderer Bedeutung. Da diese Verpflichtung des Zahlungsdienstnutzer mit der Verpflichtung des Zahlungsdienstleisters gem. § 675m Abs. 1 Nr. 5 BGB zur Verhinderung der weiteren Nutzung des entsprechenden Zahlungsinstruments korrespondiert, bestimmt § 675v Abs. 5 BGB, dass keine Haftung des Zahlungsdienstnutzers für die Schäden erfolgt, die infolge der missbräuchlichen Verwendung des Zahlungsinstruments nach der Anzeige entstanden sind.[345] Die Anzeige muss durch den Zahlungsdienstnutzer unverzüglich im Sinne von § 121 Abs. 1 S. 1 BGB gegenüber dem Zahlungsdienstleister erfolgen.

Als Vorfälle, die durch den Zahlungsdienstnutzer anzuzeigen sind, legt § 675l Abs. 1 S. 2 BGB den Verlust, Diebstahl, die missbräuchliche Verwendung sowie die sonstige nicht autorisierte Nutzung fest. Eine Definition dieser Begriffe erfolgt durch § 675l BGB nicht, sodass deren Auslegung nach Sinn und Zweck der Vorschrift und unter Beachtung der Vorschrift

---

340 *Omlor*, BKR, 2019, 105, 111.
341 LG Köln WM 2001, 853, 855.
342 *Ellenberger/Findeisen/Nobbe/Böger/Frey/Ahmedi*, Kommentar zum Zahlungsverkehrsrecht, 3. Aufl., § 675l, Rn. 10.
343 OLG Düsseldorf BKR 2008, 41.
344 *Rammos*, CR 2014, 67, 70.
345 *MüKo-BGB/Jungmann*, 8. Aufl., § 675l, Rn. 69.

des § 675v BGB sowie der Rechtsfolgen des Verstoßes dieser Verpflichtung zu bestimmen ist.[346] Die Auslegung des Begriffs »Verlust« des Zahlungsinstruments wird im Sinne des § 965 BGB ausgelegt und ist als Untergang der tatsächlichen Verfügungsgewalt des verkörperten Zahlungsinstruments zu verstehen.[347] Dabei liegt kein Verlust vor, wenn das Zahlungsinstrument z.B. in der Wohnung des Zahlungsdienstnutzers verlegt wurde, es sei denn, wenn mit dessen Wiederauffindung nicht mehr zu rechnen ist und die Einräumung der Verfügungsgewalt über das Zahlungsinstrument nicht mehr möglich ist.[348] Der Begriff »Diebstahl« nach § 675l Abs. 1 S. 2 BGB beschreibt den Umstand, wenn dem Zahlungsdienstnutzer entgegen seinem Willen die Sachherrschaft über das verkörperte Zahlungsinstrument durch einen Dritten entzogen wird.[349] Darüber hinaus fällt nach h. M. ebenso unter den Geltungsbereich der Norm des § 675l Abs. 1 S. 1 BGB und somit auch unter die Anzeigepflicht jedes sonstige Abhandenkommen des Zahlungsinstruments, das durch § 675v Abs. 1 Alt. 3 BGB geregelt ist.[350] Dabei werden die Fälle erfasst, in denen der Besitz über das Zahlungsinstrument gegen oder ohne den Willen des Zahlungsdienstnutzers verlorengegangen ist. Gleichwohl liegt jedoch kein Verlust oder Diebstahl im Sinne der Vorschrift vor, falls der Besitz bspw. durch Unterschlagung oder räuberische Erpressung entwendet wurde.[351] Eine weitere anzeigepflichtige Konstellation stellt die nicht autorisierte Nutzung des Zahlungsinstruments dar, deren Unterfall die missbräuchliche Verwendung ist.[352] Eine nicht autorisierte Nutzung liegt demnach vor, wenn das Zahlungsinstrument oder die personalisierten Sicherheitsmerkmale (PIN/TAN in Onlinebanking) ohne die Zustimmung der berechtigten Person bzw. gegen den Willen der berechtigten Person verwendet wird.[353] Darüber hinaus ist nach Sinn und Zweck

346 *Ellenberger/Findeisen/Nobbe/Böger/Frey/Ahmedi*, Kommentar zum Zahlungsverkehrsrecht, 3. Aufl., § 675l, Rn. 15.

347 *LBS/Herresthal*, Bankrechts-Kommentar, 3. Aufl., Kap. 3, § 675l, Rn. 15; *MüKo-BGB/Jungmann*, 8. Aufl., § 675l, Rn. 71.

348 *Ellenberger/Findeisen/Nobbe/Böger/Frey/Ahmedi*, Kommentar zum Zahlungsverkehrsrecht, 3. Aufl., § 675l, Rn. 15.

349 *LBS/Herresthal*, Bankrechts-Kommentar, 3. Aufl., Kap. 3, § 675l, Rn. 15; *Zwade/Mühl* WM 2006, 1225, 1229.

350 *MüKo-BGB/Jungmann*, 8. Aufl., § 675l, Rn. 72.

351 *LBS/Herresthal*, Bankrechts-Kommentar, 3. Aufl., Kap. 3, § 675v, Rn. 20.

352 *Grüneberg/Sprau*, BGB, 81. Aufl., § 675l, Rn. 5; *LBS/Herresthal*, Bankrechts-Kommentar, 3. Aufl., Kap. 3, § 675l, Rn. 18.

353 *Ellenberger/Findeisen/Nobbe/Böger/Frey/Ahmedi*, Kommentar zum Zahlungsverkehrsrecht, 3. Aufl., § 675l, Rn. 17.

der Norm der Zahlungsdienstnutzer verpflichtet, nicht nur die tatsächliche missbräuchliche Verwendung, sondern auch die Gefahr der nicht autorisierten Nutzung anzuzeigen.[354]

B. Russland

Die rechtliche Grundlage der Regulierung der Beziehungen zwischen den Kreditinstituten und dem Zahler stellt der Bankkontovertrag dar. Zusätzlich dazu bestimmt das Gesetz »Über das nationale Zahlungssystem«, dass die Zahlungsdienste zwischen den Kreditinstituten und ihren Kunden auf der Basis zivilrechtlicher Verträge, nämlich Verträge über die Nutzung des elektronischen Zahlungsmittels, durchgeführt werden müssen. In der Praxis werden diese Verträge in der Regel zusätzlich neben dem Bankkontovertrag als weiterer, selbständiger mit dem Bankkontovertrag verbundener Vertrag oder als Adhäsionsvertrag abgeschlossen.[355]

Nachfolgend wird zuerst die gesetzlichen Bestimmungen zum Bankkontovertrag erläutert. Zusätzlich dazu erfolgt die Darstellung und Analyse der Besonderheiten der Verträge über die Nutzung des elektronischen Zahlungsmittels gemäß den speziellen Regelungen der Vorschriften des Gesetzes »Über das nationale Zahlungssystem«. Danach werden die Pflichten der Parteien untersucht, wobei der besondere Fokus auf die speziellen Pflichten der Parteien bezüglich der Zahlungsinstrumente gestellt wird, die für die Haftungsverteilung im Falle einer nicht durch den Zahler autorisierten Zahlungsvorgang entscheidend sind.

I. Bankkontovertrag

1. Einführung

Der Bankkontovertrag wird im russischen Recht durch Kap. 45 § 1 Art. 845-860 ZGB geregelt. Der Bankkontovertrag ist nach Art. 845 ZGB als Vertrag definiert, mit welchem sich die Bank verpflichtet, die Geldbeträge, die auf das für einen Kunden eröffnete Konto eingehen, anzunehmen und gutzuschreiben sowie die Verfügungen des Kontoinhabers über die Umbuchung

354 *MüKo-BGB/Jungmann*, 8. Aufl., § 675l, Rn. 78.
355 Ausführlicher dazu unter § 2 B I 4.

und die Auszahlung entsprechender Beträge von diesem Konto auszuführen und andere Zahlungsvorgänge abzuwickeln. Hierbei handelt sich um einen gegenseitigen Vertrag, da er die Rechte und Pflichten für beide Vertragsparteien begründet.[356] Obwohl nach dem Wortlaut des Art. 845 Pkt.1 ZGB die Bank und der Kunde als Parteien des Bankkontovertrags bestimmt werden, dürfen gem. Art. 845 Pkt. 6 ZGB auch andere Kreditinstitute, die gemäß der ihnen erteilten Genehmigungen (Lizenz) Bankkontoverträge abschließen und erfüllen, als Vertragspartei auftreten. Dabei sind die Vorschriften des Kap. 45 des ZGB auf diese Kreditinstitute ebenfalls anwendbar (Art. 845 Pkt. 6 ZGB). Auf Kundenseite kann jede Person den Bankkontovertrag abschließen, die die Bankdienste zur Eröffnung und Führung der Bankkonten und Durchführung anderer Bankgeschäfte in Anspruch nimmt.[357]

2. Zustandekommen

Der Abschluss des Bankkontovertrags wird durch Art. 846 ZGB geregelt. Jedoch enthält die Norm keine Bestimmungen hinsichtlich des Zustandekommens des Vertrages. Dementsprechend sind für das Zustandekommen des Bankkontovertrags die allgemeinen Vorschriften des Art. 432 ZGB anwendbar. Weiterhin kommt der Bankkontovertrag nach Art. 432 Pkt. 1 ZGB durch die Einigung der Parteien in geeigneter Form über alle wesentlichen. Vertragsbedingungen zustande. Umstritten ist die Frage, welche Bedingungen für den Bankkontovertrag als wesentlich gelten. Wie bereits festgestellt worden ist,[358] können im russischen Recht auch die Bedingungen als wesentlich gelten, wenn durch das Gesetz oder anderen Rechtsakte diese als wesentlich bezeichnet sind (Art. 432 Pkt. 1, S. 2 ZGB). Dabei stellt Art. 30 des Gesetzes »Über die Banken und Banktätigkeit« eine ganze Reihe von den Bedingungen fest, die für alle Verträge zwischen den Banken und Kreditinstituten als wesentlich gelten. Zu nennen sind die Bedingungen über die Zinssätze für die Kredite und Einlagen, über das Entgelt für die Bankdienstleistungen und die Erfüllungsfrist, über die Bearbeitungsfrist von Zahlungsunterlagen, die Haftung bei einer Vertragsstörung sowie die Haftung für die Verletzung einer Obliegenheit hinsichtlich der Frist

356 *Efimova*, Bankeinlagenvertrag und Bankkontovertag, S. 170; *Karapetov/Sarbasch*, Kommentar zu den Art. 807-860.15 ZGB, Art. 845, S. 600.

357 *Efimova*, Bankeinlagenvertrag und Bankkontovertag, S. 170.

358 Mehr dazu unter § 1 A III 4 b.

der Ausführung der Zahlungen, Bestimmungen über die Beendigung des Vertrages. Es stellt sich jedoch die Frage, ob alle in Art. 30 des Gesetzes »Über die Banken und die Banktätigkeit« aufgezählten Bedingungen für den Bankkontovertrag i.S.d. Art. 432 wesentlich sind, sodass das Fehlen der Vereinbarung der Parteien über diese Bedingungen dazu führt, dass der Bankkontovertrag zwischen den Parteien als nicht abgeschlossen gilt.

In der Literatur ist in dem oben genannten Artikel die angewandte Aufzählung der Bedingungen für die verschiedenen Verträge auf der Grundlage der Zugehörigkeit zur Bankpraxis kritisiert wurden, da diese Bedingungen ohne Rücksicht auf die Besonderheiten der einzelnen Verträge aufgelistet werden.[359] Diskussionswürdig ist zugleich der Inhalt des Artikels. So können z.B. die Vertragsbedingungen über die Haftung im Falle einer Pflichtverletzung oder die Bestimmungen über die Vertragsaufhebung nach den allgemeinen Regeln nicht als wesentlich angesehen werden, da diese Fragen durch das ZGB gesondert geregelt sind (Art. 856, 859 ZGB).[360] Ebenso wenig gehören zu den wesentlichen Bedingungen die Bestimmungen über die Frist der Ausführung der Bankoperationen. Sie unterliegen der dispositiven Regelung des Art. 849 ZGB.[361] Die wesentliche Bedingung eines Bankkontovertrags stellt daher nach herrschender Ansicht in der Rechtsliteratur[362] sowie der Rechtsprechung[363] nur der Vertragsgegenstand dar. Der Gegenstand eines Bankkontovertrages sind dabei die Handlungen, die durch die Bank gemäß Art. 845 Pkt. 1 BGB auszuführen sind: die Handlungen zur Eröffnung und Durchführung eines Bankkontos, zur Ausführung der Aufträge des Kundens über die Auszahlung und Überweisung der Geldmittel sowie die Handlungen zur Abwicklung anderer Banktransaktionen.[364] Demzufolge soll es grundsätzlich für das Zustandekommen des Bankkontovertrags ausreichend sein, dass sich die Parteien über die Hauptleistungspflichten einigen. Die durch die Literatur und Rechtsprechung vertretene Ansicht ist überzeugend. Danach soll das Fehlen der

359 *Krascheninnikow/Borisenko*, Kommentar zu den Kapiteln 42-46 und 47.1 ZGB, Art. 846, S. 114; *Gravin*, Kreditvertrag nach englischem und russischem Recht, S. 54.

360 *Gravin*, Kreditvertrag nach englischem und russischem Recht, 2014, S. 54.

361 *Krascheninnikow/Borisenko*, Kommentar zu den Kapiteln 42-46 und 47.1 ZGB, Art. 846, S. 114.

362 *Braginsky/Vitrjanskij*, Vertragsrecht V, B. 2, Kap. 18, S. 440-448; *Krascheninnikow/Borisenko*, Kommentar zu den Kapiteln 42-46 und 47.1 ZGB, Art. 846, S. 108.

363 Beschluss des Föderalen Arbitragegerichts des Moskauer Bezirks vom 05.08.2009 N KG-A41/6721-09.

364 *Braginsky/Vitrjanskij*, Vertragsrecht V, B. 2, Kap. 18, S. 440-448; *Krascheninnikow/Borisenko*, Kommentar zu den Kapiteln 42-46 und 47.1 ZGB, Art. 846, S. 108.

Vereinbarung der Parteien über die Erfüllungsfristen, über Haftung wegen der Pflichtverletzung, über die Kündigung der Verträge, das Zustandekommen des Bankkontovertrags nicht hindern, weil diese Vertragslücken durch die dispositiven gesetzlichen Normen geschlossen werden können. Andererseits ist das rechtliche und wirtschaftliche Interesse des Verbrauchers an einem wirksamen Bankkontovertrag nicht außer Acht zu lassen. Einerseits hat der Verbraucher das Interesse an den Zugang zu den vereinbarten Bankdienstleistungen, andererseits drohen ihm finanzielle Verluste bei der Rückabwicklung des Vertrags.

Für das Zustandekommen des Bankkontovertrags müssen alle wesentlichen Vertragsbedingungen in der Angebotserklärung (Offerte) enthalten sein (Art. 435 Pkt. 1 ZGB) und dieses Angebot muss durch die andere Partei vorbehaltlos akzeptiert werden (Art. 438 Pkt. 1 ZGB). Da Art. 846 ZGB keine spezifische Regelung zum Zeitpunkt des Abschlusses enthält, kommt der Vertrag nach allgemeinen Regeln, also mit dem Zugang des Akzepts bei demjenigen, der die Offerte erklärt hat, zustande (Art. 433 Pkt. 1 ZGB).

Eine besondere Form ist durch das ZGB für den Bankkontovertrag nicht vorgeschrieben. Auf Grund dessen kommen zuerst die Regeln des allgemeinen Teils des ZGB über die Form der Rechtsgeschäfte (Art. 160, 161 ZGB) in Betracht. Nach Art. 161 Pkt. 1 ZGB müssen die Rechtsgeschäfte zwischen juristischen Personen untereinander sowie mit natürlichen Personen in einfacher schriftlicher Form abgeschlossen werden. Dabei wird die Form der zweiseitigen (mehrseitigen) Rechtsgeschäfte durch Art. 434 Pkt. 2 ZGB anhand der Vertragsform bestimmt (Art. 160 Pkt. 1 ZGB). Folglich wird die Form des Bankkontovertrags nach den allgemeinen Regeln des Art. 434 Pkt. 2 ZGB bestimmt, wonach ein schriftlicher Vertrag nicht nur durch die Abfassung einer Urkunde, sondern auch durch den Austausch zweier unterschriebener Dokumente per Post, Telegraph, Fernschreiben, Telefon, elektronische Verbindung oder über eine sonstige Art der Kommunikation geschlossen werden kann. In der Praxis erfolgt der Abschluss eines Bankkontovertrags entweder durch das Aufsetzen und die Unterzeichnung einer einzelnen Urkunde oder durch die Abgabe eines Antrags auf Kontoeröffnung durch den Kunden und die Erteilung der Annahme der Bank durch eine bevollmächtigte Person.[365]

365 *Krascheninnikow/Borisenko*, Kommentar zu den Kapiteln 42-46 und 47.1 ZGB, Art. 846, S. 167; *Efimova*, Bankeinlagenvertrag und Bankkontovertag, S. 171.

Durch Art. 846 Pkt. 2 ZGB wird die Pflicht der Bank statuiert, einen Bankkontovertrag mit dem Kunden abzuschließen, der einen Antrag auf Eröffnung eines Kontos zu den Bedingungen gestellt hat, die von der Bank für die Eröffnung von Konten dieser Art bekanntgemacht wurden, die die Anforderungen des Gesetzes erfüllen und die in Übereinstimmung dazu den darauf erlassenen untergesetzlichen Normativakten entsprechen. Allerdings ist zu beachten, dass die Bekanntmachung der Bedingungen durch die Bank für die Eröffnung der Konten einer bestimmten Art nicht als öffentliches Angebot (Offerte) im Sinne von Art. 437 Pkt. 2 ZGB zu betrachten ist. Die öffentliche Offerte stellt ein Angebot dar, das alle wesentlichen Vertragsbedingungen enthält und aus dem der Wille der Person, die das Angebot abgegeben hat, zum Ausdruck kommt, dass ein Vertrag zu den im Angebot bestimmten Bedingungen mit jedem abzuschließen ist, der dieses Angebot annimmt (Art. 437 Pkt. 2 BGB). Es handelt sich also um eine offerta ad incertas personas.[366] Wäre dies der Fall, dann sollte der Vertrag, ab dem Zeitpunkt der Abgabe des Antrags auf Kontoeröffnung durch den Kunden, dieser als geschlossen gelten.[367] In dieser Hinsicht stellt die Bekanntgabe der Bedingungen durch die Bank keine öffentliche Offerte, sondern nur eine invitatio ad offerendum dar.

Darüber hinaus regelt das ZGB zwei Ausnahmefälle, in welchen die Bank den Abschluss des Bankkontovertrags verweigern kann: zum einen, wenn die Verweigerung auf das Fehlen der Möglichkeit der Erbringung der Bankdienstleistungen zürückzuführen ist oder wenn die Verweigerung aufgrund eines Gesetzes oder wegen anderer Rechtsakte zulässig ist (Art. 846 Pkt. 2 ZGB). In der Bankpraxis ist ein üblicher Grund für die Verweigerung der Kontoeröffnung, wenn die Bank keine Identizifierung des Kundens anhand der eingereichten Unterlagen im Sinne von Art. 7 Pkt. 3.2, 5, 5.1 und 5.2 des Föderalen Gesetzes über die »Bekämpfung der Geldwäsche und Terrorismusfinanzierung« durchführen kann.[368]

366 *Solotych*, Das Zivilgesetzbuch der Russischen Föderation, S. 70.
367 *Efimova*, Bankeinlagenvertrag und Bankkontovertag, S. 115.
368 *Efimova*, Bankeinlagenvertrag und Bankkontovertag, S. 116.

3. Änderung und Beendigung des Bankkontovertrags

a) Änderung des Bankkontovertrags

Die speziellen Vorschriften zur Änderung des Bankkontovertrags sind durch Kap. 45 ZGB nicht vorgesehen. Dementsprechend sind auf die Änderung der Bankkontoverträge die allgemeinen Regeln des ZGB gem. Art. 310, 450-453 ZGB anwendbar.[369] Nach Art. 450 Pkt. 1 ZGB sind Änderungen des Vertrags grundsätzlich nur nach Vereinbarung der Parteien möglich. Allerdings ermöglicht Art. 450 Pkt. 1 ZGB den Parteien, anderweitige Regelungen zur Änderung des Bankkontovertrags zu vereinbaren. Eine einseitige Änderung der Vertragsbedingungen ist jedoch nach Art. 310 ZGB nicht zugelassen. Diese Ansicht wurde auch durch den Beschluss des Obersten Gerichts der Russischen Föderation in einem Streitfall bestätigt, in welchem die Bank nach einer Bargeldabhebung des Zahlers die Wechselkurse geändert hat und die Geldmittel vom Bankkonto nach dem neuen Wechselkurs abgebucht hat.[370] Das oberste Gericht hat in seiner Entscheidung eine solche Abbuchung als rechtswidrig mit der Begründung anerkannt, dass zum einen eine Änderung der Vertragsbedingungen hinsichtlich des Wechselkurses gem. Art. 453 ZGB die Rechte und Pflichte der Parteien, die vor der Änderung galten, nicht beeinflussen soll. Denn die Änderungen zum Vertrag gelten dabei ab dem Zeitpunkt als geändert, indem die Vereinbarung zwischen den Parteien hinsichtlich Änderung erzielt worden ist. Zum anderen ist die Bank nach Entscheidung des Gerichts nicht berechtigt, die Vertragsbedingungen, nämlich die Bedingungen hinsichtlich des Wechselkurses, mit natürlichen Personen einseitig zu ändern, da diese Möglichkeit im Gesetz nicht vorgesehen ist (Art. 310 ZGB). Daraus lässt sich ableiten, dass eine einseitige Vertragsänderung gem. Art. 310 ZGB nicht zugelassen ist. Wird eine solche Klausel zur Vertragsänderung im Adhäsionsvertrag vereinbart, ist eine solche Klausel gem. Art. 162 Pkt. 2 ZGB rechtswidrig.[371]

Ein Diskussionsthema stellt in diesem Rahmen die Frage dar, ob die Vertragsänderung rechtswidrig und dabei als unwirksam gelten soll, wenn die seitens der Bank geänderte Bedingungen nach einer bestimmten Zeit

---

369 *Braginsky/Vitrjanskij*, Vertragsrecht V, B. 2, Kap. 18, S. 440-448.

370 Beschluss des Justizkollegiums für Zivilsachen des Obersten Gerichts der Russischen Föderation vom 29. November 2016 vom 29.11.2016, Nr. 5- KG 16-180.

371 Beschluss des Obersten Gerichts der Russischen Föderation vom 23.03.2021, Nr. 2-1453/2019.

nach Mitteilung des Kundens in Kraft treten. Fraglich erscheint, ob das Schweigen des Zahlers hinsichtlich der Änderung des Vertrages, als eine Zustimmungsfiktion gewertet werden kann. Nach Ansicht in der Literatur ist dies zu bejahen, da ein schriftliches Angebot der Bank zur Vertragsänderung und das konkludente Handeln des Zahlers, der das Angebot erhalten hat und nicht abgelehnt hat, als Vereinbarung im Sinne von Art. 452 Abs. 1 ZGB anzusehen ist (Art. 434 Pkt. 2, Art. 438 Pkt. 3 ZGB).[372] Denn bei rechtzeitiger Abgabe des Angebots der Bank hat der Zahler die Möglichkeit die Änderung abzulehnen und vom Vertrag zurückzutreten.[373] Dieser Ansicht kann jedoch nur dann zugestimmt werden, wenn das Deuten des Schweigens des Zahlers als Zustimmung zur Änderung im Bankkontovertrag vereinbart wurde. Denn nach den allgemeinen Grundlagen des Vertragsrechts stellt das Schweigen der Person keine Annahme des Angebots dar, soweit sich aus der Vereinbarung der Parteien nicht etwas anderes ergibt (Art. 438 Pkt. 2 ZGB). Eine gesetzliche Frist zum Angebot der Vertragsänderung ist durch ZGB nicht vorgesehen. In der Praxis erfolgt die Regelung durch die Parteivereinbarung am ehesten in der Form eines Adhäsionsvertrags. Schließlich ist festzustellen, dass eine Vereinbarung der Vertragsbedingung, wonach das Schweigen des Zahlers als Annahme der Vertragsänderung gilt, den §§ 438, 450 ZGB nicht entgegensteht.

b) Beendigung des Bankkontovertrages

Die speziellen Regelungen zur Kündigung des Bankkontovertrags sowohl seitens der Bank als auch des Kundens sind in Art. 859 ZGB geregelt. Zugleich besteht die Möglichkeit für die Parteien, den Bankkontovertrag durch Vereinbarung (Art. 450 Pkt. ZGB) nach den in Kapitel 29 ZGB vorgesehenen allgemeinen und für alle Verträge geltenden Gründen hinsichtlich der Aufhebung des Vertrags, sowie wegen der Regelungen zum Erlöschen des Schuldverhältnisses nach Kapitel 26 ZGB zu beenden.[374]

---

372 *Gusak*, Einseitige Änderung der Bedingungen des Bankkontovertrags, S. 3.

373 *Gusak*, Einseitige Änderung der Bedingungen des Bankkontovertrags, S. 2.

374 *Krascheninnikow/Borisenko*, Kommentar zu den Kapiteln 42-46 und 47.1 ZGB, Art. 846, S. 153.

aa) Kündigung durch Kunden

Art. 859 Pkt.1 ZGB räumt dem Kunden das Recht ein, den Bankkontovertrag jederzeit zu kündigen. Weitere Bestimmungen bezüglich der Kündigung des Bankkontovertrags seitens des Kundens enthält die Norm jedoch nicht. Aus diesem Grund gelten für die Kündigung seitens des Kundens die allgemeinen Regeln des Art. 450 Pkt. 1 ZGB, der einen einseitigen Rücktritt einer Partei vom Vertrag in den Fällen zulässt, wenn dies durch Gesetz, einen Rechtsakt oder durch den Vertrag vorgesehenen ist.[375] Hierbei ist im Falle des Bankkontovertrags das einseitige Rücktrittsrecht des Kundens nach der Spezialvorschrift des Art. 859 Pkt. 1 ZGB zu beachten. Die Kündigung des Vertrags erfolgt gem. Art. 450 Pkt. 1 ZGB durch die Kündigungserklärung der zum Rücktritt berechtigten Partei gegenüber der anderen Partei und der Vertrag gilt daraufhin ab dem Zeitpunkt als gekündigt, wenn die andere Partei die Erklärung erhält. Dementsprechend gilt der Bankkontovertrag ab dem Empfangszeitpunkt der Rücktrittserklärung des Kundens seitens der Bank als gekündigt.[376] Die Angabe von Gründen, weswegen der Kunde den Vertrag kündigen will, ist nicht vorausgesetzt. Ein späteres Datum der Kündigung des Vertrags kann von dem Kunden in der Rücktrittserklärung angegeben werden. Die Berechnung einer Gebühr seitens der Bank hinsichtlich der Kündigung ist durch das Gesetz ebenfalls nicht vorgesehen.[377] Es ist zu beachten, dass die Regelungen des Art. 859 Pkt.1 ZGB zwingend sind. Dabei ist durch das Gesetz untersagt, das Recht des Kundens zur Kündigung durch vertragliche Vereinbarungen einzuschänken.[378] Mithin sind nicht nur die Vertragsbedingungen, die das Rücktrittsrecht des Kundens einschränken, sondern auch Gebührenvereinbarungen hinsichtlich der Kündigung nichtig.[379]

---

375 *Efimova*, Bankeinlagenvertrag und Bankkontovertag, S. 185; *Karapetov/Sarbasch*, Kommentar zu den Art. 807–860.15 ZGB, Art. 859, S. 706.

376 Beschluss des Obersten Arbitragegerichts der Russischen Föderation vom 19. März 2010 Nr. VAS-1307/10, NA40-50083 / 09-29-388.

377 *Karapetov/Sarbasch*, Kommentar zu den Art. 807-860.15 ZGB, Art. 859, S. 707.

378 *Karapetov/Sarbasch*, Kommentar zu den Art. 807-860.15 ZGB, Art. 859, S. 707.

379 *Karapetov/Sarbasch*, Kommentar zu den Art. 807-860.15 ZGB, Art. 859, S. 707; Anordnung des Plenums des Obersten Gerichtshofs der Russischen Föderation vom 22. November 2016 N 54, Art. 15.

bb) Kündigung durch die Bank

Ein einseitiges Kündigungsrecht der Bank ohne Begründungspflicht sieht das Gesetz nicht vor. Allerdings regelt Art. 859 ZGB die Gründe, bei denen eine Kündigung des Bankkontovertrags auf Initiative der Bank möglich ist. Hierbei widmen sich die Bedingungen des Art. 859 Pkt. 2 und 3 ZGB dem einseitigen Kündigungsrecht der Bank außerhalb eines gerichtlichen Verfahrens. Die Voraussetzungen für die Kündigung des Bankkontovertrags, auf Initiative der Bank, durch ein Gericht im Rahmen eines Verfahrens sind in Art. 859 Pkt. 4 ZGB gesondert geregelt.

Zunächst kann ein mit einer natürlichen Person abgeschlossener Bankkontovertrag laut Art. 859 Pkt. 2 ZGB auf Verlangen der Bank beim Nichtvorliegen des Geldmittels sowie Nichtvorhandensein von Operationen auf dem Konto im Zeitraum von zwei Jahren gekündigt werden.[380] Möglich ist, dieses Kündigungsrecht der Bank durch den Bankkontovertrag einzuschränken. Die Kündigung des Vertrags durch die Bank erfolgt durch die vorherige Benachrichtigung des Kundens in schriftlicher oder der im Vertrag vorgesehenen Form mit Einhaltung einer zweimonatigen Frist. Danach gilt der Bankkontovertrag nach Ablauf der zwei Monaten ab dem Tag der Zusendung der Benachrichtigung als gekündigt, wenn während dieses Zeitraums kein Geld auf dem Konto des Kundens eingegangen ist. Zu beachten ist, dass die Rechtswirkung der Benachrichtigung nach den allgemeinen Regelungen des Art. 165 Pkt. 1 ZGB über die Wirkung rechtsrelevanter Mitteilungen nicht ab dem Zeitpunkt der Zustellung der Mitteilung, sondern ab dem Zeitpunkt des Versands der Mitteilung durch die Bank eintritt.[381]

Darüber hinaus räumt das ZGB der Bank das Recht ein, den Bankkontovertrag in den durch das Gesetz festgelegten Fällen mit einer schriftlichen Benachrichtigung des Kundens zu kündigen (Art. 859 Pkt. 3 ZGB).[382] In

380 Der Bankkontovertrag mit Einzelunternehmer und juristische Personen kann laut Art. 859 Pkt. 2 ZGB auf Verlangen der Bank nur beim Nichtvorliegen der Operationen auf dem Konto während des im Vertrag vorgesehenen Zeitraums gekündigt werden. Jedoch muss dieser Zeitraum mindestens 6 Monate betragen.

381 *Karapetov/Sarbasch*, Kommentar zu den Art. 807-860.15 ZGB, Art. 859, S. 711.

382 So ist bspw. die Bank nach Art. 7 Pkt. 5.2, 11 des Föderalen Gesetzes über die »Bekämpfung der Geldwäsche und Terrorismusfinanzierung« zur Kündigung des Bankkontovertrags berechtigt, wenn dieser innerhalb eines Kalenderjahres mindestens zwei Tatsachengrundlagen zur Ablehnung des Zahlungsauftrags vorlag, die darauf beruhen, dass der Kunde die erforderlichen Informationen nicht rechtzeitig eingereicht hat. Dabei wird der Bankkontovertrag nach den Regeln des Art. 7 Pkt. 5.2 im Vergleich zu Pkt. 11 des Gesetzes aufgrund dessen gekündigt, dass bei der

diesem Fall gilt der Bankkontovertrag nach Ablauf von sechzig Tagen, ab dem Tag der Abgabe der Kündigungserklärung, durch die Bank und Zusendung an den Kunden als gekündigt (Art. 859 Abs. 3, S. 2 ZGB).

Schließlich sieht Art. 859 Pkt. 4 ZGB den Fall vor, dass der Bankkontovertrag auf Initiative der Bank durch ein Gericht gekündigt werden kann. Danach kann das Kreditinstitut einen Anspruch auf Kündigung des Bankkontovertrags vor Gericht geltend machen, wenn der Geldbetrag auf dem Konto des Kundens geringer ist, als der durch die untergesetzlichen Normativakte oder durch den Vertrag bestimmte Mindestbetrag, es sei denn, dass dieser Betrag binnen eines Monats ab dem Tag der Mahnung der Bank wiederhergestellt wird.

Ein weiterer Grund für die Kündigung des Bankkontovertrags auf Initiative des Kreditinstituts stellt der Fall dar, wenn keine Kontobewegung innerhalb eines Jahres erfolgt ist, soweit vertraglich nicht anderes bestimmt ist (Art. 859 Pkt. 4 ZGB). Zu beachten ist, dass durch Art. 859 Pkt. 4 ZGB genauso wie durch Art. 859 Pkt. 2 ZGB das Recht der Bank zur außerordentlichen Kündigung vorgesehen wird, wenn auf dem Konto des Kundens nicht ausreichend Geldmittel vorhanden sind und der Kunde innerhalb eines längeren Zeitraums keine Zahlungsvorgänge ausgelöst hat. Der Unterschied besteht darin, dass für die Kündigung des Bankkontovertrags auf Initiative der Bank gem. Art. 859 Pkt. 2 ZGB keine Klage vor Gericht erhoben werden muss, gleichwohl aber die in den Art. 859 Pkt. 2 und Pkt. 4 ZGB bestimmten Umstände während der zwei Jahren vorliegen müssen. Für die außerordentliche Kündigung der Bank gem. Art. 859 Pkt. 4 ZGB ist das Vorliegen dieser Umstände während eines Jahres ausreichend. Liegt einer der in Art. 859 Pkt. 4 ZGB bestimmten Gründen vor, kann die Bank ihren Anspruch auf Vertragskündigung vor Gericht geltend machen.[383]

cc) Rechtsfolgen der Kündigung

Die Kündigung des Bankkontovertrags stellt nach Art. 859 Pkt. 7 ZGB einen Rechtsgrund für die Schließung des Bankkontos dar. Die Einzelhei-

---

Durchführung des internen Kontrollverfahrens durch die Mitarbeiter des Kreditinstituts ein Verdacht aufgetreten ist, dass der Zahlungsvorgang zum Zwecke der Geldwäsche oder der Terrorismusfinanzierung ausgelöst worden ist. Mehr dazu: *Karapetov/Sarbasch*, Kommentar zu den Art. 807-860.15 ZGB, Art. 859, S. 712.

383 *Karapetov/Sarbasch*, Kommentar zu den Art. 807-860.15 ZGB, Art. 859, S. 718.

ten des Schließungsverfahrens des Bankkontos werden durch die Anleitung der Zentralbank[384] geregelt.

Darüber hinaus sieht Art. 895 Pkt. 5 ZGB die Verpflichtung der Bank gegenüber dem Kunden vor, den Restbetrag des Bankkontovertrags nach der Beendigung des Vertrags auszuzahlen. Die Bank kann diesen Betrag entweder mittels Bargeldes auszahlen oder nach Anweisung des Kunden, nach Zugang einer entsprechenden schriftlichen Erklärung auf ein anderes Bankkonto umbuchen. Dabei gilt die Frist von sieben Tagen nicht ab dem Zeitpunkt der Vertragsbeendigung, sondern ab dem Zeitpunkt, in dem die Erklärung des Kundens auf Auszahlung des Restbetrags der Bank zugegangen ist.[385] Im Falle des Nichterscheinens des Kundens zum Empfangen des Restbetrags bzw. bei Ausbleiben einer schriftlichen Erklärung hinsichtlich der Umbuchung auf ein anderes Konto verpflichtet sich die Bank, den Restbetrag auf ein Sonderkonto der Zentralbank der Russischen Föderation zu überweisen (Art. 859 Pkt. 6 ZGB). Dabei beträgt die Frist für die Vornahme dieser Handlungen sechzig Tage und beginnt ab dem Zeitpunkt der Absendung der Mitteilung über Kündigung des Bankkontovertrags seitens der Bank. Anzumerken ist, dass die Kündigung des Bankkontovertrags der Bank ab dem Zeitpunkt des Ablaufs der sechzig Tage nach Absendung der Kündigungserklärung erfolgt und der Restbetrag ab dem Zeitpunkt der Vertragsbeendigung und Schließung des Bankkontos auf das Sonderkonto der Zentralbank überwiesen werden muss.[386] Der Beginn der Frist für die Überweisung des Restbetrags an die Zentralbank Russlands im Falle der Kündigung des Bankkontovertrags seitens des Kunden oder durch Vereinbarung der Parteien bestimmt das ZGB hingegen nicht. Jedoch ist davon auszugehen, dass der Fristbeginn, genauso wie bei der einseitigen Kündigung durch die Bank, ab dem Zeitpunkt gerechnet werden soll, in dem der Bankkontovertrag als gekündigt gilt und die Schließung des Bankkontos erfolgt.[387]

384 Anleitung der Zentralbank der Russischen Föderation vom 30. Mai 2014 N 153-I.
385 *Karapetov/Sarbasch*, Kommentar zu den Art. 807-860.15 ZGB, Art. 859, S. 723.
386 *Karapetov/Sarbasch*, Kommentar zu den Art. 807-860.15 ZGB, Art. 859, S. 728.
387 *Karapetov/Sarbasch*, Kommentar zu den Art. 807-860.15 ZGB, Art. 859, S. 729.

4. Besonderheiten des Abschlusses des Bankkontovertrags mit Verwendung des elektronischen Zahlungsmittels

Der Begriff »elektronisches Zahlungsmittel« wird durch die Verabschiedung des Gesetzes »Über das nationale Zahlungssystem« legal definiert. Allerdings ist der Begriff für das russische Recht nicht neu. Erstmals erschien der Begriff »elektronisches Zahlungsmittel« in Art. 847 Pkt. 4 des ZGB[388],wonach durch Vertrag die Bestätigung der Verfügungsrechte über die auf dem Konto angelegten Gelder durch elektronische Zahlungsmittel und andere Dokumente bestimmt werden, mit denen ein Ersatz für die eigenhändige Unterschrift, Codes, Kennwörter und andere Mittel, die bestätigen, dass die Verfügung von einer dazu ermächtigten Person vorgenommen werden, statuiert wurde. Dabei war unter diesem Begriff ein in elektronischer Form erstelltes Zahlungsdokument zu verstehen.[389] Allerdings führte die rasante Entwicklung der Informationstechnologien im Bereich des bargeldlosen Zahlungsverkehrs und der damit verbundenen Zunahme der Zahlungen im Internet und mittels Bankkarten sowie die unzureichende rechtliche Regelung dieser Zahlungsmittel zu einer weiten Auslegung des Begriffs des elektronischen Zahlungsmittels. So wurde in der Literatur die Meinung vertreten, dass die Verfügungen über die Geldmittel sowohl mithilfe der elektronischen Zahlungsdokumente als auch unter Verwendung der verschiedenen Arten der Bankkarten oder anderen technischen Geräten oder Kommunikationsarten erfolgen könnte.[390]

Gemäß Art. 3 Pkt. 19 des Gesetzes »Über das nationale Zahlungssystem« wird ein »elektronisches Zahlungsmittel« als ein Mittel und (oder) eine Methode definiert, die dem Kunden eines Kreditinstituts ermöglicht, Aufträge zum Zwecke der Geldüberweisung innerhalb der anwendbaren Formen des bargeldlosen Zahlungsverkehrs unter Verwendung von Informations- und Kommunikationstechnologien, elektronischen Datenträgern, einschließlich Zahlungskarten und anderen technischen Geräten zu erstellen, zu verifizieren und zu übertragen. Durch die neue Definition wird der in Art. 847 Pkt. 3 ZGB festgelegte Begriff »elektronisches Zahlungsmittel«

388 Vgl. mit Art. 847 Pkt. 3 der Gesetzestext vor den Änderungen zum zweiten Teil des Zivilgesetzbuches der Russischen Föderation, die am 1. Juni 2018 in Kraft traten.

389 *Sergeev/Abramova*, Kommentar zum Zivilgesetzbuch der Russischen Föderation, Art. 847, S. 405; *Ivanov*, Der Begriff des elektronischen Zahlungsmittels in der russischen Gesetzgebung, S. 1.

390 *Ivanov*, Der Begriff des elektronischen Zahlungsmittels in der russischen Gesetzgebung, S. 1.

erweitert und dadurch alle bestehenden Mittel und Methoden, einschließlich der Zahlungskarten, die durch die Kreditinstitute dem Kunden auf der Grundlage eines Vertrages angeboten werden können, umfasst.[391]

Nach der Vornahme der Änderungen im ZGB[392] vom 1.06.2018 ist die Eröffnung eines Bankkontos unter der Bedingung der Verwendung eines elektronischen Zahlungsmittels zugelassen worden (Art. 846 Pkt. 3 ZGB). Weitere Bestimmungen über die Rechtsbeziehungen zwischen den Parteien bezüglich der Verwendung des elektronischen Zahlungsmittels im bargeldlosen Zahlungsverkehr enthält das ZGB jedoch nicht. Die Regulierung dieser Beziehungen, wie z.B. das Ausgabeverfahren des elektronischen Zahlungsmittels, dessen Verwendung und die damit verbundene Risikoverteilung unterliegen dem Gesetz »Über das nationale Zahlungssystem«. Hierbei legt Art. 845 Pkt. 3 ZGB fest, dass im Falle der Verwendung eines elektronischen Zahlungsmittels im Rahmen des Bankkontovertrags die Bestimmungen des Gesetzes »Über das nationale Zahlungssystem« den Normen des Kap. 45 des ZGB als lex specialis vorgehen.

In Art. 9 des Gesetzes »Über das nationale Zahlungssystem« befinden sich die Regelungen hinsichtlich der Durchführung von Zahlungen mittels elektronischen Zahlungsmittels. Danach erfolgt die Abwicklung der Zahlungen mit Einsatz von elektronischen Zahlungsmitteln nach Art. 9 Pkt. 1 des Gesetzes »Über das nationale Zahlungssystem« auf der Grundlage eines zwischen dem Kreditinstitut (sog. Geldtransferoperator) und dem Kunden abgeschlossenen Vertrags über die Nutzung eines elektronischen Zahlungsmittels. Allerdings enthält das zuvorgenannte Gesetz keine Vorschriften zur Definition dieses Vertrages oder zu den Anforderungen über dessen Zustandekommen. Die Vorschriften des Gesetzes »Über das nationale Zahlungssystem« regeln keinen neuen Vertragstypus, sondern legen nur fest, dass die Verwendung des elektronischen Zahlungsmittels zwischen den Parteien auf den Grundlagen eines zivilrechtlichen Vertrags basieren müssen. Dabei kann die Nutzung des elektronischen Zahlungsmittels bei der Durchführung der Zahlungen im Rahmen des Bankkontovertrags ver-

391 *Ivanov*, Der Begriff des elektronischen Zahlungsmittels in der russischen Gesetzgebung, S. 4.

392 Föderales Gesetz »Über die Änderung des Ersten und Zweiten Teils des Zivilgesetzbuches der Russischen Föderation und einiger Gesetzgebungsakte der Russischen Föderation« vom 26.07.2017 N 212-FZ. Am 1. Juni 2018 traten gemäß Artikel 2 des Föderalen Gesetzes Nr. 212-FZ vom 26.07.2017 die Änderungen des zweiten Teils des Zivilgesetzbuches der Russischen Föderation in Kraft.

einbart werden.[393] Da die Zahlungen mittels elektronischen Zahlungsmittel genauso wie die Zahlungen mittels Überweisung, Lastschrift usw. eine besondere Form der Durchführung von elektronischen Zahlungen darstellen, kann deren Verwendung auch im Rahmen des Bankkontovertrags vereinbart werden (Art. 847 Pkt. 5 ZGB).[394] Allerdings wird in der heutigen Bankpraxis die Verwendung des elektronischen Zahlungsmittels zwischen den Parteien regelmäßig in der Form eines Adhäsionsvertrags vereinbart. Anhand dieses Vertrags verpflichtet sich das Kreditinstitut dem Kunden das elektronische Zahlungsmittel zur Verfügung zu stellen und die Geldmittelüberweisungen unter Verwendung dieses Zahlungsmittels im Rahmen der geltenden Formen der bargeldlosen Verrechnungen durchzuführen und der Kunde hat dafür dem Kreditinstitut das im Vertrag vereinbarte Entgelt zu entrichten.[395] Dementsprechend kommt der Vertrag über die Nutzung des elektronischen Zahlungsmittels zum Zeitpunkt des Erhalts der Annahme seitens des Kundens zustande, welcher sich bereit erklärt, eine Vereinbarung zu den durch das Kreditinstitut vorformulierten Bedingungen abzuschließen. Adhäsionsverträge unterliegen dabei den allgemeinen Inhaltskontrolle gem. Art. 428 ZGB. Wird der Vertrag mit dem Verbraucher abgeschlossen, kommt zusätzlich die Inhaltskontrolle nach Art. 16 des Gesetzes »Über den Schutz der Verbraucherrechte« in Betracht.

Eine Besonderheit bei der Regulierung der Zahlungen unter Einsatz eines elektronischen Zahlungsmittels besteht darin, dass durch Art. 9 Pkt. 2 des Gesetzes »Über das nationale Zahlungssystem« das Recht des Kreditinstituts bestimmt wird, den Abschluss des Vertrags über die Nutzung eines elektronischen Zahlungsmittels zu schließen. Allerdings wird weder durch das Gesetz noch durch andere normative Akte der Russischen Föderation dahingehende Ablehnungsgründe geregelt. Nach der in der Literatur vertretenen Ansicht[396] schließt das Kreditinstitut mit seinem Kunden den Vertrag über die Nutzung eines elektronischen Zahlungsmittels, unter der Berücksichtigung aller Risiken der Verwendung dieses Zahlungsmittels durch den Kunden, ab. Allerdings sieht das Gesetz keine Regelungen zur Art und Weise der Durchführung einer Risikobewertung und die Bestim-

393 *Karapetov/Sarbasch*, Kommentar zu den Art. 807-860.15 ZGB, Art. 849, S. 602.

394 Beschluss des Präsidiums des Obersten Arbitragegerichts der Russischen Föderation vom 21 2010 N 2942/10.

395 *Abramova*, Elektronisches Zahlungsmittel als komplexes Objekt der zivilen Rechte, S. 3.

396 *Rjabova*, Kommentar zum Föderalen Gesetz »Über das nationale Zahlungssystem,« Art. 9, S. 100.

mung von Bewertungsmethoden wird hierbei den Banken und den anderen Kreditinstituten überlassen.[397] Da die Zahlungen mittels elektronischer Zahlungsmittel eine relevante Rolle in der heutigen Gesellschaft spielt, ist das Fehlen von gesetzlichen Bestimmungen hinsichtlich der Gründe zur Ablehnung eines Vertragsschlusses eine Beeinträchtigung der Rechte und Interessen potenzieller Kunden. Die Entscheidung über den Vertragsschluss hinsichtlich der Nutzung eines elektronischen Zahlungsmittels und dementsprechend über die Aushändigung eines elektronischen Zahlungsmittels ist ohne gesetzliche Anforderungen allein den Kreditinstituten überlassen. Als Lösung dieses Problems und zum Schutze der Interessen des Zahlers wäre vorzuschlagen, die gesetzlichen Anforderungen bezüglich der Ablehnungsgründe eines Vertrags über die Nutzung eines elektronischen Zahlungsmittels genau zu bestimmen. Alternativ könnte durch das Gesetz eine Ausnahme der Regelung des Art. 9 Pkt. 2 des Gesetzes »Über das nationale Zahlungssystem« für bestimmte elektronische Zahlungsmittel mit grundlegenden Funktionen (bspw. Zahlungskarte) eindeutig geregelt werden, wenn das Kreditinstitut zum Abschluss des Vertrags und Aushändigung des elektronischen Zahlungsmittels verpflichtet ist.

II. Pflichten der Parteien

Die gesetzliche Regulierung der Hauptpflichten der Parteien aus dem Bankkontovertrag findet sich in Art. 845-860 ZGB. Daneben werden die speziellen Pflichten der Partien sowie die vorvertraglichen und vertraglichen Informationspflichten der Parteien bezüglich der Zahlungen unter Einsatz eines elektronischen Zahlungsmittels, die auch die Grundlage für die Haftungsverteilung darstellen, durch das Gesetz »Über das nationale Zahlungssystem« geregelt.

Im Anschluss erfolgt zunächst die Erläuterung der Hauptpflichten der Parteien, um einen vollständigen Überblick über den Bankkontovertrag zu verschaffen. Danach erfolgten die Analyse und Darstellung der forschungsrelevanten speziellen Pflichten der Parteien in Bezug auf elektronische Zahlungsmittel.

397 *Rjabova*, Kommentar zum Föderalen Gesetz »Über das nationale Zahlungssystem,« Art. 9, S. 100.

1. Pflichten der Bank

a) Pflichten der Bank gem. Art. 845 ff. ZGB

Art. 845 Pkt. 1 ZGB regelt die folgenden Pflichten der Bank aus dem Bankkontovertrag: (1) die Annahme und Gutschrift der Geldbeträge, die auf das Konto, welches für den Kunden geöffnet wurde, eingegangen sind, (2) die Umbuchung und Auszahlung der entsprechenden Beträge im Auftrag des Kundens sowie (3) die Abwicklung anderer Zahlungsvorgänge für den Kunden. Dementsprechend ist die Bank nach Art. 845 Pkt. 1 ZGB und Art. 846. Pkt. 1 ZGB verpflichtet, ein Bankkonto für den Kunden zu eröffnen. Die Bank muss die Pflicht zur Eröffnung des Bankkontos nach Art. 846 Pkt. 1 ZGB bereits beim Vertragsabschluss erfüllen, währenddessen die Erfüllung der anderen Pflichten aus dem Bankkontovertrag während der gesamten Gültigkeitsdauer des Vertrags vorgesehen ist.[398] Die spezifischen Einzelheiten der Eröffnung eines Bankkontos durch die Kreditinstitute der Russischen Föderation werden durch die Anweisung der Zentralbank der Russischen Föderation vom 30.05.2014 N153-I »Über die Eröffnung und Schließung von Bankkonten, Einlagekonten und Depositenkonto« reguliert.

Darüber hinaus ist die Bank gem. Art. 845 Pkt. 1 ZGB in der Ausführung der Zahlungsaufträge des Kundens hinsichtlich der Umbuchungen und Auszahlungen der Geldmittel vom Konto sowie die Abwicklung anderer Zahlungsvorgänge verpflichtet. Hierbei ergibt sich aus der Vorschrift, dass die Arten der für die Kunden auszuführenden Zahlungsvorgänge nicht auf die Auszahlung und die Umbuchung der Geldmittel beschränkt ist. Die Bank verpflichtet sich vielmehr, die für das Konto alle durch das Gesetz, die untergesetzlichen Normativakte und die durch das Bankwesen üblichen Handelsbräuche vorgesehene Zahlungsvorgänge abzuwickeln, soweit nichts anderes von den Parteien im Bankkontovertrag vereinbart wurde (Art. 848 Pkt. 1 ZGB). Die Zahlungsvorgänge, die zur Abwicklung des Zahlungsverkehrs dienen, werden durch das Kapitel 46 ZGB »Verrechnungen« geregelt. In diesem Zusammenhang gehört die Ausführung der Zahlungen in der Form der Überweisungen, aufgrund eines Akkreditivs, Verrechnungen über Inkassobeträge sowie in anderen durch das Gesetz bestimmte Formen zu

398 *Rjabova*, Kommentar zum Föderalen Gesetz »Über das nationale Zahlungssystem,« Art. 9, S. 201.

den Pflichten der Bank aus dem Bankkontovertrag.[399] Die Bank erfüllt ihre Pflicht zur Umbuchung und Auszahlung der Geldmittel sowie zur Abwicklung anderer Zahlungsvorgänge nach Auftrag des Kundens unter Vorlage des entsprechenden Zahlungsdokuments (Art. 849, S. 2 ZGB). Die Art des durch den Kunden einzureichenden Zahlungsdokuments hängt von der ausgewählten Form der bargeldlosen Zahlung und des verwendeten Zahlungsmittels ab.[400] So erfolgt z.B. die Ausführung der Zahlung in der Form einer Überweisung unter Vorlage des Überweisungsauftrags (Art. 863 Pkt. 1 ZGB).

b) Vorvertragliche Pflichten der Bank bei dem Abschluss des Vertrags mit elektronischem Zahlungsmittel. gem. Art. 9 Pkt. 3 des Gesetzes »Über das nationale Zahlungssystem«

Das Gesetz »Über das nationale Zahlungssystem« sieht vor, dass die Bank den Zahler vor Abschluss des Vertrags über die Nutzung und Nutzungsbedingungen des elektronischen Zahlungsmittels zu informieren hat (Art. 9 Pkt. 3 des Gesetzes »Über das nationale Zahlungssystem«). Dabei sind insbesondere die sichersten Verwendungsmethoden, die relevanten Beschränkungen sowie die möglichen Fälle, in denen ein erhöhtes Risiko des Missbrauchs des elektronischen Zahlungsmittels besteht, mitzuteilen. Eine detaillierte Aufzählung der zu erteilenden Informationen enthält das Gesetz jedoch nicht. Aus dem Wortlaut des Art. 9 Pkt. 3 des Gesetzes kann abgeleitet werden, dass die Bank im Wesentlichen dem Zahler über die technischen Besonderheiten der sicheren Verwahrung und der Nutzung des Zahlungsmittels zu informieren hat. Durch den Brief Nr. 172-T der Zentralbank Russland vom 14.12.2012 »Empfehlungen zur Anwendung von Artikel 9 des föderalen Gesetzes »Über das nationale Zahlungssystem« wurde versucht, die Regelungen des Art. 9 Pkt. 3 ZGB zu konkretisieren und zu ergänzen. Dabei kann die Bank dem Zahler laut des Briefs der Zentralbank die folgenden, im Gesetz nicht ausdrücklich festgestellten Informationen, mitteilen: die Information über Maßnahmen zur sicheren Verwendung elektronischer Zahlungsmittel, über die zusätzlichen Maßnahmen und Ein-

---

399 *Braginsky/Vitrjanskij*, Vertragsrecht, Bankeinlagenvertag und Bankkontovertrag, 5. Buch, Band 2, 2006, S. 218; *Sarbasch*, Vereinbarung über Bankkonten: Probleme der Doktrin und der Gerichtspraxis, S. 58.

400 *Efimova*, Bankeinlagenvertrag und Bankkontovertag, S. 275.

schränkungen bei der Verwendung eines elektronischen Zahlungsmittels, über die Art und Weise der Erfüllung der Mitteilungspflicht der Bank über jede Zahlung unter Einsatz des elektronischen Zahlungsmittel sowie solche Informationen über die Haftung der Parteien.[401] Zusätzlich zu den in Art. 9 Pkt. 3 des Gesetzes festgelegten Informationen hat die Zentralbank vorgeschlagen, auch die Informationen über die Mitteilungspflicht sowie über die Haftung der Parteien kundzutun. Es sei darauf hinzuweisen, dass die Zentralbank Russlands in ihrem Brief jedoch nur das Recht und keine Pflicht der Bank festlegt, in dem Gesetz » Über das nationale Zahlungssystem« nicht enthaltene, zusätzliche Informationen zu erteilen. Neben dem Fehlen einer detaillierten Bestimmung des Inhalt, enthält Art. 9 Pkt. 3 des Gesetzes ebenso keine Bestimmungen zur Art und Weise der Weitergabe der Information. Jedoch kommen in diesem Sinne die Regelungen des Art. 5 Pkt. 12 des Gesetzes »Über das nationale Zahlungssystem« in Betracht, die der Bank die Verpflichtung auferlegt, dem Kunden vor der Durchführung der Zahlung die Information über die Bedingungen der Durchführung mittels elektronischen Zahlungsmittels in einer für den Zahler zugänglichen Form zu erteilen.[402] Was unter »zugänglicher Form« zu verstehen ist, soll durch das Gericht unter Berücksichtigung des Einzelfalls bestimmt werden.[403] In praxi wird die vorvertragliche Informationspflicht der Bank seitens der Gerichte als erfüllt anerkannt, wenn die Bank die Information zur Nutzung des elektronischen Zahlungsmittels auf ihrer Website oder auf Informationstafeln veröffentlicht.[404] Eine Ausnahme dazu können solche Fälle darstellen, in denen bei der Zurverfügungstellung der Bedingungen eine zu kleine Schriftgröße verwendet wird.[405]

Anhand der dargelegten Rechtslage hinsichtlich der vorvertraglichen Informationspflichten der Kreditinstitute in Bezug auf Zahlungen mittels elektronischen Zahlungsmittel ergibt sich, dass infolge der allgemeinen

---

401 *Rjabova*, Kommentar zum Föderalen Gesetz »Über das nationale Zahlungssystem«, Art. 9, S. 101.

402 *Mikoni*, Die vorvertragliche Informationspflicht der Bank beim Abschluss eines Vertrages über die Nutzung einer Zahlungskarte mit einem Verbraucher, 2017, S. 7.

403 *Mikoni*, Die vorvertragliche Informationspflicht der Bank beim Abschluss eines Vertrages über die Nutzung einer Zahlungskarte mit einem Verbraucher, 2017, S. 7.

404 Beschluss des 9. Arbitrage- Berufungsgericht vom 10.02.2016 Nr. A40-122806/2015, Beschluss des 9. Arbitrage-Berufungsgericht von 23.10.2012 Nr. A40-30340/12-79-281.

405 *Mikoni*, Die vorvertragliche Informationspflicht der Bank beim Abschluss eines Vertrages über die Nutzung einer Zahlungskarte mit einem Verbraucher, S. 7; Beschluss des 7, Arbitrage- Berufungsgericht vom 28.12.2015 N A27-14213/2015.

Formulierungen der gesetzlichen Anforderungen bezüglich der vorvertraglichen Informationspflichten der Kreditinstitute sowie wegen des Mangels der richterlichen Auslegung des Art. 9 Pkt. 3 des Gesetzes »Über das nationale Zahlungssystem«, die Bestimmung des Inhalts sowie die Art und Weise der Weitergabe dieser Information seitens des Gesetzgebers sowie der Zentralbank Russlands nunmehr den Kreditinstituten überlassen wird. Dies kann jedoch in der Praxis zur Beeinträchtigung der Rechte des Zahlers, insbesondere des Verbrauchers, führen, da diese die im Einzelfall auf der Website des Kreditinstituts veröffentlichten Informationen nicht wahrnehmen und dementsprechend das Nutzungsrisiko des elektronischen Zahlungsmittels nicht einschätzen können. Dementsprechend könnte der Mangel der nicht vorhandenen Regelung von detaillierten Anforderungen hinsichtlich der Informationspflichten der Bank sowie die nicht ausreichende Auslegung des Art. 9 Pkt. 3 des Gesetzes »Über das nationale Zahlungssystem« potenziell die Erhöhung des Missbrauchsrisikos zur Folge haben, da der Zahler keine ausreichende Information zum Zahlungsmittel bzw. dessen Verwendung erhält. Dies widerspricht dem Sinn und Zweck des Gesetzes »Über nationales Zahlungssystem« und insbesondere dem Art. 9 des Gesetzes, da die Norm auf die Verhinderung bzw. Minimierung des Risikos der missbräuchlichen Verwendung des elektronischen Zahlungsmittels abzielt.

c) Pflichten der Bank bei der Durchführung der Zahlungen mittels elektronischen Zahlungsmittels

Nach Art. 9 Pkt. 4 des Gesetzes »Über das nationale Zahlungssystem« hat das Kreditinstitut den Zahler über jede Zahlung, die unter Einsatz eines elektronischen Zahlungsmittels ausgelöst wird, zu informieren. Die Mitteilungspflicht der Bank hinsichtlich der Abwicklung solcher Zahlungen, die durch den Zahler unter Einsatz des elektronischen Zahlungsmittels ausgelöst wurden, ist für die Verteilung des Haftungsrisikos in den Missbrauchsfällen von zentraler Bedeutung, da die Nichterfüllung dieser Verpflichtung die Haftung der Bank gemäß Art. 9 Pkt. 14 des Gesetzes »Über das nationale Zahlungssystem« für solche Zahlungen ohne die Zustimmung des Zahlers zur Folge hat.[406] Praktische Bedeutung zeichnet sich

406 Ausführlicher dazu unter §3 B II.

bei der Frage ab, ob die Bank jede einzelne Zahlung unverzüglich (bspw. per SMS, Email usw.) mitzuteilen hat oder die bloße Zurverfügungstellung der Information (bspw. im Bank-Kundensystem) für die Erfüllung dieser Verpflichtung ausreichend ist. Art. 9 Pkt. 4 des Gesetzes überlässt den Parteien die Bestimmung, in welchem Zeitpunkt die Mitteilung erfolgen muss. Dies wurde durch den Brief der Zentralbank Russlands »Zu den Empfehlungen über die Anwendung des Art. 9 des Gesetzes »Über das nationale Zahlungssystem«[407] bestätigt. Das Kreditinstitut ist laut dem Brief der Zentralbank Russlands verpflichtet, je nach den Bedingungen des zwischen den Parteien abgeschlossenen Vertrags über die Nutzung des elektronischen Zahlungsmittels und nach der Einschätzung aller Risiken jedes verfügbaren Mittels, den Zahler in elektronischer und/oder in Papierform darüber zu informieren.[408] Dementsprechend kann davon ausgegangen werden, dass eine Vereinbarung der Parteien über die Mitteilung des Zahlers in Form der Zurverfügungstellung zur Erfüllung der Mitteilungspflicht der Bank ausreichend ist.[409]

Eine weitere Frage bezüglich der Mitteilungspflicht der Bank bezieht sich auf den Zeitpunkt der Erteilung der Mitteilung seitens der Bank, nämlich ob die Mitteilung vor oder nach der Ausführung der Zahlung unter Einsatz des elektronischen Zahlungsmittels erteilt werden muss. In der Rechtsprechung wird die Meinung vertreten, dass die Mitteilung bei mangelnender Vereinbarung der Parteien gegenüber dem Zahler stets unverzüglich erfolgen muss. Dabei ist der Versand der monatlichen Kontoauszüge an den Zahler nicht als unverzügliche Mitteilung im Sinne des Art. 9 Pkt. 4 des Gesetzes »Über das nationale Zahlungssystem« anzusehen. Dies rührt daher, da die »Kontoauszüge erst nach der Ausführung des Zahlungsauftrags eingereicht werden und dadurch die Zustimmung des Zahlers hinsichtlich des Zahlungsauftrags nicht festgestellt werden kann«.[410] Die Gegenmeinung zu diesem Ansatz stellt die durch ein anderes

407 Brief Nr.172-T-P »Zu den Empfehlungen über die Anwendung der Art.9 des Gesetzes »Über das nationale Zahlungssystem«« vom 14.12.2012.

408 Brief Nr.172-T-P »Zu den Empfehlungen über die Anwendung der Art.9 des Gesetzes »Über das nationale Zahlungssystem«« vom 14.12.2012, S. 2.

409 *Karapetov/Sarbasch*, Kommentar zu den Art. 807-860.15 ZGB, 2019, Art. 856, S. 669.

410 Beschluss des 15. Arbitrage - Berufungsgerichts vom 26. Februar 2015, N 5AP-22175/2014, NA53-21833/2014.

Gericht vertretene Ansicht dar[411]. Darin wird festgelegt, dass die Mitteilung des Kreditinstituts nach der Ausführung des Zahlungsauftrags zu erfolgen hat, es sei denn, es wurde im Vertrag zwischen Kreditinstitut und Zahler etwas anderes vorgesehen. Dabei stellt die Einreichung der Mitteilung nach der Ausführung des Zahlungsauftrags nach Ansicht des Gerichts keinen Verstoß gegen Art. 9 Pkt. 4 des Gesetzes »Über das nationale Zahlungssystem« dar.[412] Letzterer Ansicht ist dabei zuzustimmen. Es ergibt sich nach der Auslegung des Wortlauts des Art. 9 Pkt. 4 des Gesetzes »Über das nationale Zahlungssystem«, der »die Pflicht zur Mitteilung über die Abwicklung der Zahlung unter Einsatz von elektronischen Zahlungsmitteln« festlegt, dass der Gesetzgeber die nachträgliche Mitteilungspflicht der Bank hinsichtlich der durchgeführten Zahlungen und keine Voraussetzung zur Durchführung des Zahlungsauftrags beabsichtigt. Dafür sprechen auch die Bestimmungen des Art. 4 Pkt. 7 der Verordnung »Über die Abwicklung der Geldmittelüberweisungen«. Dabei kann die Durchführung des Vertrags durch das Kreditinstitut entweder mit einer Mitteilung an den Zahler in elektronischer Form über die Belastung des Kontos oder mittels Erteilung des ausgeführten Zahlungsauftrags an den Zahler in elektronischer Form mit Eingabe des Datums der Ausführung bestätigt werden (Art. 4 Pkt. 7 der Verordnung »Über die Abwicklung der Geldmittelüberweisungen«). Dementsprechend lässt sich aus dieser Norm entnehmen, dass es bei der in Art. 9 Pkt. 4 des Gesetzes »Über das nationale Zahlungssystem« um eine Verpflichtung zur Mitteilung zum Zeitpunkt nach Ausführung der Zahlung handelt.

Neben der Mitteilungspflicht der Bank wird durch Art. 9 des Gesetzes »Über das nationale Zahlungssystem« dem Kreditinstitut ebenso die Gewährleistung der Anzeigemöglichkeit für den Zahler bei Verlust oder missbräuchlicher Verwendung des elektronischen Zahlungsmittels auferlegt. Denn das Kreditinstitut ist gem. Art. 9 Pkt. 5 des Gesetzes verpflichtet, dem Zahler eine Möglichkeit zu gewährleisten, damit er dem Kreditinstitut über den Verlust oder die missbräuchliche Verwendung des elektronischen Zahlungsmittels gem. Art. 9 Pkt. 11 des Gesetzes informieren kann. Den Kreditinstituten wird dabei durch die Zentralbank Russlands empfohlen,

411 Beschluss des Arbitragegerichts des Moskauer - Bezirks vom 21. Dezember 2015 N F05-17888 / 2015, N A40-178638/2014; Beschluss des Arbitragegerichts des Moskauer - Bezirks vom 29. September 2015 N F05-13186 /2015, N A40-178644/2014.

412 *Rjabova*, Kommentar zum Föderalen Gesetz »Über das nationale Zahlungssystem« Art. 5, S. 102.

die Methoden und das Verfahren des Informationsaustausches mit den Kunden nach Einschätzung der Risiken selbst zu bestimmen, damit der Zahler seiner Informationspflicht aus Art. 9 Pkt. 11 des Gesetzes »Über das nationale Zahlungssystem« nachkommen kann.[413] In der Praxis wird das Verfahren der Gewährleistung eines Meldesystems durch den Vertrag zwischen den Parteien geregelt. Dabei handelt sich um eine Telefonnummer, die dem Zahler zur Erteilung der Information über den Verlust und/oder missbräuchlichen Verwendung des elektronischen Zahlungsinstruments zur Verfügung gestellt wird.

2. Pflichten des Zahlers

a) Pflichten des Zahlers aus Art. 851 ZGB

Art. 845 Pkt. 1 ZGB regelt nur die Pflichten der Bank, nicht hingegen die Pflichten des Zahlers. Allerdings gehört der Bankkontovertrag zu den gegenseitigen Verträgen und deshalb entstehen gleichwohl Rechte und Pflichte beider Vertragsparteien. Die Pflicht des Kontoinhabers aus dem Bankkontovertrag besteht im Wesentlichen im Ersatz von Aufwendungen, welche für die Bank für die Ausführung der Zahlungsvorgänge anfallen (Art. 851 ZGB). Hierbei muss der Kunde laut Art. 851 Pkt. 1 ZGB in den durch den Bankkontovertrag bestimmten Fällen die Dienstleistungen der Bank für die Ausführung der Zahlungsvorgänge mit Geldmitteln vergüten. Anhand der Norm lässt sich feststellen, dass die Vereinbarung des Entgelts für die Ausführung der Transaktionen nur mit Geldmitteln vereinbart werden darf. Allerdings erbringt die Bank im Rahmen des Bankkontovertrags ebenfalls andere Dienstleistungen, wie z.B. die Führung des Bankkontos, die Unterrichtung des Kundens über den Kontostand sowie die auf dem Konto durchgeführten Transaktionen und andere Bankdienstleistungen, die im Bankkontovertrag vereinbart werden können. Jedoch enthält das ZGB keine weiteren Bestimmungen, die die Vereinbarung des Entgelts für die anderen Bankdienstleistungen ermöglichen. Infolgedessen stellt sich die Frage, ob für diese Bankdienstleistungen ein Entgelt vereinbart werden darf. Diese Frage wird weder von der Literatur noch von der Gerichtspraxis eindeutig beantwortet. Nach dem Grundsatz der Vertragsfreiheit, welcher

413 Brief Nr.172-T-P »Zu den Empfehlungen über die Anwendung der Art. 9 des Gesetzes »Über das nationale Zahlungssystem«« vom 14.12.2012, S. 3.

in Art. 421 ZGB kodifiziert ist, steht es den Vertragsparteien frei, die durch das Gesetz oder sonstige Rechtsakte bestimmten oder nicht bestimmten Verträge oder gemischten Verträge[414] abzuschließen sowie die Vertragsbedingungen selbst zu gestalten. Dementsprechend ist anzunehmen, dass die Vertragsparteien im Bankkontovertrag die Erbringung anderer durch das Gesetz zulässiger Dienstleistungen und ein entsprechendes Entgelt vereinbaren können.[415] Bei der Vereinbarung des Entgelts im Bankkontovertrag handelt sich um dispositives Recht, die Parteien können folglich den Bankkontovertrag auch ohne Verpflichtung zur Vergütung abschließen. Die Höhe des Entgelts für die Bankdienstleistungen wird in der Regel durch den Bankkontovertrag bestimmt. Wenn der Entgeltbetrag durch den Bankkontovertrag nicht festgelegt wird, finden die allgemeinen Regeln des Art. 424 ZGB über den Preis des Vertrags Anwendung.[416] Daraus folgt, dass für die Bankdienstleistungen der Preis zu zahlen ist, der unter vergleichbaren Umständen gewöhnlich für gleiche Dienstleistungen verlangt wird.[417]

b) Die Pflichten des Zahlers bei der Durchführung der Zahlungen mittels elektronischen Zahlungsmittels

Auch für den Zahler werden durch die speziellen Vorschriften des Gesetzes »Über das nationale Zahlungssystem« Pflichten vorgesehen, wenn eine Zahlung mittels elektronischen Zahlungsmittels erfolgt ist. Dabei ist der Zahler nach Art. 9 des Gesetzes verpflichtet, der Bank den Verlust des elektronischen Zahlungsmittels und/oder dessen missbräuchliche Verwendung mitzuteilen. Die Mitteilung soll unverzüglich, jedoch spätestens einen Tag nachdem die Bank die Mitteilung über den abgewickelten Zahlungsvorgang erteilt hat, erfolgen. Der Begriff »Verlust« im Sinne des Art. 9 Pkt. 11 des Gesetzes »Über das nationale Zahlungssystem« entspricht dem Begriff »Abhandekommen« im deutschen Recht, weil durch die Gerichte im Streitfall stets bei allen Arten des Abhandekommens eines elektronischen Zahlungsmittels (Verlust oder Diebstahl der Zahlungskarten) die Bestimmun-

414 Ein gemischter Vertrag ist nach Art. 421 Pkt. 3 ZGB stellt ein Vertrag dar, der Bestandteile verschiedener durch das Gesetz oder sonstige Rechtakte bestimmter Verträge enthält.

415 *Karapetov/Sarbasch*, Kommentar zu den Art. 807-860.15 ZGB, Art. 851, S. 638.

416 *Karapetov/Sarbasch*, Kommentar zu den Art. 807-860.15 ZGB, Art. 851, S. 638.

417 *Karapetov/Sarbasch*, Kommentar zu den Art. 807-860.15 ZGB, Art. 851, S. 638.

gen der Art. 9 Pkt. 11 des Gesetzes »Über das nationale Zahlungssystem« zitiert werden.[418] Die Anzeige der missbräuchlichen Verwendung im Sinne des Art. 9 Pkt. 11 des Gesetzes ist anhand der Analyse von Gerichtsentscheidungen so zu verstehen, dass der Zahler unverzüglich nach dem Erhalt der Mitteilung über die durchgeführte Transaktion das Kreditinstitut informieren muss, wenn er diese Zahlung nicht ausgelöst hat.[419] Hierbei werden die Fälle erfasst, in denen die missbräuchliche Verwendung infolge des Abhandekommens der Daten des »Bank-Kunde« System (Online-Banking) erfolgt ist. Allerdings ist eine Auslegung sowie eine Differenzierung dieser Begriffe durch die Gerichte nicht gegeben. Zur Art und Weise der Erteilung der Anzeige enthält das Gesetz keine Bestimmung. Somit erfolgt mittels Parteienvereinbarung. Diese Verpflichtung des Zahlers korrespondiert mit der Verpflichtung des Kreditinstituts zur Gewährleistung einer Möglichkeit des Zahlers zur unverzüglichen Mitteilung gem. Art. 9 Pkt. 5 des Gesetzes »Über das nationale Zahlungssystem«. Mithin sind im Vertrag zwischen den Parteien bei der Vereinbarung der Art und Weise der Mitteilung die Anforderung des Gesetzes zur Unverzüglichkeit zu beachten. In der Praxis wird die Möglichkeit zur Mitteilung mittels Telefonnummer oder mittels »Bank-Kunde« System durch die Parteien bestimmt.

Neben der Anzeigepflicht der Bank aus Art. 9 Pkt. 15 des Gesetzes »Über das nationale Zahlungssystem« ergibt sich eine weitere Pflicht des Zahlers, die darin besteht, dass dieser die Nutzungsbedingungen des elektronischen Zahlungsmittels einzuhalten hat. Diese Verpflichtung des Zahlers wird nicht ausdrücklich im Gesetz »Über das nationale Zahlungssystem« bestimmt, sondern als Haftungsauschluss für die Bank im Falle der Durchführung der Zahlung ohne Zustimmung des Zahlers geregelt. Denn die Haftung ist gem. Art. 9 Pkt. 15 des Gesetzes ausgeschlossen, wenn gegen die Nutzungsbedingungen des elektronischen Zahlungsmittels verstoßen wurde.[420] Die Nutzungsbedingungen befinden sich in der Regel im Vertrag über die Nutzung des elektronischen Zahlungsmittels. Als ein Verstoß gegen diese Nutzungsbedingungen einzuordnen sind bspw. die Fälle, in denen der Zahler seine Bankkartendaten, einschließlich CVC-Code, an

418 Beschluss des 2. Kassationsgerichts der ordentlichen Gerichtsbarkeit vom 19.05.2020 Nr. 88-13259/2020, N 2-1994/2019; Urteil des Ersten Kassationsgerichtshofs der allgemeinen Gerichtsbarkeit vom 30.09.2020 N 88-20403/2020.

419 Beschluss des 3. Kassationsgerichts der ordentlichen Gerichtsbarkeit vom 03.08.2020, Nr. 88-11659/2020; Beschluss des 3. Kassationsgerichts vom 29.07.2020, Nr. 88-12914/2020.

420 Ausführlicher dazu unter § 3 B II 3.

einen Dritten weitergibt oder wenn die Bankkartendaten einschließlich PIN-Code am selben Ort aufbewahrt werden.[421] Ob ein Verstoß bei jedem einzelnen Vorgang vorliegt, wird durch die Gerichte unter Berücksichtigung des Einzelfalls entschieden.

C. Rechtsvergleichende Würdigung der vertraglichen Grundlage der zivilrechtlichen Haftung im deutschen und russischen Recht.

I. Zahlungsvertrag und vorvertragliche Informationspflichten im deutschen und russischen Recht

Die zivilrechtlichen Verhältnisse zwischen der Zahlungsdienstleister bzw. Kreditinstitute und der Zahlungsdienstnutzer sowie die Haftung der Parteien bestimmen sich sowohl in Deutschland als auch in Russland auf Grundlage der zivilrechtlichen Verträge. Die gesetzliche Regulierung der Rechtsverhältnisse werden im deutschen Recht im Vergleich zum russischen Recht einheitlich durch die §§ 675-676c BGB geregelt, die auf alle Formen der bargeldlosen Zahlungen Anwendung finden. Trotz des Versuchs des russischen Gesetzgebers durch den Erlass des neuen speziellen Gesetzes »Über das nationale Zahlungssystem« eine einheitliche Regulierung für alle Arten der Zahlungen mittels innovativen Zahlungsinstrumente zu schaffen, bestehen im russischen Recht weiterhin die parallelen zivilrechtlichen Rechtsnormen, die auf die Verhältnisse zwischen den Parteien Anwendung finden. Wenn ein Zahlungsdienst in elektronischer Form ausgeführt wird, sollen alle speziellen Anforderungen des Gesetzes »Über das nationale Zahlungssystem« unabhängig von der Form der Zahlung gelten. Parallel dazu gelten die im ZGB schon bestehenden allgemeinen Regelungen zum Bankkontovertrag, die die Rechtverhältnisse zwischen den Kreditinstituten und dem Zahler regeln, sowie weiterhin die Regelungen zur Durchführung der einzelnen Arten der Zahlungen.

Das Gesetz »Über das nationale Zahlungssystem« im russischen Recht legt weiterhin fest, dass die Durchführung der Zahlungen mittels elektronischem Zahlungsmittel auf der Grundlage eines zivilrechtlichen Vertrag erfolgen muss. Dabei wird ein neuer Vertragstypus mit einer gesonderten Regulierung nicht geschaffen. In der Praxis wird zusätzlich zu dem Bankkontovertrag, welcher allgemeine Rechte und Pflichten festlegt, ein

421 *Karapetov/Sarbasch*, Kommentar zu den Art. 807-860.15 ZGB, Art. 856, S. 667.

Adhäsionsverträge abgeschlossen. Diese bestimmen wiederum die Rechte und Pflichten der Parteien bezüglich des entsprechenden Zahlungsinstruments. Die Vertragsbedingungen gehen dabei von den Kreditinstituten aus, unterliegen jedoch der Inhaltskontrolle gem. Art. 428 Pkt.2 ZGB. Auch im deutschen Recht ist grundsätzlich eine ähnliche Rechtslage festzustellen. Die Regulierung der Rechtsverhältnisse wird durch die von dem Zahlungsdienstleister gestellten AGB ergänzt, die ebenfalls einer gerichtlichen Inhaltskontrolle unterliegen. Somit lässt sich festhalten, dass die vertraglichen Beziehungen zwischen den Parteien nach dem Recht der beiden berücksichtigten Rechtsordnungen überwiegend nach allgemeinen Vertragsrecht geregelt werden.

Sowohl der Zahlungsdiensterahmenvertrag als auch der Bankkontovertrag begründen trotz verschiedener Formulierung jeweils die Verpflichtung des Zahlungsdienstleisters einerseits zur Ausführung der Zahlungsvorgänge für den Zahler und andererseits zur Eröffnung und Führung eines Zahlungs-/Bankkontos (§ 675f Abs. 1 BGB, Art. 845 ZGB). Der Zahler wird dabei verpflichtet das für die Erbringung des Zahlungsdienstes vereinbarte Entgelt zu entrichten (§ 675f Abs. 5 BGB, Art. 851 ZGB). In beiden Rechtsordnungen handelt es sich um dispositives Recht, da die Parteien durch den Vertrag die Unentgeltlichkeit der Dienste vereinbaren können. Das Zustandekommen des Zahlungsdiensterahmenvertrags im deutschen Recht als auch des Bankkontovertrags im russischen Recht unterliegt den allgemeinen Grundsätzen des Zivilrechts und erfolgt durch Einigung der Parteien, namentlich durch Angebot und Annahme. Allerdings kommt der Zahlungsdiensterahmenvertrag im deutschen Recht durch die Einigung der Parteien über die essentiala negotii zustande, wobei die Parteien grundlegend über den Vertragsgegenstand, die Vertragsparteien und Vergütung zugestimmt haben müssen. Für den Abschluss des Bankkontovertrags müssen die Parteien nach allgemeinem russischem Vertragsrecht eine Einigung über die wesentlichen Vertragsbedingungen erreicht haben. Allerdings ist der Begriff »wesentliche Vertragsbedingungen« weiter gefasst als essentiala negotii, und kann zusätzlich die Vertragsbedingungen erfassen, die durch Gesetze oder andere Rechtsakte als wesentlich bezeichnet sind. Daraus können in der Praxis die negativen Konsequenzen resultieren, dass das Zustandekommen des Vertrages vom Nichtvorliegen einer ganzen Reihe an Bedingungen gehindert wird. Aus diesem Grund wird durch die Literatur und Rechtsprechung teilweise akzeptiert, dass die wesentlichen Bedingungen des Bankkontovertrags grundsätzlich den Vertragsgegenstand, also die Hauptleistungspflichten der Parteien, umfassen soll. Demzufolge werden auch im russischen Recht die wesentlichen Vertragsbedingungen mehr als essentiala negotii und weniger als durch die Gesetze und Rechtsakte bestimmte Vertragsbedingungen angesehen. Allerdings bleibt eine einheitliche Lösung und Bestimmung hinsichtlich der wesentlichen Bestandteile im russischen Recht umstritten. Wünschenswert wäre es, diese Frage gesetzlich präziser zu regeln, damit die Rechtsunsicherheit für den Zahler, und insbesondere für den Verbraucher, vermieden wird.

Eine besondere Form des Abschlusses eines Zahlungsdiensterahmenvertrags oder Bankkontovertrags ist wegen der Vorschriften der §§ 675c ff BGB und Kap. 45 ZGB nicht erforderlich. Allerdings werden beide Verträge im Rahmen der Geschäftspraxis in Schriftform abgeschlossen. Obwohl kein Kontrahierungszwang der Bank zum Abschluss des Zahlungsdiensterahmenvertrags durch die §§ 675ff. BGB vorgesehen ist, ist die Bank zum Abschluss des sog. Basiskontos mit grundlegenden Funktionen, nämlich der Möglichkeit der Barein- und -auszahlung, der Überweisung, Lastschrift sowie der Zahlungen unter Einsatz der Zahlungskarten, grundsätzlich verpflichtet. Auch im russischen Recht kann die Bank auf den Abschluss des Bankkontovertrags grundsätzlich nicht verzichten. Allerdings ist das Kreditinstitut, anders als im deutschen Recht, im russischen Recht zur Verweigerung des Abschlusses eines Vertrags über die Nutzung des elektronischen Zahlungsmittels bzw. der Vereinbarung einer solchen Abrede im Rahmen des Bankkontovertrags berechtigt. Im deutschen Recht begründet allein der Abschluss des Zahlungsdiensterahmenvertrags noch nicht die Pflicht zur Aushändigung eines Zahlungsinstruments, bspw. der Zahlungskarten und benötigt einen gesonderten Vertrag oder eine entsprechende Abrede im Rahmen des Zahlungsdiensterahmenvertrags zwischen den Parteien.[422] Allerdings gehören die Zahlungen mittels Zahlungskarte auch zu den grundlegenden Funktionen, die dem Zahler im Rahmen des Basiskontovertrags in der Regel zur Verfügung gestellt werden müssen. Dies ist in Russland dagegen nicht der Fall, da durch das Gesetz keine Ausnahmen von dem Verweigerungsrecht gem. Art. 9 Pkt. 2 des Gesetzes »Über das nationale Zahlungssystem« zugelassen sind. Darüber hinaus werden die Ablehnungsgründe weder durch das Gesetz »Über das nationale Zahlungssystem« noch anhand anderer normativer Akte geregelt. Dementsprechend wird die Ablehnung des Vertragsschlusses mangels gesetzlicher Regulierung nach Einschätzung aller Risiken allein den Kreditinstituten überlassen. Da Zahlungen mittels elektronischer Zahlungsmittel, insbesondere

422 *MüKo-BGB/Casper*, 8. Aufl., § 675f, Rn. 30.

mittels Zahlungskarten, oder die Erteilung der Zahlungsaufträge mittels dem »Bank-Kunde« System zu den grundlegenden Bezahlmöglichkeiten in Russland gehören, kann das Fehlen gesetzlicher Anforderungen hinsichtlich der Ablehnung des Vertrags über die Nutzung eines elektronischen Zahlungsmittels erheblichen Beeinträchtigungen von potenziellen Kunden Tür und Tor öffnen. In diesem Fall wäre eine detaillierte Regulierung der Ablehnungsgründe der Bank gem. Art. 9 Pkt. 2 des Gesetzes »Über das nationale Zahlungssystem« zum Schutz des Zahlers vorzuschlagen, dessen Rechte durch einseitige Entscheidung des Kreditinstituts hinsichtlich der Ablehnung der Zurverfügungstellung eines Zahlungsinstruments wesentlich beeinträchtigt werden können.

Die Änderung der Verträge zwischen dem Zahlungsdienstleister und dem Zahler erfolgt sowohl in Deutschland als auch in Russland aufgrund der Parteivereinbarung. Im deutschen Recht wird dabei eine Änderung des Zahlungsdiensterahmenvertrags durch die speziellen Vorschriften des § 675g BGB geregelt, während im russischen Recht die Änderung des Bankkontovertrags den allgemeinen Vorschriften des Zivilrechts über die Vertragsänderung gem. Art. 310, 450-453 ZGB unterliegt. Für das Wirksamwerden der Vertragsänderungen auf Initiative des Zahlungsdienstleisters hat der deutsche Gesetzgeber eine gesetzliche Frist von mindestens zwei Monaten bestimmt, die von den Parteien des Zahlungsdiensterahmenvertrag einzuhalten sind. Eine vergleichbare gesetzliche Fristbestimmung sieht das russische ZGB nicht vor. Dementsprechend erfolgt die Bestimmung unter Berücksichtigung der allgemeinen Grundlagen des Zivilrechts nach der Parteivereinbarung. Jedoch ist eine Vertragsabrede, die das Recht des Kreditinstituts zur einseitigen Änderung des Bankkontovertrags zulässt, von den Gerichten als rechtswidrig deklariert worden. Ein Diskussionsthema stellt nach dem Recht der beiden Länder die Frage dar, ob das Schweigen des Zahlers als Zustimmung zu der Vertragsänderung angesehen werden kann. Der BGH hat dies verneint, wobei die Vertragsbedingung mit der Bestimmung, dass das Schweigen des Zahlers als Zustimmung zur Vertragsänderung gilt, für unwirksam erklärt wird. Dagegen ist in der russischen Rechtsprechung diese Frage nicht weit diskutiert. In der Literatur wird eine solche Vertragsbedingung akzeptiert, da dies nicht der Bestimmungen des Art. 438 Pkt. 2 ZGB entgegensteht, welche die vorherige Vereinbarung des Schweigens als Annahme zulässt. Die Rechtslage in Russland diesbezüglich scheint sowohl für die Kreditinstitute als auch für den Verbraucher vorteilhafter zu sein, da einerseits eine Einholung der ausdrücklichen Zustimmung mit hohem überflüssigem administrativem Aufwand für den

Zahlungsdienstleister im Massenverkehr verbunden ist. Andererseits kann dies auch eine negative Folge für die Verbraucher haben kann, insoweit der Bankkontovertrag mit ihnen gekündigt wird, wenn der Kunde von der Änderungen keine Kenntnis nimmt und auf sie nicht reagiert.

Hinsichtlich der gesetzlichen Anforderungen bezüglich der Beendigung des Zahlungsdiensterahmenvertrags und des Bankkontovertrags sind im deutschen und russischen Recht keine großen Unterschiede festzustellen. Die beiden Rechtsordnungen bestimmen einerseits das Recht der Parteien den Vertrag durch eine zweitseitige Vertragsaufhebung zu beenden. Andererseits wird durch die Vorschriften der §§ 675f ff. BGB und Kapitel 45 des ZGB das Recht des Zahlers zur außerordentlichen Kündigung bestimmt (§ 675h Abs. 1 BGB, Art. 859 Pkt. 1 ZGB). Dagegen ist eine Kündigung des Vertrags auf Initiative des Kreditinstituts unter Berücksichtigung der Vorschriften des § 675h Abs. 2 BGB im deutschen Recht und des Art. 859 Pkt. 2-4 ZGB möglich.

Darüber hinaus werden durch den deutschen und russischen Gesetzgeber zum Schutz des Zahlers vor möglichen Missbrauchsfällen bei der Zahlung mittels Nutzung eines elektronischen Zahlungsmittels vorvertragliche Informationspflichten der Bank bestimmt. Denn der Zahler muss bereits vor dem Abschluss des Vertrags über die Risiken der Verwendung des elektronischen Zahlungsmittels, über die Möglichkeit der Verhinderung bzw. Minimierung der Missbrauchsfälle sowie über seine Haftung im Falle einer missbräuchlichen Verwendung des Zahlungsinstruments informiert sein. Der deutsche Gesetzgeber hat in Art. 240 § 1-16 EGBGB über die Verweisung des § 675d BGB eine ausführliche Liste der vorvertraglichen Informationspflichten festgelegt, die das Kreditinstitut dem Zahler vor Abschluss des Zahlungsdiensterahmenvertrags mitzuteilen hat. Die Bank ist zur Erteilung aller durch Art. 248 § 4 EGBGB vorgeschriebenen Informationen, die neben der allgemeinen Informationen zum Zahlungsdienstevertrag sowie zu den Zahlungsdiensten und Zahlungsdienstleistern, auch die Informationen über die technischen Besonderheiten der Nutzung der einzelnen Zahlungsinstrumente, der sicheren Verwahrung des Zahlungsinstruments sowie die Information über die Haftung der Parteien im Missbrauchsfall beinhaltet, verpflichtet. Darüber hinaus werden durch die Vorschriften des Art. 248 § 4 EGBGB nicht nur der Inhalt der Informationen, sondern auch die Art und Weise der Mitteilung bestimmt. Anders als im deutschen Recht werden die vorvertraglichen Informationspflichten der Bank im russischen Recht nicht detalliert, sondern abstrakt festgelegt. Dabei werden durch Art. 9 Pkt. 3 des Gesetzes »Über das nationale Zahlungssystem«

der Bank die Verpflichtung auferlegt, die Information über die Nutzung des elektronischen Zahlungsmittels, die relevanten Beschränkungen zur Nutzung sowie die Information über die Fälle, in denen ein hohes Risiko des Missbrauchs des elektronischen Zahlungsmittels besteht, mitzuteilen. Andere Bestimmungen zum Inhalt sowie der Art und Weise der Mitteilung enthält das Gesetz jedoch nicht. Dabei ist die Bestimmung des Inhalts sowie die Art und Weise der Mitteilung der Bank allein den Kreditinstituten überlassen, die in der Regel die Nutzungsbedingungen des Zahlungsinstruments dem Zahler auf der Website der Bank zur Verfügung stellt. Dementsprechend führen die fehlenden detaillierten gesetzlichen Regulierungen und die fehlenden gerichtlichen Auslegungen der Norm dazu, dass in der Geschäftspraxis der eigentlich schutzwürdige Zahler entweder keine Information (bspw. über seine Haftung im Missbrauchsfall) oder nicht ausreichend Informationen zum Umgang mit dem Zahlungsmittel erhält. Dabei werden die Interessen des Zahlers erheblich beeinträchtigt, was dem Zweck des Art. 9 Pkt. 3 des Gesetzes »Über das nationale Zahlungssystem« entgegensteht. Demzufolge könnte eine detailliertere Regelung der vorvertraglichen Pflichten der Bank entweder durch das Gesetz »Über das nationale Zahlungssystem« oder durch andere normative Akte die Ungewissheit im Rahmen der Geschäftspraxis bei der Auslegung der Vorschriften des Art. 9 Pkt. 3 des Gesetzes beseitigen und das Interesse des Zahlers schützen, was wiederum dem Sinn und Zweck der Bestimmungen des Gesetzes »Über das nationale Zahlungssystem« entspricht.

II. Sorgfaltspflichten der Parteien in Bezug auf Zahlungsinstrumente.

1. Vertragliche Regulierung

Nach dem Recht der beiden in dieser Arbeit berücksichtigten Rechtsordnungen ist für die Haftungsverteilung zwischen den Parteien im Falle der missbräuchlichen Verwendung des Zahlungsinstruments die Einhaltung der beiderseitigen Sorgfaltspflichten der Zahlungsdienstleister und Zahlungsdienstnutzer entscheidend. Dabei soll für die Parteien ein Anreiz geschaffen werden, das Risiko der missbräuchlichen Verwendung der Zahlungsinstrumente durch Verhaltensweisen der Parteien und die Entstehung von Schaden möglichst zu minimieren oder gar zu verhindern. Hervorzuheben ist, dass sowohl nach dem deutschen Recht als auch nach dem russischen Recht keine abschließende Anzahl der Sorgfaltspflichten festgelegt wird, worauf die Haftung des Zahlungsdienstnutzers beschränkt wird. Nach dem Recht der beiden Rechtsordnungen kann eine Vielzahl anderer Sorgfaltspflichten vereinbart werden, die allerdings in der Praxis einseitig vom Zahlungsdienstleister gestalten sind. Auf dem Zahlungsdienstnutzer wird zudem gem. § 675l BGB gesetzlich die folgenden Sorgfaltspflichten auferlegt: Er hat zum einen für den Schutz des Zahlungsinstruments alle ihm zumutbaren Vorkehrungen zu treffen und zum anderen im Falle des Verlusts, Diebstahls, missbräuchlicher Verwendung oder der sonstigen nicht autorisierten Nutzung eines Zahlungsinstruments nach Erhalt der Kenntnis hiervon unverzüglich Anzeige bei dem Kreditinstitut zu erstatten. Die gesetzlichen Sorgfaltspflichten des Zahlungsdienstleisters werden durch § 675m BGB bestimmt und bestehen in der Gewährleistung der sicheren Übermittlung der Zahlungsinstrumente durch den Zahlungsdienstleister, die personalisierten Merkmale, die Einrichtung des Meldesystems für die Aufnahme von Anzeigen des Zahlers über den Verlust, Diebstahl, die missbräuchliche Verwendung oder der sonstigen nicht autorisierten Nutzung eines Zahlungsinstruments gem. § 675l Abs. 1 S. 2 BGB sowie die Verhinderung der weiteren Verwendung des Zahlungsinstruments, wenn eine Anzeige des Zahlers gem. § 675l Abs. 1 S. 2 BGB eingegangen ist. Durch diese beidseitigen Sorgfaltspflichten der Parteien soll nach der Ansicht des deutschen bzw. europäischen Gesetzgebers die Risiken der missbräuchlichen Verwendung des Zahlungsinstruments durch organisatorische und verhaltensbezogene Handlungen des Zahlungsdienstleisters, bspw. die Modernisierung seiner Technik für die sichere Übermittlung der personalisierten Merkmale durch den Zahler im Online-Banking-System, durch die die sichere Versendung der Zahlungsinstrumente, die Gewährleistung des Meldesystems für die unverzügliche Anzeige des Zahlers sowie durch die unverzügliche Verhinderung weiterer Nutzung des angezeigten Zahlungsinstruments einerseits und durch die sichere Aufbewahrung und Nutzung der Zahlungsinstrumente und unverzügliche Anzeige des Zahlers andererseits, minimiert werden. Nach § 675l BGB kann der Zahlungsdienstleister dem Zahlungsdienstnutzer im Rahmen des Vertrages weiter Sorgfaltspflichten auferlegen. Auch wenn durch § 675l Abs. 2 BGB ein grober Rahmen für die Bedingungen bestimmt worden ist[423], wobei die Vertragsbedingungen über die Ausgabe und die Nutzung eines Zahlungsinstruments verhältnismäßig, sachlich und nicht benachteiligend sein dürfen, genießt der Zah-

423 *Hofmann*, BKR 2018, 62, 67.

lungsdienstleister die Gestaltungsfreiheit zur einseitigen Festlegung der Sorgfaltspflichten des Zahlungsdienstnutzers. Für die Zwecke der Gewährleistung der Rechtsicherheit wäre es wünschenswert, die einheitlichen und klaren Sorgfaltspflichten für die beiden Parteien festzulegen. Das Fehlen der einheitlichen gesetzlichen Bestimmung der Sorgfaltspflichten kann dazu führen, dass die Sorgfaltspflichten der Zahlungsdienstnutzers je nach dem Zahlungsdienstleister variieren können, was seinerseits nicht zu der durch die ZDRL II bezweckte Vollharmonisierung führt.[424] Ob im Einzelfall die auf dem Zahler auferlegte Sorgfaltspflichten gem. § 675l Abs. 2 BGB verhältnismäßig, sachlich und nicht benachteiligend sind bestimmt sich nach der Einzelfallrechtsprechung, was seinerseits auch je nach Mitgliedstaat variieren kann. Dementsprechend hat sich der Zahlungsdienstnutzer mir der gesamten Rechtsprechung auseinandersetzen müssen, was für den durchschnittlichen Zahler nicht zumutbar ist.

Der russische Gesetzgeber hat zum Zweck der Minimisierung des Risikos der missbräuchlichen Verwendung des elektronischen Zahlungsmittels einen anderen Weg gewählt und hat dem Kreditinstitut die Verpflichtung zur Mitteilung über jede einzelne Zahlung auferlegt, die der Zahler unter Einsatz des elektronischen Zahlungsmittels ausgelöst hat. Der Zahler ist seinerseits gem. Art. 9 Pkt. 11 des Gesetzes »Über das nationale Zahlungssystem« verpflichtet, unverzüglich nach dem Erhalt dieser Mitteilung die Bank zu informieren, wenn er keine Zustimmung zu der durch die Bank ausgeführte Zahlung erteilt hat. Die Gewährleistung einer Anzeigemöglichkeit für den Zahler gehört auch im russischem Recht gem. Art. 9 Pkt. 5 des Gesetzes »Über das nationale Zahlungssystem« zu den Pflichten des Kreditinstituts. Dem Zahler wird darüber hinaus auch im russischen Recht die Pflicht auferlegt, die Nutzungsbedingungen des elektronischen Zahlungsmittels einzuhalten, die auch die sichere Aufbewahrung und Nutzung des elektronischen Zahlungsmittels beinhalten, obwohl dies durch das Gesetz »Über das nationale Zahlungssystem« nicht ausdrücklich vorgeschrieben ist. Dementsprechend soll nach Ansicht des russischen Gesetzgebers das Risiko der missbräuchlichen Verwendung des Zahlungsinstruments durch unverzügliche Handlungen des Kreditinstituts, nämlich die Mitteilung über jeden ausgeführten Zahlungsvorgang, und durch Handlungen des Zahlers, nämlich durch die unverzügliche Anzeige nach der Erhalt der Mitteilung der Bank, minimiert werden. So kann das Kreditinstitut bei rechtzeitiger

424 *Stange*, Bargeldloser Zahlungsverkehr und Drittmissbrauchshaftung in Europa, S. 173.

Anzeige durch den Zahler die Ausführung des Zahlungsvorgangs noch rechtzeitig aussetzen und dadurch das Risiko der Entstehung von Schäden verhindern. Anders als der deutscher Gesetzgeber, der durch miteinander korrespondierende Pflichten der Parteien das Risiko missbräuchlicher Nutzung des Zahlungsinstruments minimieren will, konzentriert sich der russische Gesetzgeber im Wesentlichen darauf die Schadensentstehung zu verhindern, sofern eine missbräuchliche Verwendung des Zahlungsinstruments erfolgt ist. Festzustellen ist, dass auch nach dem russischen Recht die Sorgfaltspflichten des Zahlers vertraglich durch die Nutzungsbedingungen des Zahlungsinstuments bestimmt sind. Das Problem im russischen Recht ist diesbezüglich komplexer, weil das Gesetz »Über das nationale Zahlungssystem« keine Sorgfaltspflichten der Parteien bezüglich der Zahlungsinstrumente feststellt. Zudem bestimmen sich die Sorgfaltspflichten nach dem allgemeinen Vertragsrecht und werden in der Praxis im vollen Umfang der Kreditinstitute überlassen. Dementsprechend unterliegen die Nutzungsbedingungen, die in der Regel Adhäsionsverträge darstellen, grundsätzlich der gerichtlichen Inhaltskontrolle gem. Art. 428 ZGB und Art. 16 des Gesetzes »Über den Schutz der Verbraucherrechte«, sofern der Zahler Verbraucher ist. Angesichts der schon bestehenden Probleme im allgemeinen Vertragsrecht bezüglich der Adhäsionsverträge in Russland, kommen die Fälle, in welchen der Zahler einer benachteiligenden Vertragsbedingung vor Gericht die Vertragsänderung verlangen muss und in der Regel jahrelang auf die gerichtliche Entscheidung warten muss. Nach Art. 16 des Gesetzes »Über den Schutz der Verbraucherrechte« sind zwar die Vertragsbedingungen die einen gesetzlichen Verstoß enthalten an sich nichtig. Allerdings ist es fraglich, ob diese Vertragsbedingung sich auf die benachteiligenden und unverhältnismäßigen Bedingungen erstrecken soll und bleibt im russischen Recht strittig. Demzufolge wird die Position des Zahlers in Russland erheblich erschwert, weil er einerseits zur Beteiligung im elektronischen Zahlungsverkehr die Vertragsbedingungen akzeptieren muss und keinen Einfluss auf die Gestaltung dieser Bedingungen hat. Andererseits kann der Zahler durch die umstrittene und uneinheitliche Position der Rechtsprechung benachteiligt werden.

Darüber hinaus werden die Mindestanforderungen zum Inhalt und Umfang des Sorgfaltsmaßtabs durch das Gesetz »Über das nationale Zahlungssystem« ebenfalls nicht festgelegt. Ob im Einzelfall die im Verkehr erforderliche Sorgfalt eingehalten wird, wird dabei von den Gerichten unter Berücksichtigung der Umstände des Einzelfalls entschieden. Der Mangel an gesetzlicher Regulierungen bzw. gesetzlicher Grenzen hinsichtlich der Erweiterung des Umfangs der Sorgfaltspflichten der Parteien könnte dabei in der Praxis das Problem zur Folge haben, dass die vertraglichen Sorgfaltspflichten des Zahlungsdienstnutzers so ausgestaltet werden könnten, dass jedes Abhandenkommen des Zahlungsinstruments oder der missbräuchliche Einsatz dessen als nicht sorgfältiges Verhalten des Zahlungsdienstnutzers betrachtet werden könnte. Dies ist in der russischen Bank- und Gerichtspraxis der Fall, wobei die Sorgfaltspflicht des Zahlungsdienstnutzers zum Schutz der Zahlungsinstrumente sowie der personalisierten Merkmale vor unbefugten Zugriff durch die Gerichte derart ausgelegt wird, dass jede missbräuchliche Verwendung des Zahlungsinstruments mit den richtigen personalisierten Merkmalen als Verletzung der Sorgfaltspflichten des Zahlungsdienstnutzers angesehen und die volle Haftung des Zahlers für den missbräuchlichen Zahlungsvorgang begründet wird.[425] Wird dabei der Rechtsschein eines autorisierten Zahlungsvorgangs gesetzt, kann dies als Beweis dienen, dass der Zahlungsdienstnutzer seine Pflichten aus dem Bankkontovertrag verletzt hat. Dabei geht die russische Rechtsprechung im Wesentlichen von sog. »unwiderleglich vermutetem[426] Verschulden« aus, wenn die Haftung einer Partei dieser auch ohne deren Verschulden zugewiesen wird, wenn der erforderliche Nachweis zur Exkulpation nicht erbracht werden kann.[427] Entscheidend ist in diesem Fall weder die Verantwortlichkeit des Zahlers noch die Gründe, wie es zu einem Missbrauchsfall gekommen ist, sondern allein der Pflichtverstoß.[428] Die Gerichte nehmen den Pflichtverstoß als Zurechnungsgrund bei der Haftungsverteilung an und gehen dabei in den meisten Fällen davon aus, dass die wahrscheinlichste Ursache der missbräuchlichen Verwendung des Zahlungsinstruments die fehlende Sorgfalt des Zahlungsdienstnutzers gem. Art. 9 Pkt. 15 des Gesetzes »Über das nationale Zahlungssystem« ist.[429] Obwohl auch im deutschen Recht der Umfang des Sorgfaltsmaßtabs nicht gesetzlich bestimmt ist, ist eine solche Auffassung zum einen mit den Bestimmungen des § 675w S. 3 BGB nicht vereinbar, wonach allein die Nutzung des elektronischen Zahlungsinstruments nicht beweist, dass der Zahlungsdienstnut-

425 Ausführlich dazu unter § 3 B II.

426 *Musielak*, Grundlagen, S. 82 f.; *Prütting*, Beweislast, S. 49.

427 *Linardatos*, Das Haftungssystem im bargeldlosen Zahlungsverkehr, S. 187.

428 *Mavromati*, Law of Payment Services, S. 223.

429 *Oechsler*, WM 10, 1381, 1382.

zer gegen die Pflichten gem. § 675l BGB verstoßen hat.[430] Zum anderen wird der Mangel der gesetzlichen Regulierung des Sorgfaltsmaßtabs durch die Rechtsprechung kompensiert, wonach bestimmt wird, welche Vorsorgemaßnahmen durch den Zahlungsnutzer je nach Art des Zahlungsinstruments getroffen werden müssen und welche Aufwendungen angesichts der Besonderheiten des Verkehrs nicht erwartet werden dürfen. Eine mit dem § 675w BGB vergleichbare gesetzliche Regulierung und höchstrichterliche Auslegung des im Art. 9 Pkt. 15 des Gesetzes »Über das nationale Zahlungssystem« festgelegten Sorgfaltsmaßstabs ist im russischen Recht nicht gegeben, was wiederum immer wieder zu neuen Gerichtsentscheidungen führt, die eine vertragliche Pflichtverletzung des Zahlungsdienstnutzers anhand des Nachweises der Banken über die Verwendung des Zahlungsinstruments mit den richtigen Sicherheitsmerkmalen bestätigen. Diesen Entscheidungen der russischen Gerichte kann jedoch aufgrund der Ziele der Verhaltenssteuerung und Schadensprävention des Art. 9 Pkt. 15 des Gesetzes »Über das nationale Zahlungssystem« nicht zugestimmt werden. Denn Ziel der Norm ist auch für den Zahler Anreize zu schaffen, die missbräuchliche Verwendung des Zahlungsinstruments durch sein eigenes, sorgfältiges Verhalten zu minimieren bzw. zu verhindern. Denn das Gesetz »Über das nationale Zahlungssystem« geht genauso wie §§ 675c-676c BGB vom Grundsatz der verschuldensunabhängigen Haftung des Zahlungsdienstleisters aus.[431] Aus diesem Grund kann davon ausgegangen werden, dass der russische Gesetzgeber eine solche Erweiterung des Sorgfaltsmaßstabs des Zahlers, dass jede missbräuchliche Verwendung des Zahlungsinstruments als fehlende Sorgfalt angesehen wird und dabei die Haftung des Zahlungsdienstnutzers für den gesamten Schaden des Missbrauchsfalls begründet, nicht zum Ziel hatte. Würde man den Sorgfaltsmaßstab des Zahlungsdienstnutzers so erweitern, dass jedes Abhandenkommen oder jeder sonstige Missbrauch des Zahlungsinstruments einen Pflichtverstoß des Zahlers darstellen würde, würde dies konsequenterweise bedeuten, dass der Zahler zur Vermeidung bspw. des Kreditkartenmissbrauchs das Zahlungsinstrument immer vor Augen halten, lückenlos kontrollieren und die personalisierten Sicherheitsmerkmalen auswendig lernen müsste. Solche Erweiterungen des Sorgfaltsmaßtabs können nicht gerechtfertigt werden, weil dies einerseits in Ansehung der Funktion der elektronischen Zahlungsinstrumente, ins-

430 *Linardatos*, Das Haftungssystem im bargeldlosen Zahlungsverkehr, S. 188.
431 Ausführlicher dazu unter § 3 B II.

besondere der Zahlungskarten, als bequeme und leicht zugängliche Zahlungsmittel nicht zumutbar ist.[432] Selbst wenn der Zahlungsdienstnutzer diese Maßnahmen treffen würde, könnte er nicht jede missbräuchliche Verwendung vermeiden, denn bspw. könnten die personalisierten Merkmale beim Geldabheben ausgespäht werden. Demzufolge sollen bei der Bestimmung des Umfangs des Sorgfaltsmaßstabs des Zahlungsdienstnutzers und damit der Haftung des Zahlers, die Ziele der § 675v Abs. 1 BGB und Art. 9 Pkt. 15 des Gesetzes »Über das nationale Zahlungssystem« beachtet werden, da es sich bei diesen Normen in erster Linie um den Beitrag des Zahlers zur Schadensprävention handelt.[433] Dabei muss der Sorgfaltsmaßstab des Zahlers nur insoweit erweitert und diesem die Haftung nur für diejenigen Schäden des Missbrauchs zugewiesen werden, bei dem eine Anreizsetzung sinnvoll ist. So kann beispielsweise bei der Fälschung der Zahlungskarte die Tatsache allein, dass sich die Zahlungskarte im Risikobereich des Zahlungsdienstnutzers befindet und er sie vor dem Kopieren gem.§ 675l BGB und Art. 9 Pkt. 15 des Gesetzes »Über das nationale Zahlungssystem« zu schützen hat, nicht die Risikozuweisung begründen, da dies nicht notwendigerweise bedeutet, dass der Zahler die Möglichkeit zur Schadensprävention hatte.[434] Zu beachten ist beispielsweise bei der Fälschung der Zahlungskarten der technische Mangel im System des Zahlungsdienstleisters, der entsprechende Vorsorgemaßnahmen treffen kann, um die Fälschungsmöglichkeit der Zahlungskarten zu minimieren oder zu verhindern.[435] In diesem Fall hat der Zahlungsdienstnutzer die geringere Möglichkeit im Vergleich zum Zahlungsdienstleister, den Missbrauch zu verhindern, obwohl es auf den ersten Blick anders aussieht. Sofern man die missbräuchliche Verwendung der personalisierten Sicherheitsmerkmale betrachtet, auf deren Schutz der Zahlungsdienstleister geringere Einflussmöglichkeit hat, ist ebenfalls im Einzelfall zu beachten, welche Art der Sicherheitsmerkmale missbräuchlich verwendet worden sind und ob es im Einzelfall für den Zahlungsdienstleister möglich gewesen wäre, durch technische Maßnahmen den missbräuchlichen Einsatz zu verhindern.[436] Nichtdestotrotz spielt das Verhalten des Zahlers hinsichtlich des Abhandenkommens des Zahlungsinstruments und der missbräuchlichen Verwendung der personalisierten Sicherheitsmerkmale eine relevante Rolle, denn auch

432 *Taupitz*, Zivilrechtliche Haftung bei Kreditkartenmissbrauch, S. 111.
433 *Linardatos*, Das Haftungssystem im bargeldlosen Zahlungsverkehr, S. 204.
434 *Taupitz*, Zivilrechtliche Haftung bei Kreditkartenmissbrauch, S. 136.
435 *Linardatos*, Das Haftungssystem im bargeldlosen Zahlungsverkehr, S. 206.
436 *Linardatos*, Das Haftungssystem im bargeldlosen Zahlungsverkehr, S. 206.

in den Fällen, in denen der Zahlungsdienstleister Einfluss auf die Verhinderung des Missbrauchsfalls haben könnte, kann der Zahlungsdienstnutzer mit seinem nicht sorgfältigen Umgang mit der Zahlungskarte die missbräuchliche Verwendung des Zahlungsinstruments verursacht haben. Aus diesem Grund ist durch die Gerichte unter Berücksichtigung der Umstände des Einzelfalls zu bestimmen, ob der einzelne Zahlungsvorgang zum einen durch technische Vorsorgemaßnahmen seitens des Zahlungsdienstleisters verhindert werden konnte und zum anderen der Zahlungsdienstnutzer beim Missbrauch durch sein eigenes sorgloses Verhalten mitgewirkt hat.

2. Ökonomische Aspekte

Wenn die Haftung der Parteien von der Verletzung einer Sorgfaltspflicht abhängig gemacht wird, wie es bei § 675l BGB und Art. 9 Pkt.15 des Gesetzes »Über das nationale Zahlungssystem« der Fall ist, muss die jeweilige Partei entweder die verkehrserforderlichen Sorgfaltsmaßnahmen zur Schadensvermeidung treffen oder hat sodann den durch den Missbrauchsfall entstandenen Schaden zu tragen.[437] Da aus Sicht der ökonomischen Analyse des Rechts die haftungsrechtlichen Normen anhand der optimalen Ausnutzung der knappen gesamtwirtschaftlichen Ressourcen ausgerichtet werden müssen,[438] spielt bei der Bestimmung des verkehrserforderlichen Sorgfaltsmaßstabs bei Sach- und Vermögenschäden neben dem Gedanken der Schadensprävention auch die Kosten-Nutzen-Analyse eine Rolle.[439] Ein ökonomisches Effizienzkriterium der Bestimmung des Sorgfaltsmaßstabes wurde durch Posner[440] herausgearbeitet, wobei der Schädiger zur Erweiterung seiner Sorgfaltsanwendung so veranlasst werden muss, dass »eine monetäre Einheit durch zusätzliche Sorgfalt die erwarteten Schäden gerade um eine Einheit reduziert«.[441] Dieses Kriterium wurde durch den amerikanischen Bundesrichter Learned Hand[442] weiterformuliert und dahingehend bestimmt, dass jemand aus ökonomischer Sichtweise dann fahrlässig handelt, wenn die Multiplikation der Schadenswahrscheinlichkeit

437 *MüKo- BGB/Wagner*, 2020, Vorbemerkung § 823 Rn. 5.

438 *Koller*, Risikozurechnung. S. 78.

439 *Schinkels*, Die Verteilung des Haftungsrisikos für Drittmissbrauch, S. 77, *Koller*, Risikozurechnung, S. 79ff.

440 *Posner*, A Theory of Negligence, 1972, S. 28 ff.

441 *Schäfer/Ott*, Ökonomische Analyse des Rechts, S. 201.

442 United States v. Carroll Towing Co., 159 F. 2d 169 (2d Cir. 1947).

und des Schadens, im Falle dessen Eintritts, größer als dessen Vorsorgeaufwendungen sind.[443] Erkennbar ist, dass bei der Bestimmung des angemessenen Sorgfaltsmaßstabs drei Kriterien berücksichtigt werden müssen: die Schadenswahrscheinlichkeit, der Umfang des Schadens und die Kosten der Schadensprävention. Eine wirtschaftlich effiziente Schadensvermeidung bzw. -minderung kann nur dann erreicht werden, wenn die Kosten der Sorgfaltsmaßnahmen für den Verkehrsteilnehmer niedriger sind als der potenzielle Schaden.[444] Dabei bestimmt sich der Umfang des Sorgfaltsaufwands nicht anhand der Schadensvermeidungsmöglichkeiten einzelner Verkehrsteilnehmer, sondern dahingehend, welcher Vorsorgeaufwand für den potenziellen Verkehrsteilnehmer angemessen ist.[445] Beispielsweise bestimmt sich beim Online-Banking die zu erwartende Sorgfaltsmaßnahme zur Sicherung der IT-Infrastruktur nicht nach der Möglichkeit der technisch orientierten, sondern der durchschnittlichen Zahlungsdienstnutzer.[446]

Bei der Bestimmung des Sorgfaltsmaßstabs für die Fälle des missbräuchlichen Einsatzes eines Zahlungsinstruments ist zu berücksichtigen, dass in diesen Situationen in der Regel sowohl der Zahlungsdienstleister als auch der Zahlungsdienstnutzer Sorgfaltsmaßnahmen zur Schadensvermeidung treffen können. Ein ökonomisches Ziel ist dabei, eine solche Kombination der Sorgfaltsmaßnahmen beider Parteien zu erreichen, dass die Summe der Schadenskosten addiert mit den Kosten der Sorgfaltsmaßnahmen für beide Parteien minimal ist.[447] Durch § 675v Abs. 3 Nr. 2 lit. a, lit. b BGB und Art. 9 Pkt. 15 des Gesetzes »Über das nationale Zahlungssystem« wird dieses Ziel dadurch erreicht, dass für den Zahlungsdienstnutzer ein Anreiz besteht, Vorsorgemaßnahmen zu treffen, deren Kosten niedriger sind als die potenziellen Schäden der missbräuchlichen Nutzung des elektronischen Zahlungsinstruments. Beispielsweise kann ein Missbrauchsfall dadurch entstehen, dass der Zahlungsdienstnutzer seine Zahlungskarte sowie die PIN einem anderem mit der Anweisung weitergibt, Geld in begrenztem Umfang abzuheben, und der andere missbräuchlich diese Grenze überschreitet. Hierbei wäre es für den Zahlungsdienstnutzer praktisch kosten-

443 *Schäfer/Ott*, Ökonomische Analyse des Rechts, S. 203.
444 *Koller*, WM 1985, 821, 822.
445 *Schäfer/Ott*, Ökonomische Analyse des Rechts, S. 208.
446 LG Köln, WM 2008,354 (357f); AG Wiesloch, MMR, 2008, 626, 628.
447 *MüKo- BGB/Wagner*, 8. Aufl., 2020, Vorbemerkung § 823, Rn. 58.

los, die Vorsorgemaßnahmen zur Schadensvermeidung zu treffen.[448] In den Fällen missbräuchlicher Verwendung einer Zahlungskarte mit der richtigen Geheimzahl ist auch aus ökonomischer Sicht entscheidend, wie es zu einem Missbrauchsfall gekommen ist, weil der Zahlungsdienstnutzer nicht in allen Fallkonstellationen derjenige ist, der die Schäden zu den niedrigsten Kosten vermeiden kann. Denn in den Fällen, in denen der Missbrauchsfall infolge der Entschlüsselung der Geheimzahl eines Zahlungsinstruments auf technischem Wege entstanden ist, ist der Zahlungsdienstleister derjenige ist, der die Schäden durch die Erhöhung der Sicherheit der Karten zu den niedrigsten Kosten vermeiden kann.[449] Daher sollen die ökonomisch effizienten Haftungsnormen jeder Partei jeweils das Risiko zuweisen, sodass diese ihrerseits kosteneffiziente Vorkehrungen zur Schadenvermeidung treffen können.[450] Die Verschuldenshaftung des Zahlungsdienstnutzers, die sowohl in § 675v i.V.m. §§ 675l, 675m BGB als auch in Art. 9 Pkt. 15 des Gesetzes »Über das nationale Zahlungssystem« bestimmt ist, orientiert sich grundsätzlich an der ökonomischen Kosten-Nutzen-Analyse. Denn durch den Gesetzgeber der beiden Rechtsordnungen wird neben der verschuldensunabhängigen Haftung des Zahlungsdienstleisters eine verschuldensabhängige Haftung des Zahlungsdienstnutzers festgelegt, wenn dieser seinerseits die kosteneffizienten Sorgfaltsmaßnahmen zur Schadensvermeidung unterlässt. Der Umfang der Sorgfaltsmaßnahmen wird im deutschen Recht durch die Rechtsprechung begrenzt, sodass der Zahlungsdienstnutzer für das Nichtergreifen derjenigen Sorgfaltsaufwendungen haftet, die für ihn kosteneffizient oder sogar kostenlos sind. Anders als im deutschen Recht spiegelt die russische Gerichtspraxis den Gedanken der Kosten-Nutzen-Analyse in der Regel nicht wieder, weil die weite Auslegung der Sorgfaltspflicht des Zahlungsdienstnutzers zum Schutz der Zahlungsinstrumente sowie der personalisierten Merkmale vor unbefugten Zugriff gem. Art. 9 Pkt. 15 des Gesetzes »Über das nationale Zahlungssystem« dazu führt, dass der Zahlungsdienstnutzer für die Schäden haften muss, die er keineswegs kosteneffizient vermeiden konnte.

448 *Cooter/Rubin*, A Theory of loss allocation in consumer payments, S. 88.
449 *Scheibengruber*, BKR 2010, 15 (21); LG Köln WM 2001, 853, 855.
450 *Cooter/Rubin*, A Theory of loss allocation in consumer payments, S. 90.

D. Zwischenergebnis

Die Grundlage der Regelung der zivilrechtlichen Verhältnisse nach dem Recht der beiden Rechtsordnungen stellt ein zivilrechtlicher Vertrag dar. Angesichts der bedeutenden Rolle des reibunglosen Funktionieren des Zahlugnsverkehrs für die Wirtschaft ist eine einheitliche und detallierte Regulierung der Rechtsverhältnisse durch §§ 675c-676c BGB im deutschen Recht zu begrüßen. Der russische Gesetzgeber nahm einen anderen Weg und hat versucht die Regulierung die Modernisierung des Zahlungsverkehrsrecht durch die speziellen Regelungen des Gesetzes »Über das nationale Zahlungssystem« zu erreichen. In der Praxis ist jedoch die parallele Anwendung der Vorschriften des neuen Gesetzes und des ZGB festzustellen. Die Rechtslage in Russland wird ebenfalls durch die Probleme im allgemeinen Vertragsrecht, insbesondere bezüglich des Zustandekommen und der Änderung der Verträge, erschwert. Die bestehenden Probleme haben sich auch durch die speziellen Vorschriften des Gesetzes »Über das nationale Zahlungssystem« nicht gelöst. Wünschenswert wäre es, für die Zwecken der Rechtssicherheit eine einheitliche und detallierte Regelung der Rechtsverhältnisse der Parteien festzulegen.

Eine besondere Bedeutung kommt sowohl im deutschen als auch im russischen Recht den Sorgfaltspflichten der Parteien zu, die sich in den beiden Ländern zusätzlich zum gesetzlichen Anforderungen nach der Parteivereinbarung bestimmen. In der Praxis handelt es sich insbesondere um Bedingungen für die Ausgabe und Nutzung des Zahlungsinstruments, die einseitig durch die Kreditinstitute gestalten sind. Verletzt der Zahlungsdienstnutzer seine Sorgfaltspflichten, indem er keine erforderlichen Maßnahmen zum Schutz des Zahlungsinstruments trifft, haftet er gem.§ 675v BGB und Art. 9 Pkt. 15 BGB für den gesamten Schaden im Falle des Missbrauchs. Beide Gesetzgeber haben dabei zum Ziel der Schadensprävention die Anreizschaffung für den Zahlungsdienstnutzer festgelegt, damit dieser seinerseits die Entstehung eines Missbrauchsfalls verhindert. Positiv zu bewerten ist im deutschen Recht die Einschränkung der Gestaltungsfreiheit des Zahlungsdienstleisters durch § 675l Abs. 2 BGB, sodass die Vertragsbedingungen verhältnismäßig, sachlich und nicht benachteiligend sein müssen. Für den Zahlungsdienstleister bleibt allerdings ausreichend Spielraum, um die beliebeigen Sorgfaltspflichten auf den Zahler aufzuerlegen, was seinerseits nicht zu der von der ZDRL bezweckte Vollharmonisierung führt und in Rechtsunsicherheit resultieren kann. Im russischen Recht ist dieses Problem noch komplexer, da das Gesetz »Über das nationale Zahlungssystem« keine Einschränkungen zur Gestaltung der Nutzungsbedingungen des Zahlungsinstruments enthält. Dementsprechend erfolgt die Inhaltskontrolle dieser Bedingungen nach den allgemeinen Vorschriften der Art. 428 ZGB und Art. 16 des Gesetzes »Über den Schutz der Verbraucherrechte«, wobei dies infolge der bestehenden Probleme im allgemeinen Vertragsrecht zur Benachteiligung der Rechte des Zahlers führen kann.

Die gesetzliche Regulierung der Grenzen des Umfangs des Sorgfaltsmaßstabs wird dabei durch die Gesetze beider Länder nicht vorgegeben, sodass die Gerichte zu entscheiden haben, ob im Einzelfall die erforderlichen Maßnahmen durch den Zahler getroffen wurden. Festzustellen ist dabei, dass die Gesetzgeber beider Länder einen ähnlichen Ansatz zur Regulierung der Sorgfaltspflichten des Zahlungsdienstnutzers in Bezug auf die Zahlungsinstrumente wählen. Allerdings ist die praktische Umsetzung der gesetzlichen Bestimmungen in beiden Ländern unterschiedlich. In Deutschland werden die Grenzen der Erweiterung des Sorgfaltmaßstabs durch die Rechtsprechung in der Weise festgelegt, dass dem Zahlungsdienstnutzer nur diejenigen Sorgfaltsmaßnahmen zugewiesen werden, die ihm zuzumuten sind und von denen die Verhinderung bzw. Minimierung der Schäden erwartet werden darf. In der russischen Gerichtspraxis ist dies nicht der Fall, weil die gesetzlichen Bestimmungen durch die Gerichte in der Regel so ausgelegt werden, dass jeder missbräuchliche Einsatz des Zahlungsinstruments mit den richtigen personalisierten Sicherheitsmerkmalen als Pflichtverlezung des Zahlers angesehen wird, was wiederum mit dem Ziel und Zweck der Bestimmungen des Art. 9 des Gesetzes »Über das nationale Zahlungssystem« nicht zu vereinbaren ist.

Aus Sicht der ökonomischen Analyse des Rechts und anhand der Gedanken der Kosten-Nutzen-Analyse ist eine solche Auslegung der Bestimmungen des Gesetzes »Über das nationale Zahlungssystem« ebenfalls nicht zu rechtfertigen, weil für das Erreichen einer wirtschaftlich effizienten Schadensvermeidung bzw -minderung die Kosten der Sorgfaltsmaßnahmen für die jeweilige Partei niedriger sein müssen als die potenziellen Schäden. Dies ist bei einer weiten Auslegung der Sorgfaltspflichten durch die Gerichte gerade nicht der Fall, weil dem Zahler im Einzelfall Schäden zugewiesen werden, die der Zahlungsdienstleister kosteneffizient hätte vermeiden können und müssen.

§3 Haftungsverteilung bei fehlender Zustimmung des Zahlers zum Zahlungsvorgang

Für die gründliche Analyse der Haftungsverteilung zwischen den Parteien bei fehlender Zustimmung des Zahlers zum Zahlungsvorgang ist es von wesentlicher Bedeutung, die Bedingungen für die Ausführung eines Zahlungsvorgangs durch den Zahlungsdienstleister darzustellen. Nach dem Recht der beiden Länder setzt die Durchführung einer Zahlung die Erteilung eines wirksamen Zahlungsauftrags durch den Zahler voraus (§ 675f Abs. 4 BGB, Art. 847 ZGB, Art. 5 Pkt. 1 des Gesetzes »Über das nationale Zahlungssystem«). Im deutschen Recht ist jedoch die Erteilung des Zahlungsauftrags zur Ausführung des Zahlungsvorgangs von der Autorisierung des Zahlungsvorgangs zu unterscheiden, obwohl sie in aller Regel im gleichen Zeitpunkt erteilt werden.[451] Bei einem Zahlungsauftrag handelt sich um eine Beauftragung eines Zahlungsvorgangs, während die Autorisierung eine Zustimmung des Zahlers zu einem Zahlungsvorgang bedeutet.[452] Die Autorisierung stellt im deutschen Recht den Kernpunkt bei Fragen der Haftungsverteilung in den Fällen dar, in denen ein Zahlungsvorgang ohne Zustimmung des Zahlers (ohne Autorisierung) durchgeführt wird, weil im Falle eines durch den Zahler nicht autorisierten Zahlungsvorgangs der Zahlungsdienstleister gegen den Zahler keinen Aufwendungsersatzanspruch hat (§ 675u S. 1 BGB). Anders als im deutschen Recht ist dem russischen Recht der Begriff »Autorisierung« im Sinne der Zustimmung des Zahlers zum Zahlungsvorgang nicht bekannt. Vielmehr ist bei der wirksamen Erteilung des Zahlungsauftrags von der Zustimmung des Zahlers auszugehen.[453]

Nachfolgend erfolgt zunächst die Darstellung der gesetzlichen Voraussetzungen zur Durchführung der Zahlungen im deutschen und russischen Recht. Danach wird auf die Analyse der Probleme der Haftungsverteilung bei der fehlenden Zustimmung des Zahlers zum Zahlungsvorgang eingegangen. Schließlich erfolgt die eigentliche rechtsvergleichende Würdigung der Lösungsansätze beider Rechtsordnungen.

---

451 *MüKo-BGB/Casper*, 8.Aufl., BGB § 675f, Rn. 55.
452 *MüKo-BGB/Casper*, 8.Aufl., BGB § 675f, Rn. 55.
453 *Laue*, Die zivilrechtliche Haftung der Banken, S. 56.

A. Rechtslage in Deutschland

I. Die Ausführung der Zahlung

Die Rechtsvorschriften bezüglich der gesetzlichen Regulierung der Durchführung der Zahlung im deutschen Recht werden in drei Unterkapitel unterteilt: Autorisierung von Zahlungsvorgängen (§§ 675j-675m BGB), Ausführung von Zahlungsvorgängen (§§ 675n-675t BGB) und Haftung der Parteien (§§ 675u-676c BGB).

Das Unterkapitel »Autorisierung von Zahlungsvorgängen« widmet sich dabei den Regelungen über die Erteilung und den Widerruf der Zustimmung zu einem Zahlungsvorgang, den Regelungen über die Nutzung und Begrenzung der Nutzung eines Zahlungsinstruments sowie über die Pflichten des Zahlungsdienstnutzers und Zahlungsdienstleisters in Bezug auf die Zahlungsinstrumente. Die Vorschriften zum Wirksamwerden eines Zahlungsauftrags, zur Ausführungspflicht von Zahlungsaufträgen und zu den Ablehnungsgründen seitens des Zahlungsdienstleisters sowie die Regelungen zu den Ausführungsfristen werden im zweiten Unterkapitel »Ausführung von Zahlungsvorgängen« festgelegt. Schließlich enthält das letzte Unterkapitel die Vorschriften zur Haftungsverteilung zwischen den Vertragsparteien im Falle eines nicht autorisierten Zahlungsvorgangs, im Falle einer missbräuchlichen Nutzung des Zahlungsinstruments sowie die Regelungen über die Haftung und die Ansprüche der Parteien bei nicht erfolgter, fehlerhafter oder verspäteter Ausführung eines Zahlungsauftrags.

1. Zahlungsautorisierung

Die Zahlungsautorisierung ist im deutschen Recht in § 675j BGB geregelt und stellt einen Ansatzpunkt für die Durchführung des Zahlungsvorgangs dar, da die Haftung und Risikoverteilung zwischen den Vertragsparteien durch das Zahlungsdiensterecht vom Vorliegen einer Autorisierung abhängig gemacht wird.[454] Somit erfolgen die Regelung der Haftung von den Parteien und die damit verbundenen Rechtsfolgen bei fehlender Autorisierung durch § 675u und § 675v BGB. Währenddessen bestimmen die § 675x und § 675y BGB die Risikoverteilung und Ersatzansprüche der Parteien, wenn eine Autorisierung bereits vorliegt.

---

454 *MüKo-BGB/Jungmann*,8.Aufl., § 675j, Rn. 3.

Darüber hinaus stellt die Autorisierung laut § 675j Abs. 1 S. 1 BGB eine Voraussetzung für die Wirksamkeit des Zahlungsvorgangs dar. Im Falle des Fehlens einer Zustimmung zum Zahlungsvorgang (Autorisierung) wird der Zahlungsvorgang gegenüber dem Zahlungsdienstnutzer unwirksam.[455] Dies hat zur Folge, dass der Zahlungsdienstleister keinen Anspruch auf Ersatz seiner Anwendungen gegen den Zahler nach §§ 675c Abs. 2, 670 BGB hat, während hingegen der Zahlungsdienstnutzer seine Rechte aus § 675u BGB[456] geltend machen kann[457].

a) Begriff und Grundlagen der Autorisierung

Der Begriff »Autorisierung« ist durch § 675j Abs. 1 S. 1 BGB als Zustimmung zum Zahlungsvorgang im Sinne einer Einverständniserklärung des Zahlers zum tatsächlichen Auslösen des Zahlungsvorgangs definiert.[458] Dogmatisch betrachtet stellt die Zustimmung eine geschäftsbesorgungsrechtliche Weisung i.S.v. § 665 BGB dar.[459] Da der Begriff »Autorisierung« keinen direkten Verweis auf die §§ 182 ff. BGB[460] enthält, wird teilweise die Meinung vertreten, dass es sich bei der Autorisierung, anders als bei dem Zahlungsauftrag, um keine rechtsgeschäftliche Erklärung des Zahlungsdienstnutzers zur Ausführung des Zahlungsvorgangs handelt.[461] Dementsprechend sei die Autorisierung als rechtsgeschäftsähnliche Handlung anzusehen, auf die die Vorschriften der §§ 182 ff. Analog BGB anwendbar sind.[462] Dagegen wird von der ganz überwiegenden Meinung, der auch zuzustimmen ist, die Autorisierung als einseitige, empfangsbedürftige Willenserklärung im Sinne von § 130 Abs. 1 BGB angesehen, auf die die Vorschriften der §§ 182, 184 BGB entsprechend Anwendung finden.[463] Die

455 *Grüneberg/Sprau,* BGB, 81. Aufl., § 675j, Rn. 2; NJW 2010, 3510, 3512; *Rühl,* DStR 2009, 2256, 2257.

456 Ausführlicher dazu unter § 3 A II.

457 *Grüneberg/Sprau,* BGB, 81. Aufl., § 675j, Rn. 2.

458 LG Darmstadt. WM 2014, 2323, 2324; *Grüneberg/Sprau,* BGB, 81. Aufl., § 675j, Rn. 3; *Erman/Graf v. Westphalen,* BGB, 16. Aufl., § 675j, Rn. 2.

459 *Staudinger/Omlor* (2020), BGB, § 675j, Rn. 3.

460 Durch § 182 ff BGB wird im deutschen Recht die Zustimmung einer Person zu einem Rechtsgeschäft oder Vertrag geregelt.

461 *Köbrich,* VuR 2015, 9, 11.

462 *Köbrich,* VuR 2015, 9, 11.

463 *Grüneberg/Sprau,* BGB, 81. Aufl., § 675j, Rn. 3; LG Darmstadt, WM 19, 2323; *MüKo-BGB/Jungmann,* § 675j, Rn. 12; *Schimansky/Bunte/Lwowski/Schmieder,* Bankrechts-

Vorschrift des § 183 BGB gilt jedoch als unanwendbar, da sie durch die spezielle Regelung des § 675j Abs. 2 BGB verdrängt wird.[464] Die allgemeinen Bestimmungen über Willenserklärungen, bspw. die Normen über den Zugang der Erklärungen und die Stellvertretung, sind auf die Autorisierung, sofern zulässig, anwendbar.[465] Dementsprechend muss die Autorisierung nach § 130 BGB dem Zahlungsdienstleister des Zahlers[466], sofern nichts Abweichendes vereinbart wurde, zugehen.[467]

Wie schon dargestellt worden ist, ist unter Autorisierung des Zahlungsvorgangs im deutschen Recht die Erklärung des Zahlungsdienstnutzers zum Zahlungsvorgang als tatsächliches Ereignis zu verstehen, wobei der Zahlungsauftrag[468] die Erklärung des Zahlungsdienstnutzers zur Ausführung des bestimmten Zahlungsvorgangs bzw. mehrerer Zahlungsvorgänge bedeutet. Diese Aufteilung des deutschen Gesetzgebers zwischen der Autorisierung und dem Zahlungsauftrag wird in der Literatur kritisert, weil die Autorisierung und der Zahlungsauftrag grundsätzlich gleichlaufen und dies zu einer überflüssigen Doppelung führt.[469] Begründet wird dies damit, dass auch wenn die Autorisierung und der Zahlungsauftrag nicht gleichzeitig erfolgen, sich keine denkbaren Fallkonstellationen ergeben, in denen der Zahlungsauftrag ohne Autorisierung gültig wäre.[470] Dementsprechend kann man davon ausgehen, dass die Autorisierung ein Teil des Zahlungsauftrags ist und im Falle des Erlöschen des Zahlungsauftrags ebenso

---

Handbuch, § 49 Rn. 16; *Ellenberger/Findeisen/Nobbe/Frey*, Kommentar zum Zahlungsverkehrsrecht, 3.Aufl., § 675j, Rn. 6; *LBS/Herresthal*, Bankrechts-Kommentar, 3. Aufl., Kap. 3, § 675j, Rn. 2; LG Darmstadt, WM 2014, 2323, 2324; *Belling/Belling*, JZ 2010, 708, 710.

464 *MüKo-BGB/Jungmann*, BGB, 8. Aufl., § 675j Rn. 12; OLG Frankfurt, NJW-RR 2017, 1329 zum Beweiswert eines per Telefax erteilten Überweisungsauftrags als Autorisierung des Zahlungsvorgangs.

465 Bspw. der Fall des Verdachts des evidenten Missbrauchs der elterlichen Vertretungsmacht bei der Überweisung eines höheren Betrags vom Konto des minderjährigen Kindes. OLG Schleswig-Holstein, NJW-RR 2014, 741.

466 *Ellenberger/Findeisen/Nobbe/Frey*, Kommentar zum Zahlungsverkehrsrecht, 3. Aufl., § 675j, Rn. 11; *Grüneberg/Sprau*, BGB, 81. Aufl., § 675j, Rn. 5.

467 *MüKo-BGB/Jungmann*, 8.Aufl., §675j, Rn.13; *LBS/Herresthal*, Bankrechts-Kommentar, 3. Aufl., Kap. 3, § 675j, Rn. 2c.

468 Zum Zahlungsauftrag siehe unter § 3 I 2.

469 *Köndgen*, JUS, 2011, 481, 486.

470 Von der oben bestimmten ist jedoch eine Ausnahme vorgesehen, wobei durch die insolvenzrechtlichen Vorschriften vorgesehen, wobei die Zustimmung bzw. Autorisierung des Insolvenzverwalters notwendig ist, damit der Zahlungsdienstleister einen Zahlungsauftrag ausführen kann. *Budde*, Das Vertragsrecht der Zahlungsdienste, S. 143.

erlöschen muss, weil sie ohne den Zahlungsauftrag keine Wirkung hat.[471] Demzufolge wäre es praxisorientierter, wenn die einzelne Erklärung sowohl die Zustimmung des Zahlungsdienstnutzers zur Ausführung des Zahlungsvorgangs als auch das Einverständnis zum Auslösen des Zahlungsvorgangs beinhalten würde.[472]

Die Autorisierung erfolgt nach § 675f Abs. 1 S. 2 BGB als Einwilligung oder als Genehmigung.[473] Die Einwilligung stellt eine vorausgehende Zustimmung zum Zahlungsvorgang dar.[474] In der Praxis liegt bei fast allen meistbenutzten Zahlungsdiensten, wie z.B. Überweisungen, Kartenzahlungen, SEPA-Lastschriftsverfahren, eine vorherige Zustimmung (Einwilligung) vor. So liegt die Einwilligung bei einer Überweisung (Push-Zahlung) bereits in der Erteilung des Zahlungsauftrags gegenüber dem Zahlungsdienstleister, weil davon ausgegangen wird, dass die den Zahlungsvorgang auslösende Willenserklärung vom Zahler abgegeben wird.[475] Dasselbe gilt für die Kartenzahlung (Pull-Zahlung), wenn der Zahler seine vorherige Zustimmung zum Zahlungsvorgang gegenüber dem Zahlungsempfänger erteilt.[476] Die Autorisierung bei Zahlungen mitttels SEPA-Lastschrift ist ebenfalls als Einwilligung anzusehen, da der Zahlungsvorgang mit der vorherigen Zustimmung des Zahlers in Form der Erteilung des SEPA-Mandats gegenüber dem Zahlungsdienstleister durchgeführt wird.[477] Schließlich ist eine Autorisierung, wie sich aus § 675x Abs. 1 S. 1 BGB ergibt, auch ohne Angabe des genauen Betrag zulässig. Hierbei handelt es sich um sog. Vorabautorisierungen, die ebenfalls eine Zustimmung in Form der Einwilligung darstellen.[478]

---

471 *Budde*, Das Vertragsrecht der Zahlungsdienste, S. 143, *Canaris*, WM, 1980, 354, 357.

472 *Budde*, Das Vertragsrecht der Zahlungsdienste, S. 143.

473 *Mack*, Die „rechtsscheinbare" Autorisierung von Zahlungsvorgängen, 2018, 134 ff.

474 *MüKo-BGB/Jungmann*, 8. Aufl., § 675j, Rn. 23; *LBS/Herresthal*, Bankrechts-Kommentar, 3. Aufl., Kap. 3 § 675j, Rn. 3.

475 *MüKo-BGB/Jungmann*, 8. Aufl., § 675j, Rn. 23; *LBS/Herresthal*, Bankrechts-Kommentar, 3. Aufl., Kap. 3, § 675j, Rn. 3; *Staudinger/Omlor* (2020), BGB § 675j, Rn. 4.

476 *LBS/Langenbucher*, Bankrechts-Kommentar, 3. Aufl., Kap. 3, § 675j, Rn. 3.

477 *Grüneberg/Sprau*, BGB, 81. Aufl., § 675j, Rn. 9; *MüKo-BGB/Jungmann*, 8. Aufl., § 675j, Rn. 24; BGH NJW 10, 3510 Tz 17, § 675f Rn. 45.

478 *MüKo-BGB/Jungmann*, BGB, 8. Aufl., § 675j, Rn. 25; *MüKo-BGB/Zetzsche*, 8. Aufl., § 675x, Rn. 7.

Die Genehmigung stellt eine nachträgliche Zustimmung dar[479] und ist nach § 675j Abs. 1 S. 2 BGB nur dann zulässig, wenn zwischen den Parteien eine entsprechende Vereinbarung bestand.[480] Im Gegensatz zur Einwilligung ist die Genehmigung für die gegenwärtige Praxis nicht von Bedeutung und kommt insbesondere im Massenzahlungsverkehr nicht vor.[481] Hingegen kommt eine Erteilung der Genehmigung z.B. im Kreditkartengeschäft in Form der telefonischen Erklärung des Karteninhabers zur Autorisierung des Zahlungsvorgangs in der Praxis vor.[482] Die Erteilung der Zustimmung zum Zahlungsvorgang in Form einer Genehmigung muss in zeitlicher Hinsicht durch die Parteien individualvertraglich oder in den AGB und zum Schutze des Zahlers vor dem Zahlungsvorgang vereinbart werden.[483] Der Zahler kann die Genehmigung in ausdrücklicher oder konkludenter Form erteilen.[484] Die Genehmigung wirkt entsprechend der Wertung des § 184 S. 1 BGB ab dem Zeitpunkt der Vornahme des Zahlungsvorgangs zurück (ex tunc). [485]

Durch § 675j Abs. 2 BGB wird dem Zahlungsdienstleister und dem Zahlungsdienstnutzer das Recht eingeräumt, die Art und Weise der Autorisierung zu vereinbaren. Diese Vereinbarung kann in Form eines Individualvertrags oder auch in den AGB getroffen werden.[486] Hierbei ist die inhaltliche Kontrolle der Vereinbarung in solchen AGB gem. §§ 305 ff. BGB vor-

---

479 *LBS/Langenbucher*, Bankrechts-Kommentar, 3. Aufl., Kap. 3, § 675j, Rn. 3; *Grüneberg/Sprau*, BGB, 81. Aufl., § 675j, Rn. 4; *MüKo-BGB/Jungmann*, BGB, 8. Aufl., § 675j Rn. 26.

480 *Laitenberger*, NJW 2010, 192 ff.

481 Früher spielte eine solche Genehmigung in Einziehungsermächtigungsverfahren auf Basis der sogenannten Genehmigungstheorie eine Rolle, bei dem die Zustimmung des Zahlers zum Zahlungsvorgang dem Zahlungsdienstleister durch den Zahler nachhinein erfolgte. Jedoch war durch die Entscheidung des XI Zivilsenats des BGH vom 20.07.2010 mit Wirkung zum 07.09.2012 so umgestaltet, dass der Kunde mit erteilter Einzugsermächtigung, zum einen, den Zahlungsempfänger zum Einzug des Lastschriftbetrags berechtigt, und zum anderen, eine Weisung an den Zahlungsdienstleister abgibt, die Lastschrift einzulösen. Dabei ist die erteilte Einzugsermächtigung als Einwilligung anzusehen. Mehr dazu: *LBS/Herresthal*, Bankrechts-Kommentar, 3. Aufl., Kap. 5, §§ 675a-675y BGB, Rn. 4 und § 675j, Rn. 2.

482 *MüKo-BGB/Jungmann*, 8. Aufl., § 675j, Rn. 26; *Staub/Grundmann*, Bankvertragsrecht, Teil 3, Rn. 46.

483 BT-Drucks. 16/11643, 106; *MüKo-BGB/Jungmann*, 8. Aufl., § 675j, Rn. 28.

484 BGH NJW 2011, 2499.

485 *LBS/Langenbucher*, Bankrechts-Kommentar, 3. Aufl., Kap. 3, § 675j, Rn. 3.

486 *LBS/Langenbucher*, Bankrechts-Kommentar, 3. Aufl., Kap. 3, § 675j, Rn. 5; BT-Drucks, 16/11643,106; *MüKo-BGB/Jungmann*, 8. Aufl., § 675j, Rn. 31.

gesehen.[487] Daher kann im Zahlungsdienstevertrag eine bestimmte Form der Zustimmung, z.B. nur ausdrücklich oder konkludent, die Verwendung eines bestimmten Formulars für den Zahlungsvorgang oder das Erfordernis einer Unterschrift für die Kartenzahlung vereinbart werden. Darüber hinaus ist nach § 675j Abs. 1 S. 4 BGB die Vereinbarung der Zustimmung mittels eines bestimmten Zahlungsinstruments ebenfalls möglich. Im Falle des Fehlens einer entsprechenden Vereinbarung zwischen den Vertragsparteien über die Art und Weise der Zustimmung zum Zahlungsvorgang kann die Zustimmung nach den allgemeinen Grundlagen über Willenserklärungen ausdrücklich oder konkludent erteilt werden.[488]

b) Autorisierung unter Einsatz der Zahlungsinstrumente

Wie bereits festgestellt worden ist, kann die Erteilung der Zustimmung nach § 675j Abs. 1 S. 1 BGB mittels eines bestimmten Zahlungsinstruments vereinbart werden. Die Legaldefinition des Begriffs »Zahlungsinstrument« wird in § 675c Abs. 2 i.V.m. § 1 Abs. 20 ZAG festgelegt. Danach ist unter dem Begriff des Zahlungsinstruments »jedes personalisierte Instrument oder Verfahren zu verstehen, dessen Verwendung zwischen dem Zahlungsdienstnutzer und dem Zahlungsdienstleister vereinbart wurde und das zur Erteilung eines Zahlungsauftrags verwendet wird«. Im deutschen Zahlungsdiensterecht liegt der Begriff »Zahlungsinstrument« mit dem Begriff »Zahlungsauthentifizierungsinstrument« nahe, jedoch sind diese Begriffe voneinander zu unterscheiden. Nach der Umsetzung der ZDRL II ins deutsche Recht wurde der in §§ 675c ff. BGB verwendete Begriff »Zahlungsauthentifizierungsinstrument« durch den Begriff »Zahlungsinstrument« ersetzt. Allerdings stellt diese gesetzliche Änderung lediglich eine terminologische Änderung[489] dar. Denn schon vor der Gesetzesänderung war für die Bezeichnung eines Instruments als Zahlungsauthentifizierungsinstrument der Einsatz eines personalisierten Sicherheitsmerkmals bei der Verwendung des Mediums entscheidend.[490] Durch die Umsetzung ZDRL II wurden

487 BT-Drucks, 16/11643, S. 106.

488 *LBS/Langenbucher*, Bankrechts-Kommentar, 3. Aufl., Kap. 3, Rn. 5a; *MüKo-BGB/Jungmann*, 8. Aufl., § 675j, Rn. 13.

489 *LBS/Langenbucher*, Bankrechts-Kommentar, 3. Aufl., Kap. 3, § 675j Rn. 6; *Zahrte*, NJW 2018, 337, 340.

490 *LBS/Langenbucher*, Bankrechts-Kommentar, 3. Aufl., Kap. 3, § 675j, Rn. 9; *MüKo-BGB/Jungmann*, BGB, 8. Aufl., §675j, Rn. 38; *Danwerth* ZBB 2015, 119, 123 ff.

der Begriff »starke Kundenauthentifizierung« eingeführt und die Begriffe »Zahlungsinstrument« und »Authentifizierung« gesetzlich getrennt.[491]

Der Begriff »Authentifizierung« wird nach § 1 Abs. 23 ZAG i.V.m. § 675c Abs. 3 BGB als ein Verfahren definiert, mit dessen Hilfe der Zahlungsdienstleister die Identität des Zahlers oder die berechtigte Verwendung eines bestimmten Zahlungsinstruments überprüfen kann. Hierbei handelt es sich um ein Prüfungsverfahren seitens des Zahlungsdienstleisters, das darauf gerichtet ist, die Willenserklärung zur Autorisierung des Zahlungsvorgangs einem konkreten Zahler zuzuordnen.[492] Dabei hängen die Anforderungen für die Authentifizierung nicht von dem durch den Zahler verwendeten Zahlungsinstrument, sondern von der gewählten Zahlungsmodalität, z.B. Online-Zugriff, ab.[493] Durch die Umsetzung der zweiten Zahlungsdiensterichtlinie wurde die Authentifizierung in Form einer starken Kundenauthentifizierung ins deutsche Zahlungsdiensterecht eingefügt. Eine starke Kundenauthentifizierung stellt nach § 1 Abs. 24 ZAG i.V.m § 675c Abs. 3 BGB eine Authentifizierung dar, bei der die Vertraulichkeit der Authentifizierungsdaten geschützt ist und unter Heranziehung von mindestens zwei der voneinander unabhängigen Elemente der Kategorien »Wissen«, »Besitz« und »Inhärenz«, einschließlich der Verwendung der personalisierten Sicherheitsmerkmale, durchgeführt werden muss. Hierbei ist die Kategorie »Wissen« als »etwas, das nur der Nutzer weiß«, die Kategorie »Besitz« als »etwas, das nur der Nutzer besitzt« und die Kategorie »Inhärenz« als ‚»etwas, das der Nutzer ist« legal definiert (§ 1 Abs. 24 ZAG).

Die klassischen Beispiele für die Kategorie Wissen stellen damit die Elemente dar, die der Zahlungsdienstleister dem Zahlungsdienstnutzer für die Autorisierung der Zahlungsvorgänge zur Verfügung stellt, nämlich die Passwörter, wie die PIN bei der Verwendung einer Zahlungskarte oder im Online-Banking. [494] Die Elemente der Kategorie »Wissen« sind sowohl durch den Zahlungsdienstleister als auch durch den Zahlungsdienstnutzer vor Unbefugten geheim zu halten (Art. 6 VO 20189/389).[495] Ausnahmen

491 *MüKo-BGB/Jungmann*, 8. Aufl., § 675j, Rn. 38.

492 *LBS/Langenbucher*, Bankrechts-Kommentar, 3. Aufl., Kap. 3, § 675j, Rn. 9.

493 BT-Drucks. 18/11495, 11; *MüKo-BGB/Jungmann*, 8. Aufl., § 675j, Rn. 41.

494 *Staudinger/Omlor* (2020) BGB § 675v, Rn. 39; *Borges*, ZBB 2016 249, 256; *Hoffmann*, VuR 2016, 243, 248; *Baumann*, GWR 2017, 275, 277.

495 »Delegierte Verordnung (EU) 2018/389 der Kommission vom 27. November 2017 zur Ergänzung der Richtlinie (EU) 2015/2366 des Europäischen Parlaments und des Rates durch technische Regulierungsstandards für eine starke Kundenauthentifizie-

stellen in diesem Fall jedoch die öffentlichen persönlichen Daten dar, wie Geburtsdatum, Adresse oder Zahlungskartennummer einschließlich der Prüfziffer.[496] Zu den Elementen der Kategorie »Besitz« gehören die verschiedenen verkörperten Gegenstände, wie z.B. die Zahlungskarte oder das Smartphone.[497] Die unter die Kategorie Besitz fallenden Elemente müssen ebenso vor der Nutzung unbefugter Personen geschützt werden (Art. 7 RTS). Schließlich ist die Kategorie »Inhärenz« als »etwas, das der Nutzer ist« legal definiert. Gemeint sind dabei die biometrischen, körperlichen Merkmale des Zahlungsdienstnutzers, wie. z.B. der Fingerabdruck oder die Gesichtserkennung, die die Identifizierung des Zahlers ermöglichen.[498]

Von dem Begriff »Kundenauthentifizierung« ist der Begriff »persönliche Sicherheitsmerkmale« abzugrenzen. Die Definition des Begriffs »persönliche Sicherheitsmerkmale« befindet sich in § 1 Abs. 25 ZAG. Demnach sind unter persönlichen Sicherheitsmerkmalen personalisierte Merkmale zu verstehen, die dem Zahlungsdienstnutzer durch den Zahlungsdienstleister zum Zwecke der Authentifizierung bereitgestellt werden. Beispiele für personalisierte Sicherheitsmerkmale stellen dabei mitunter die TAN und PIN für das Online-Banking[499] oder PIN für die Kartenzahlungen dar. [500] Zu beachten ist, dass die Daten, die aus den Zahlungskarten herausgelesen werden können, z.B. die Kontonummer, vom Gesetzgeber nicht als personalisierte Sicherheitsmerkmale betrachtet werden.[501] Darüber hinaus stellt § 675m Abs. 1 BGB fest, dass die personalisierten Sicherheitsmerkmale des Zahlungsinstruments nur der berechtigen Person zugänglich sein müssen. Der Zahlungsdienstleister ist dabei verpflichtet, die sichere Vermittlung sowie die Verwendung der personalisierten Sicherheitsmerkmale zu gewährleisten.[502] Daneben ist durch § 675l Abs. 1 BGB dem Zahlungsdienstnutzer ebenfalls die Pflicht auferlegt, die personalisierten Sicherheitsmerkmale vor unbefugtem Zugriff zu schützen.

---

rung und für sichere offene Standards für die Kommunikation.« Diese Verordnung stürzt sich auf Entwurf der technischen Regulierungsstandards, der der Kommission von der Europäischen Bankenaufsichtsbehörde (EBA) vorgelegt wurde und wurde am 14.09.2019 umgesetzt.

496 *Hoffmann*, VuR 2016, 243, 248.

497 *Hoffmann*, VuR 2016, 243, 248; *Staudinger/Omlor*, (2020) BGB § 675v, Rn. 39.

498 *Hofmann*, BKR 2018 62, 65; *Borges*, ZBB 2016 249, 256; *Staudinger/Omlor*, (2020) BGB § 675v, Rn. 39; BT-Drs. 18/11495, S. 8.

499 *MüKo-BGB/Jungmann*, 8. Aufl., § 675j Rn. 41; BGH, NJW 2017, 3222, 3224.

500 BT-Drucks, 16/11613, 36.

501 BT-Drucks, 16/11613, 36.

502 *MüKo-BGB/Jungmann*, 8. Aufl., § 675m, Rn. 10.

c) Widerruf der Autorisierung und Rechtsfolgen

Die Autorisierung des Zahlungsvorgangs kann durch Widerruf des Zahlers rückgängig gemacht werden. Die Rechtsfolge eines wirksamen Widerrufs ist, dass der betroffene Zahlungsvorgang mit ex-tunc Wirkung als nicht autorisiert gilt.[503] Führt die Ausführung des Zahlungsvorgangs durch den Zahlungsdienstleister trotz des wirksamen Widerrufs des Zahlers zu den Rechtsfolgen des § 675u BGB.

§ 675f Abs. 2 BGB knüpft die Widerrufsfrist der Autorisierung an die Widerrufsfrist des zugrunde liegenden Zahlungsauftrags. So kann der Zahler nach § 675f Abs. 2 BGB seine Zustimmung so lange widerrufen, wie der Zahlungsauftrag gem. § 675p BGB widerruflich ist. § 675p BGB geht vom Grundsatz der Unwiderruflichkeit des Zahlungsauftrags nach dessen Zugang beim Zahlungsdienstleister des Zahlers aus und regelt die Ausnahmen zu diesem Grundsatz mit Rücksicht auf die Besonderheiten der verschiedenen Zahlungsverfahren.[504] Eine bestimmte Form für den Widerruf der Zustimmung ist weder durch das BGB noch bei mangelnder entsprechender Vereinbarung zwischen Zahlungsdienstleister und Zahler vorgesehen.[505] So erfolgt dieser gem.§ 675j Abs. 2 S. 1 BGB nur durch den Zahler gegenüber seinem Zahlungsdienstleister.

2. Wirksamwerden und Widerruf des Zahlungsauftrags

Der Zahlungsdienstleister des Zahlers ist sowohl durch den Einzelzahlungsvertrag (§ 675f Abs. 1 BGB) als auch durch den Zahlungsdiensterahmenvertrag (§ 675f Abs. 2 BGB) zur Ausführung des Zahlungsvorgangs verpflichtet, sofern der Zahlungsdienstnutzer diesem einen Zahlungsauftrag erteilt.[506] Hierbei lässt sich aus der Norm feststellen, dass das Gesetz die Erteilung eines wirksamen Zahlungsauftrags zur Ausführung des Zahlungsvorgangs voraussetzt.

---

503 *Ellenberger/Findeisen/Nobbe/Frey/Ahmedi*, Kommentar zum Zahlungsverkehrsrecht, 3 Aufl., § 675j, Rn. 23; *MüKo-BGB/Jungmann*, 8. Aufl., § 675j, Rn. 73.

504 *Ellenberger/Findeisen/Nobbe/Frey/Ahmedi*, Kommentar zum Zahlungsverkehrsrecht, 3. Aufl., § 675j, Rn. 20. Näher zum Widerruf des Zahlungsauftrags unter § 3 A I 3.

505 *MüKo-BGB/Jungmann*, 8. Aufl., § 675j, Rn. 72; *LBS/Herresthal*, Bankrechts-Kommentar, 3. Aufl., Kap. 3, § 675j, Rn. 27.

506 *Ellenberger/Findeisen/Nobbe/Walz/Ahmedi*, Kommentar zum Zahlungsverkehrsrecht, 3. Aufl., § 675f, Rn. 6, 7; *MüKo-BGB/Casper*, 8. Aufl., § 675f, Rn. 21.

a) Zugang des Zahlungsauftrags

Ein Zahlungsauftrag kann im deutschen Recht gemäß § 675f Abs. 4 S. 2 BGB sowohl unmittelbar durch den Zahler als auch mittelbar über den Zahlungsempfänger erteilt werden. Gemäß § 675n Abs. 1 S. 1 BGB ist der Zahlungsauftrag mit dem Zugang an den Zahlungsdienstleister wirksam. Dabei handelt es sich bei § 675n BGB nach h. M. um den Zugang der Willenserklärung im Sinne von § 130 BGB.[507] Dementsprechend gilt ein Zahlungsauftrag nach allgemeinen Regelungen über den Zugang einer Willenserklärung nur dann als zugegangen, wenn er in den Zugriffsbereich des Zahlungsdienstleisters gelangt ist und der Zahlungsdienstleister unter gewöhnlichen Umständen die Möglichkeit hatte, vom Inhalt des Zahlungsauftrags Kenntnis zu nehmen und die Kenntnisnahme nach der Verkehrsanschauung erwartet werden konnte.[508] Allerdings ist beim Zugang der Zahlungsaufträge die Regelung des § 675n Abs. 1 S. 2 BGB zu beachten, die die Möglichkeit des Zugangs des Zahlungsauftrags an Geschäftstagen vorsieht. Fällt nach § 675n Abs. 1 S. 2 BGB der Zeitpunkt des Zugangs nicht auf einen Geschäftstag des Zahlungsdienstleister, so gilt der Zahlungsauftrag als am darauffolgenden Geschäftstag zugegangen. Demzufolge ist der Zugang eines Zahlungsauftrags beim Zahlungsdienstleister durch den Zahlungsdienstnutzer nur an Geschäftstagen des Zahlungsdienstleisters zu erwarten.[509] Unter dem Begriff »Geschäftstag« wird gemäß § 675n Abs. 1 S. 4 BGB jeder Tag verstanden, an dem der an der Ausführung eines Zahlungsvorgangs beteiligte Zahlungsdienstleister den für die Ausführung von Zahlungsvorgängen erforderlichen Geschäftsbetrieb unterhält. Hierbei sind unter Geschäftstagen nach § 675n Abs. 1 S. 4 BGB die individuellen Geschäftszeiten des Zahlungsdienstleisters, in denen er die Zahlungsaufträge bearbeitet und nicht die Werktage im Sinne von § 193 BGB zu verstehen.[510] Der Zahlungsdienstleister ist gemäß Art. 248 § 4 Abs.1 Nr. 2 lit. d EGBGB verpflichtet, den Zahlungsdienstnutzer über die Geschäftstage, an denen er die Zahlungsvorgänge verarbeitet, zu informieren. § 675n Abs. 3

507 *Grüneberg/Sprau,* BGB, 81. Aufl., § 675n, Rn. 2; *MüKo-BGB/Jungmann,* 8. Aufl., § 675n, Rn. 12; BT-Drs. 16/11643, 107; *Jungmann,* BKR 2019, 355.

508 *MüKo-BGB/Jungmann,* 8. Aufl., § 675n, Rn. 15; *Schwintowski,* Bankrecht, 6. Aufl., Kap. 10, Rn. 257; BGH NJW 1999, 1633, 1635.

509 *LBS/Herresthal,* Bankrechts-Kommentar, 3. Aufl., Kap. 3, § 675n, Rn. 6; *MüKo-BGB/Jungmann,* 8. Aufl., § 675n, Rn. 21.

510 *Ellenberger/Findeisen/Nobbe/Böger/Burghardt,* Kommentar zum Zahlungsverkehrsrecht, 3. Aufl., § 675n, Rn. 4.

BGB ermöglicht dem Zahlungsdienstleister, einen Zeitpunkt vor Ende des Geschäftstags zu bestimmen (»Cut-Off«-Zeitpunkt). So hat der Zahlungsdienstleister nach § 675n Abs. 3 BGB die Möglichkeit, festzulegen, dass die nach einem bestimmten Zeitpunkt nach Ende eines Geschäftstags zugegangenen Aufträge, nach dem Sinn und Zweck des § 675s Abs. 1 BGB, als am darauffolgenden Geschäftstag zugegangen gelten zu lassen. Für die Bestimmung des »nahe am Ende des Geschäftstags« liegenden Zeitpunkts sind hiermit die jeweils für den Filialbetrieb geltenden Öffnungszeiten des Kreditinstituts[511] und für elektronische Zahlungsaufträge die bekanntgemachte Dauer der Geschäftstage maßgeblich.[512] Dem Zahlungsdienstleister und dem Zahlungsdienstnutzer wird außerdem durch § 675n Abs. 2 BGB das Recht eingeräumt, die Ausführung eines Zahlungsauftrags zu einem bestimmten Termin zu vereinbaren. In diesem Fall gilt dieser vereinbarte Termin als der Zeitpunkt des Zugangs des Zahlungsauftrags.

b) Ablehnung des Zahlungsauftrags

Der Zahlungsdienstleister kann grundsätzlich mangels anderweitiger Grundlagen die Ausführung eines Zahlungsauftrags des Zahlungsdienstnutzers ablehnen.[513] Allerdings hat er nach § 675o Abs. 1 S. 1 BGB im Falle der Ablehnung eines Zahlungsauftrags dem Zahlungsdienstnutzer hierüber unverzüglich oder innerhalb der Ausführungsfristen für den Zahlungsvorgang, nämlich binnen des folgenden Geschäftstages, zu unterrichten. Mithin bedeutet »unterrichten« im Sinne des § 675o Abs. 1 BGB, dass der Zahlungsdienstleister dem Zahlungsdienstnutzer ohne schuldhaftes Zögern im Sinne von § 121 Abs. 1 S. 1 BGB die Ablehnung eines Zahlungsauftrags mitzuteilen hat.[514] Die Parteien können ebenfalls eine andere Art der Unterrichtung, z.B. eine Ablehnungsunterrichtung über den Kontoauszugsdrucker oder über das Online-Banking-Postfach, vereinbaren.[515]

---

511 *Ellenberger/Findeisen/Nobbe/Böger/Burghardt*, Kommentar zum Zahlungsverkehrsrecht, 3. Aufl., § 675n, Rn. 9.

512 *LBS/Herresthal*, Bankrechts-Kommentar, 3. Aufl., Kap. 3, § 675n, Rn. 19.

513 *Ellenberger/Findeisen/Nobbe/Böger/Burghardt*, Kommentar zum Zahlungsverkehrsrecht, 3. Aufl., § 675o, Rn. 1.

514 *Ellenberger/Findeisen/Nobbe/Böger/Burghardt*, Kommentar zum Zahlungsverkehrsrecht, 3. Aufl., § 675o, Rn. 3; BT-Drucks. 16/11643, S. 109.

515 BT-Drucks, 16/11643, S. 109.

Darüber hinaus stellt § 675o Abs. 1 S. 2 BGB die Begründungspflicht des Zahlungsdienstleisters bei Ablehnung des Zahlungsauftrags auf. Eine Ausnahme von dieser Regelung besteht allenfalls darin, dass ein Zahlungsauftrag durch den Zahlungsdienstleister aufgrund eines Verstoßes gegen Rechtsvorschriften, z.B. im Fall des Geldwäscheverdachts, abgelehnt wird (§ 675o Abs. 1 S. 3 BGB).[516] Darüber hinaus ist in der Unterrichtung die Möglichkeit anzugeben, wie der zur Ablehnung des Zahlungsauftrags führende Fehler zu korrigieren ist (§ 675o Abs. 1 S. 3 BGB). Die Rechtsfolgen der nicht rechtzeitigen Unterrichtung werden durch § 675o BGB nicht bestimmt. Dementsprechend ist der Zahlungsdienstnutzer im Falle dessen berechtigt, Schadenersatzansprüche für eine schuldhafte Verletzung einer vertraglichen Nebenpflicht nach § 280 BGB geltend zu machen.[517]

Als Ablehnungsgründe eines Zahlungsauftrags sieht der Gesetzgeber zum einen die Nichterfüllung der Ausführungsvoraussetzungen des Zahlungsdiensterahmenvertrags und zum anderen das Vorliegen eines Verstoßen gegen sonstige Rechtsvorschriften vor (§ 675o Abs. 2 BGB). Die Ausführungsvoraussetzungen werden z.B. im Fall der Überweisung in der Praxis in den Bedingungen für den Überweisungsverkehr festgelegt.[518] Hierbei kann z.B. der zur Ablehnung eines Überweisungsauftrags führende Grund das Fehlen oder die falsche Angabe des Namens, der Kundenkennung des Zahlungsempfängers, der Währung, des Zahlungsbetrags sowie die Erteilung des Überweisungsauftrags in der nicht ordnungsgemäßen Art und Weise darstellen.[519] Der zweite Ablehnungsgrund stellt das Entgegenstehen der Ausführung des Zahlungsauftrags von sonstigen Rechtsvorschriften dar. Sonstige Rechtsvorschriften sind die gesetzlichen Vorschriften aus den verschiedenen Rechtsgebieten, die den Zahlungsdienstleister und Zahlungsdienstnutzer betreffen.[520] Infolgedessen finden bei einer berechtigten Ablehnung des Zahlungsauftrags unter Berücksichtigung der Ablehnungsgründe seitens des Zahlungsdienstleister der § 675o Abs. 3 BGB sowie die Rechtsvorschriften bezüglich der Ausführungsfristen (§ 675s BGB), der Haftung für die nicht erfolgte oder fehlerhafte Ausführung eines Zahlungsauftrags (§ 675y BGB) und die Vorschriften über sonstige Ansprüche des

516 *Ellenberger/Findeisen/Nobbe/Böger/Burghardt*, Kommentar zum Zahlungsverkehrsrecht, 3. Aufl., § 675o, Rn. 5.
517 *Ellenberger/Findeisen/Nobbe/Böger/Burghardt*, Kommentar zum Zahlungsverkehrsrecht, 3. Aufl., § 675o, Rn. 6.
518 *MüKo-BGB/Jungmann*, 8. Aufl., § 675o, Rn. 14.
519 *MüKo-BGB/Jungmann*, 8. Aufl., § 675o, Rn. 15, 16.
520 *MüKo-BGB/Jungmann*, 8. Aufl., § 675o, Rn. 19.

Zahlungsdiensnutzers (§ 675z BGB) auf diese Zahlungsaufträge keine Anwendung.[521]

c) Widerruf eines Zahlungsauftrags

Die Regelungen zum Widerruf des Zahlungsauftrags finden sich im deutschen Zahlungsdiensterecht in § 675p BGB. Die Norm statuiert den Grundsatz der Unwiderruflichkeit des Zahlungsauftrags und ermöglicht es dem Zahlungsdienstnutzer einen Zahlungsauftrag nur bis zu dessen Zugang beim Zahlungsdienstleister zu widerrufen.[522] Dabei handelt es sich bei dem Widerruf des Zahlungsauftrags um eine einseitige, empfangsbedürftige Willensklärung, die dem Zahlungsdienstleister in der in den AGB vereinbarten Form nach den allgemeinen Vorschriften des § 130 BGB zugehen muss.[523] Geht der Widerruf dem Zahlungsdienstleister vor Zugang oder gleichzeitig mit dem Zugang des Zahlungsauftrags beim Zahlungsdienstleister zu, gilt der Zahlungsauftrag als unwirksam. [524] Die Vertragsparteien können allerdings gemäß § 675p Abs. 4 BGB andere Widerrufsfristen in den AGB vereinbaren.[525] Für die Fälle, in denen die Ausführung des Zahlungsauftrags gem. § 675n Abs. 2 BGB an einem bestimmten Tag erfolgen soll, kann der Zahlungsdienstnutzer den Zahlungsauftrag bis zum Ende des Geschäftstags von dem vereinbarten Tag widerrufen (§ 675p Abs. 3 BGB). Zu beachten ist, dass durch das Gesetz eine Sonderregelung für die Zahlungsvorgänge vorgesehen ist, die über den Zahlungsauslösedienstleister oder den Zahlungsempfänger ausgelöst werden. Dabei kann der Zahlungsdienstnutzer im Falle einer Überweisung den Zahlungsauftrag nach § 675p Abs. 2 S. 1 BGB nach der Erteilung der Zustimmung gegenüber dem Zahlungsauslösedienstleister hinsichtlich der Auslösung eines Überweisungsauftrags nicht mehr widerrufen.

521 *Ellenberger/Findeisen/Nobbe/Böger/Burghardt*, Kommentar zum Zahlungsverkehrsrecht, 3. Aufl., § 675o, Rn. 20.

522 *MüKo-BGB/Jungmann*, 8.Aufl., § 675p, Rn. 2; *Obermüller*, ZInsO 2010, 8, 16 ff.

523 *LBS/Herresthal*, Bankrechts-Kommentar, 3. Aufl., Kap. 3, § 675p, Rn. 4, 6.

524 *Schwintowski*, Bankrecht, 6. Aufl., Kap. 10, Rn. 282.

525 *Grundmann*, WM 2009, 1109, 1115.

3. Ausführung eines Zahlungsauftrags

a) Ausführung anhand der Kundenkennung

Die gesetzliche Regulierung der Ausführung der Zahlungsvorgänge erfolgt durch § 675r BGB. Dabei wird dem Zahlungsdienstleister durch § 675r Abs. 1 S. 1 BGB das Recht eingeräumt, den Zahlungsauftrag für den Zahlungsdienstnutzer ausschließlich anhand der Kundenkennung auszuführen. Führt der Zahlungsdienstleister einen Zahlungsauftrag anhand der durch den Zahlungsdienstnutzer angegebenen Kundenkennung aus, gilt der Zahlungsauftrag gem. § 675r Abs. 1 S. 2 BGB im Hinblick auf den durch die Kundenkennung bezeichneten Zahlungsempfänger als ordnungsgemäß ausgeführt. Dementsprechend ist der Zahlungsdienstleister nach dem Wortlaut des § 675r Abs. 2 BGB nicht verpflichtet, die Kundenkennung mit dem Namen des Zahlungsempfängers oder mit den anderen durch den Zahlungsdienstnutzer angegebenen Daten abzugleichen und kann sich nur auf die Kundenkennung beschränken.[526] Durch diese Regelung hat der Gesetzgeber darauf abgezielt, einen möglichst vollautomatisierten Ablauf der Zahlungsaufträge ohne manuelle Intervention zu schaffen.[527]

Die Regelung von § 675r Abs. 3 BGB bestimmt eine Verpflichtung des Zahlungsdienstleisters zur unverzüglichen Unterrichtung des Zahlers, wenn die von ihm angegebene Kundenkennung erkennbar keinem Zahlungsempfänger oder -konto zugeordnet werden kann. Dies bedeutet, dass der Zahlungsdienstleister die technisch mögliche maschinelle Überprüfung der Zuordnung der Kundenkennung eines Zahlungsempfängers oder Zahlungskontos durchführt.[528] Eine manuelle Prüfung durch den Zahlungsdienstleister ist nicht erforderlich.[529] Durch eine solche Kohärenzprüfung der in der Struktur der Kundenkennung beinhaltete sog. Prüfziffern können die Tipp- und Eingabefehler vermieden werden. [530] Die Kohärenzprüfung ermöglicht eine Zuordnung der Kundenkennung eines Zahlungsempfängers oder Zahlungskontos auch bei vollautomatisierter Abwicklung des

526 BT-Drucks. 16/11643, S. 110.

527 *MüKo-BGB*/Jungmann, 8. Aufl., § 675r, Rn. 10; *Jungmann*, WuB 2019, 328, 331 f.

528 *MüKo-BGB/Jungmann*, 8. Aufl., § 675r, Rn. 23; *Bitter*, WM 2010, 1725, 1729.

529 Gesetz zur Begleitung der Verordnung (EU) Nr.260/2012 zur Festlegung der technischen Vorschriften und der Geschäftsanforderungen für Überweisungen und Lastschriften.

530 *Budde*, Das Vertragsrecht der Zahlungsdienste, 2017, S. 162

Zahlungsvorgangs.[531] Die Art und Weise der Unterrichtung des Zahlungsdienstnutzers wird durch den Vertrag zwischen Zahlungsdienstleister und Zahlungsdienstnutzer bestimmt.[532] Darüber hinaus ist der Zahlungsdienstleister nach § 675r Abs. 3 BGB verpflichtet, den belasteten Zahlungsbetrag unverzüglich herauszugeben, wenn bei einer Kohärenzprüfung ein Fehler aufgetreten ist. Sollte der Zahlungsdienstleister dem Zahlungsdienstnutzer nicht oder nicht unverzüglich über den Fehler bei der Zuordnung der angegebenen Kundenkennung unterrichten, kommt in diesem Fall ein Schadensersatzanspruch des Zahlungsdienstnutzers wegen einer Pflichtverletzung nach § 280 Abs. 1 BGB in Betracht. [533]

b) Kundenkennung

Der Begriff »Kundenkennung« ist für die Ausführung des Zahlungsauftrags von entscheidender Bedeutung. Die Definition des Begriffs findet sich in § 675r Abs. 2 BGB wieder. Demnach ist unter der Kundenkennung eine »Abfolge aus Buchstaben, Zahlen oder Symbolen, die dem Zahlungsdienstnutzer vom Zahlungsdienstleister mitgeteilt wird und die der Zahlungsdienstnutzer angeben muss, damit ein anderer am Zahlungsvorgang Beteiligter Zahlungsdienstnutzer oder dessen Zahlungskonto für einen Zahlungsvorgang zweifelsfrei ermittelt werden kann«, zu verstehen. Spezielle Anforderungen zur Kundenkennung sind durch das Gesetz nicht festgelegt. Allerdings ist anhand des Zwecks der Norm anzunehmen, dass die Kombination von Buchstaben, Zahlen und Symbolen in der von der gesamten Europäischen Union verwendeten Sprache und ohne schwer einzugebende Sonderzeichen ausgestaltet werden und die Abwicklung eines Zahlungsvorgangs innerhalb eines vollautomatisierten Systems ermöglichen muss.[534] Darüber hinaus muss die Kundenkennung laut § 675r Abs. 2 BGB durch den Zahlungsdienstleister bestimmt und dem Zahlungsdienstnutzer zuge-

531 *Ellenberger/Findeisen/Nobbe/Böger/Burghardt*, Kommentar zum Zahlungsverkehrsrecht, 3. Aufl., § 675r, Rn. 9; *LBS/Herresthal*, Bankrechts-Kommentar, 3. Aufl., Kap. 3, § 675p, Rn. 4a.

532 *MüKo-BGB/Jungmann*, 8. Aufl., § 675r, Rn. 25.

533 *LBS/Herresthal*, Bankrechts-Kommentar, 3. Aufl., Kap. 3, § 675r, Rn. 16; *Erman/Graf v. Westphalen*, BGB, 16. Aufl., § 675r, Rn. 13.

534 *MüKo-BGB/Jungmann*, 8.Aufl., § 675r, Rn. 15; *LBS/Herresthal*, Bankrechts-Kommentar, 3. Aufl., Kap. 3, § 675r, Rn. 3.

teilt werden.[535] Eine Kundenkennung für SEPA-Überweisungen stellt die »IBAN« (International Bank Account Number) nach den Vereinbarungen der europäischen Kreditwirtschaft[536] dar.[537] Dabei handelt es sich um die Bankkontodaten, die international und standardisiert festgelegt sind und den vollautomatisierten Datenaustausch zwischen den Banken verschiedener Staaten ermöglichen.[538]

c) Rechtsfolgen einer Ausführung anhand der Kundenkennung

Führt der Zahlungsdienstleister den Zahlungsauftrag anhand der Kundenkennung aus, scheidet seine Haftung wegen mangelhafter Ausführung des Zahlungsauftrags gem. § 675 y Abs. 1 S. 1 BGB grundsätzlich aus.[539] Das Risiko des Verschreibens oder Vertippens hat in diesem Fall der Zahlungsdienstnutzer zu tragen.[540] Auch der Zahlungsdienstleister des Zahlungsempfängers ist gemäß § 675r Abs. 1 und 3 BGB nicht verpflichtet, die angegebene Kundenkennung mit dem Namen des Zahlungsempfängers abzugleichen und kann den Zahlungsvorgang allein nach der angegebenen Kundenkennung ausführen .[541] Jedoch ist der Zahlungsdienstleister des tatsächlichen Empfängers in den Fällen der falsch angegebenen Kundenkennung berechtigt, aber nicht verpflichtet, bis zur Gutschrift des Zahlungsbetrags auf das Konto des tatsächlichen Zahlungsempfängers eine Korrektur durchzuführen.[542] Sollte der Zahlungsdienstleister des tatsächlichen Empfängers eine fehlende Übereinstimmung zwischen der Kundenkennung und des Empfängernamens bestimmen, hat der tatsächliche Zahlungsempfänger nach § 675r BGB auch keinen Anspruch auf Gutschrift gemäß § 675t Abs. 1 BGB.[543] Allerdings ist der Zahlungsdienstleister des Empfängers nach

535 *Schwintowski*, Bankrecht, 6. Aufl., Kap. 10, Rn. 307.

536 SEPA Credit Transfer Rulebook des European Payments Council (EPC), aktuelle Fassung: 2017 SCT Rulebook Version 1.1 gültig ab 19.11.2017.

537 *Ellenberger/Findeisen/Nobbe/Böger/Burghardt*, Kommentar zum Zahlungsverkehrsrecht, 3. Aufl., § 675r, Rn. 6.

538 BT-Drucks, 16/11643, S. 110; *Schwintowski*, Bankrecht, 6. Aufl., Kap. 10, Rn. 307.

539 *Ellenberger/Findeisen/Nobbe/Böger/Burghardt*, Kommentar zum Zahlungsverkehrsrecht, 3. Aufl., § 675r, Rn. 5; BT-Drucks,1 6/11643, S. 110, 177.

540 *LBS/Herresthal*, Bankrechts-Kommentar, 3. Aufl., Kap. 3, § 675r, Rn. 12.

541 *MüKo-BGB/Jungmann*, 8. Aufl., § 675r, Rn. 36; BT-Drucks, 16/11643, 110; LSG Niedersachsen-Bremen, BeckRS 2019, 8347.

542 *MüKo-BGB/Jungmann*, 8. Aufl., § 675r, Rn. 33.

543 *Staudinger/Omlor* (2020), BGB, § 675r, Rn. 13.

Gutschrift des Zahlungsbetrags nicht berechtigt, den aus dem fehlgesteuerten Zahlungsvorgang gutgeschriebenen Zahlungsbetrag zurückzuweisen.[544] In diesem Fall erfolgt die Herausgabe des Zahlungsbetrags mittels des Anspruchs des Zahlers aus Bereicherungsrecht gegen den tatsächlichen Zahlungsempfänger.[545]

d) Ausführungsfrist

Die Ausführungsfrist für den Zahlungsauftrag wird durch § 675s BGB geregelt. So muss nach § 675s Abs. 1 BGB der Zahlungsbetrag spätestens am Ende des auf den Zugangszeitpunkt des Zahlungsauftrags folgenden Geschäftstags beim Zahlungsdienstleister des Zahlungsempfängers eingehen. Erfasst werden hierbei durch die Norm die Zahlungsvorgänge, die sowohl durch den Zahler als auch von oder über den Zahlungsdienstleister ausgelöst werden. Maßgeblicher Zeitpunkt hinsichtlich der Ausführungsfrist stellt der Zeitpunkt des Eingangs des Zahlungsbetrags auf das Konto des Zahlungsdienstleisters des Empfängers und nicht der Zeitpunkt der Gutschrift auf dem Konto des Zahlungsempfängers dar. Denn die Gutschrift des Zahlungsbetrags auf dem Empfängerkonto wird nach § 675t Abs. 1 geregelt und stellt danach zudem eine Verpflichtung des Zahlungsdienstleisters des Zahlungsempfängers dar.[546] Die Vereinbarung einer Fristverlängerung von maximal vier Geschäftstagen ist nach § 675t Abs. 1 S. 2 BGB für die Zahlungsvorgänge im Europäischen Wirtschaftsraum, die nicht in Euro erfolgen, möglich. Erfasst werden hierbei nicht nur die grenzüberschreitenden Zahlungsvorgänge, sondern auch die Zahlungen innerhalb Deutschlands, die nicht in Euro erfolgen.[547] Die Vereinbarung kann in Form von AGB erfolgen.[548] Der Beginn der Ausführungsfrist erfolgt mit dem Zeitpunkt des Zugangs des Zahlungsauftrags nach § 675n BGB beim Zahlungsdienstleister des Zahlers. Dabei gilt die Frist als gewahrt, wenn der Zahlungsbetrag innerhalb der Ausführungsfrist beim Zahlungsdienstleister des Empfängers eingeht.[549] Wird die Ausführungsfrist durch den

544 *MüKo-BGB/Jungmann*, 8. Aufl., § 675r, Rn. 37.

545 *MüKo-BGB/Jungmann*, 8. Aufl., §675r, Rn. 46; *Scheibengruber/Breidenstein*, WM 2009, 1393, 1399; *Hoffmann*, WM 2016, 1110, 1112.

546 *MüKo-BGB/Jungmann*, 8. Aufl., § 675s, Rn. 17.

547 *MüKo-BGB/Jungmann*, 8. Aufl., § 675s, Rn. 27.

548 *Schimansky/Bunte/Lwowski/Schmieder*, Bankrechts-Handbuch, § 49, Rn. 39.

549 *LBS/Herresthal*, Bankrechts-Kommentar, 3. Aufl., Kap. 3, § 675s, Rn. 12.

Zahlungsdienstleister nicht eingehalten, stehen dem Zahlungsdienstnutzer die Ansprüche aus § 675y BGB und § 675z BGB zu.[550]

II. Haftungsverteilung bei fehlender Zustimmung des Zahlers

Die Risikoverteilung zwischen den Parteien im Falle der Durchführung des nicht durch den Zahler autorisierten Zahlungsvorgangs stellt einen zentralen Punkt der gesetzlichen Regulierung der Zahlungsdienste dar. Die gesetzlichen Bestimmungen zur Haftung der Parteien in diesen Fällen finden sich in §§ 675u -675w BGB. Der Grundsatz der Haftungsverteilung besteht nach § 675u BGB darin, dass das Risiko des nicht autorisierten Zahlungsvorgangs wegen der Möglichkeit der Gefahrbeherrschung, die mit den Zahlungsdiensten verbunden ist, grundsätzlich dem Zahlungsdienstleister auferlegt wird.[551] Denn ein Zahlungsvorgang gegenüber dem Zahler gem. § 675j Abs. 1 BGB ist nur dann wirksam, wenn der Zahler den Zahlungsvorgang autorisiert hat. § 675v BGB legt dagegen eine Ausnahme von dem in § 675u BGB bestimmten Grundsatz fest, wenn eine nicht autorisierte Zahlung auf Verwendung eines verloren gegangenen, gestohlenen oder sonstig abhandengekommen Zahlungsinstruments beruht und dementsprechend das Schadensrisiko in den von § 675v BGB bestimmten Fällen durch den Zahler zu tragen ist. In Ergänzung dazu werden die Beweislastfragen bei fehlender Autorisierung durch § 675w BGB und die Anzeigepflicht des Zahlungsdienstnutzers hinsichtlich des nicht autorisierten Zahlungsvorgangs in § 676 BGB geregelt.

1. Haftung des Zahlungsdienstleisters

a) Grundsatz der Haftung des Zahlungsdienstleisters bei fehlender Autorisierung gem. § 675u S. 1 BGB

Wird durch den Zahlungsdienstleister ein nicht autorisierter Zahlungsvorgang ausgeführt, steht diesem gem. § 675u S. 1 BGB kein Aufwendungsersatzanspruch aus §§ 675c Abs. 1, 670 BGB zu. Darüber hinaus ist der Zahlungsdienstleiter verpflichtet den belastenden Betrag zurückzubuchen

550 Die Analyse der Ansprüchen aus § 675y und § 675z BGB bleibt außerhalb der Rahmen dieser Dissertation. Mehr dazu: *MüKo-BGB Zetzsche*, 8. Aufl., § 675y Rn. 1 ff.

551 *MüKo-BGB/Zetzsche*, 8. Aufl., § 675u, Rn. 2.

und das Konto wieder auf den Stand zu bringen, auf dem es sich ohne die Belastung aufgrund des nicht autorisierten Zahlungsvorgang befunden hätte. Der Gesetzgeber bezweckt mit dieser Norm, dass das Risiko eines nicht autorisierten Zahlungsvorgangs dem Zahlungsdienstleister des Zahlers auferlegt wird und den Zahler von der Durchführung einer missbräuchlichen Zahlung zu schützen.[552] Dementsprechend ist der Zahlungsdienstnutzer nicht verpflichtet, im Falle eines nicht autorisierten Zahlungsvorgangs einerseits die Aufwendungen des Zahlungsdienstleisters für die Abwicklung des Zahlungsvorgangs zu ersetzen und andererseits steht ihm ein Erstattungsanspruch gemäß § 675u Abs. 1 S. 2 BGB im Falle einer vorgenommenen Buchung zu. Die gleichartigen Ansprüche des Zahlungsdienstnutzers, nämlich aus §§ 812 ff. BGB oder aus einer Geschäftsführung ohne Auftrag gem. §§ 677 ff. BGB, bestehen jedoch gem. §§ 675z S. 1 BGB nicht.[553] Allerdings bleiben die anderen Ansprüche des Zahlungsdienstleisters, nämlich verschuldensabhängige Schadensersatzansprüche aus anderen Vorschriften (bspw. aus § 675f BGB) gem. § 675z S. 2 BGB unberührt.

Wie oben dargestellt, wird für die Haftung des Zahlungsdienstleisters gem. § 675u S. 1 BGB die Ausführung einer nicht autorisiertет Zahlung vorausgesetzt. Zu unterscheiden sind hierbei zwei Arten des nicht autorisierten Zahlungsvorgangs: die Abwicklung des Zahlungsvorgangs mit fehlender und widerrufenen oder angefochtenen Autorisierung.[554]

Zur der ersten Gruppe gehören die Fälle, in denen der erteilte Zahlungsauftrag wegen Verfälschung[555], wegen Geschäftsunfähigkeit des Zah-

552 *MüKo-BGB/Zetzsche*, 8. Aufl., § 675u, Rn. 5.

553 *Ellenberger/Findeisen/Nobbe*, Kommentar zum Zahlungsverkehrsrecht, 3. Aufl., § 675u Rn. 9; Begründung des Regierungsentwurfs zur Umsetzung des zivilrechtlichen Teils der Zahlungsdiensterichtlinie, BT-Drucks, 16/11643, S. 113; *Staudinger/Omlor*, (2020), BGB, § 675u, Rn. 1; *Schimansky/Bunte/Lwowski*, Bankrechts-Handbuch, 5. Aufl.§ 54, Rn. 43; *Baumbach/Hopt*, 2. Teil, V. (7) Bankgeschäfte Rn. C/54.

554 *Budde*, Das Vertragsrecht der Zahlungsdienste, S. 177.

555 BGH, WM 1990, 1280, 1281; BGH, WM 1994,1420,1421: BGH, WM 2005,1564,1566; OLG Hamburg WM 2006, 2078f; KG ZIP 2009, 2331, 2332; LG Mannheim BKR 2009, 84,85; *MüKo-BGB/Zetsche*, § 675u, Rn. 12; *Borges*, BKR 2009 85; *Ellenberger/Findeisen/Nobbe*, Kommentar zum Zahlungsverkehrsrecht, 3. Aufl., § 675u, Rn. 22.

lers[556], wegen Handelns des Vertreters ohne Vollmacht[557] sowie wegen einer irrtümlichen, doppelten Ausführung[558] oder wegen einer Ausführung an den falschen Zahlungsempfänger[559] durch den Zahlungsdienstleister vorliegt. Darüber hinaus werden im Rahmen der Fallgruppe der fehlenden Autorisierung ebenfalls die Fälle der missbräuchlichen Verwendung einer Debit- oder Kreditkarte durch einen Dritten erfasst.[560] Handelt es sich dabei um die Fälle, wenn durch den Zahler überhaupt keine wirksame Zustimmung zum bestimmten Zahlungsvorgang erteilt wird.[561] Nach herrschender Meinung[562] ist bei Erteilung der wirksamen Zustimmung zum Zahlungsvorgang kein Erklärungsbewusstsein des Zahlers, sondern lediglich ein zurechenbarer Rechtsschein notwendig, dass der Zahlungsvorgang vom Kontoinhaber autorisiert ist.[563] Durch die Rechsprechung wurde das Vorliegen des Rechtsscheins[564] einer Autorisierung in den Fällen bejaht, wenn bspw. im Computer des Zahlers ein sog. Freischaltungstrojaner installiert war und der Zahler die TAN auf diesem eingegeben hat.[565] Wird ein Zahlungsvorgang durch den Vertreter ausgelöst, liegt für den gesamten

---

556 BGH, WM 1990, 1531; *Derleder/Knops/Bamberger/Korff*, Deutsches und Europäisches Bank- und Kapitalmarktrecht, 3. Aufl., § 45 Rn. 28; *Ellenberger/Findeisen/Nobbe*, Kommentar zum Zahlungsverkehrsrecht, 3. Aufl., § 675u, Rn. 22.

557 BGH WM, 2001, 954; BGHZ, WM 2004, 671; BGH WM 2004, 1227, 1230; BGH, WM 2004, 1230, 1233; BGH, WM 2005, 327, 329; OLG Schleswig, NJW – RR 2016, 1245, 1248 Tz.53.

558 BGH, WM 2010, 1218, 1221 Tz. 36; OLG München NJW- RR 1988, 1391, 1392; *MüKo-BGB/Zetzsche*, 8. Aufl., § 675u, Rn. 12.

559 BGH, WM 1976, 708; MüKo-BGB/Zetzsche, 8 Aufl., § 675u, Rn. 12.

560 *Ellenberger/Findeisen/Nobbe*, Kommentar zum Zahlungsverkehrsrecht, 3. Aufl., § 675u, Rn. 22.

561 *Ellenberger/Findeisen/Nobbe*, Kommentar zum Zahlungsverkehrsrecht, 3. Aufl., § 675u, Rn. 16; LG Darmstadt, WM 2014, 2323, 2324.

562 BGH WM,1984, 1018, BGH NJW 2014, 1242 Tz. 9.

563 *Ellenberger/Findeisen/Nobbe*, Kommentar zum Zahlungsverkehrsrecht, 3. Aufl., § 675u, Rn. 16.

564 Über einen Rechtschein spricht man in deutschem Recht über die Fälle, wenn die tatsächlich bestehende und scheinbare Rechtslage nicht übereinstimme. Hierbei ist nach dem Grundgedanken des deutschen Zivilrechts, muss derjenige, der in einem Rechtsverkehr einen Rechtsschein schafft, muss zu Schutze des Vertragspartners so behandeln, als würde der gesetzte Rechtsschein der vom Vertragspartner angenommen Sachlage entsprechen. Mehr dazu: *MüKo-BGB/Schubert*, 9. Aufl., § 167, Rn. 94.

565 OLG Köln, WM 2016, 1780, LG Köln, BKR 2016, 350, 351; *Zahrte*, BKR 2016, 315, 316 f.

Zahlungsvorgang keine Autorisierung vor, sofern die Summe des Zahlungsvorgangs durch die Vollmacht nicht gedeckt ist.[566]

Diesbezüglich stellt sich die Frage, ob die Grundsätze der Anscheinsvollmacht in Bezug auf die Autorisierung gem. § 675j BGB anwendbar sind. Obwohl durch die Einzelrechtsprechung die Anscheinsvollmacht anerkannt wurde,[567] lehnt grundsätzlich die deutsche Rechtsprechung die Anwendung der zivilrechtlichen Grundsätze der Anscheins- und Duldungsvollmacht in Bezug auf die Autorisierung ab,[568], es sei denn, der Zahlungsdienstnutzer hat den Rechtsschein vorsätzlich oder grob fahrlässig gesetzt.[569] In der Regel wird jedoch das Vorliegen einer Anscheinsvollmacht im Falle des Missbrauchs im Rahmen des Online-Banking oder hinsichtlich Zahlungskarten abgelehnt.[570] Die Begründung besteht bspw. nach der Entscheidung des BGH[571] darin, dass der Zahlungsdienstleister aufgrund einer gewissen Dauer und Häufigkeit der Abläufe glauben könnte, dass sich der Dritte innerhalb einer Bevollmächtigung aufhält.[572] Dies ist bei den Missbrauchsfällen im Rahmen des Online-Bankings oder mit Zahlungskarten nicht der Fall, weil es oftmals an einer gewissen Dauer und Häufigkeit fehlt.[573]

Die zweite Gruppe der nicht autorisierten Zahlungsvorgänge stellen die Fälle dar, wenn der Zahlungsauftrag durch den Zahlungsdienstnutzer gemäß § 675j Abs. 2 i.V.m § 675p Abs. 2-4 BGB wirksam widerrufen oder gemäß §§ 119 ff. BGB wirksam angefochten wurde.[574] Liegt letztlich keine Autorisierung des Zahlers zum Zahlungsvorgang vor, ist der Zahlungsdienstleister gem. § 675u S. 2 BGB verpflichtet, die Belastungsbuchung unverzüglich (vgl. mit § 121 BGB) rückgängig zu machen. Die Höchstfrist der Erstattung bestimmt sich allerdings nach § 675u S. 3 BGB, wonach die

566 *MüKo-BGB/Zetzsche*, BGB, 8. Aufl., § 675u, Rn. 11.

567 Das LG Darmstadt hat in seiner Entscheidung die Anscheinsvollmacht anerkannt, wobei der Zahler wegen des »Man-in-the-Middle«-Angriffs« die manipulierten Daten bestätigt hatte. Mehr dazu: LG Darmstadt, WM 2014, 2323, 2325 ff; *Omlor*, BKR 2019, 105.

568 NJW 2016, 2024, 2029 f.; NJW 2015, 3093, 3095.

569 *MüKo-BGB/Jungmann*, § 675j, Rn. 15; *Omlor*, BKR 2019, 105, 109.

570 *Ellenberger/Findeisen/Nobbe*, Kommentar zum Zahlungsverkehrsrecht, 3. Aufl., § 675u, Rn. 19; *Omlor*, BKR 2019, 105, 109; BGH WM, 2017, 901, 904.

571 BGH, WM, 2017, 901.

572 BGH, WM, 2017, 901, 904.

573 BGH, WM 2016, 691; *Omlor*, BKR 2019, 105, 109.

574 *Ellenberger/Findeisen/Nobbe*, Kommentar zum Zahlungsverkehrsrecht, 3. Aufl., § 675u, Rn. 25.

Rückgängigmachung der Belastungsbuchung durch den Zahlungsdienstleister spätestens am Ende des Geschäftstags zu erfolgen hat, der auf den Tag folgt, an welchem der Zahlungsdienstleister die Anzeige oder auf andere Weise Kenntnis über den nicht autorisierten Zahlungsvorgang erlangt hat. Informiert allerdings der Zahler den Zahlungsdienstleister über den von ihm nicht autorisierten Zahlungsvorgang binnen spätestens 13 Monate nach der Unterrichtung hinsichtlich der Kontobelastung nicht, so ist der in § 675u S. 2 BGB vorgesehene Erstattungsanspruch des Zahlers gem.§ 676 Abs. 2 S. 1 BGB ausgeschlossen.

b) Bereicherungsausgleich

Durch § 675u BGB wird der Anspruch des Zahlungsdienstnutzers auf Rückabwicklung des bereits auf dem Konto des Zahlungsempfängers gutgeschriebenen Betrags als vertraglicher Anspruch vorgesetzt.[575] Gleichwohl wird durch § 675z S. 1 BGB ein Bereicherungsanspruch des Zahlungsdienstnutzers gesperrt. Allerdings lassen die Vorschriften des neuen Zahlungsdiensterechts die bereicherungsrechtlichen Ansprüche der Parteien, insbesondere die bereicherungsrechtlichen Ansprüche des Zahlungsdienstleisters gegen seine Kunden, bspw. im Falle einer widerrufenen Überweisung, sowie die Rechtsverhältnisse zwischen dem Zahlungsdienstleister und dem Zahlungsdienstnutzer mit dem Zahlungsempfänger außer Betracht. Relevant ist hierbei die Frage, wie bei fehlender Autorisierung der auf dem Konto des Zahlungsempfängers gutgeschriebene Betrag herauszuverlangen ist. Grundsätzlich wird in der Rechtsliteratur die Meinung vertreten, dass die vor Inkrafttreten des Zahlungsdiensterechts bestehenden Regelungen grundsätzlich fortgelten sollen.[576] Nach altem Recht wurden die Rechtsprobleme der Durchführung der Zahlung ohne wirksame Anweisung nach dem Prinzip der Zurechenbarkeit der Zahlung hinsichtlich des Anweisungsempfängers gelöst.[577] Dabei wurden von der Rechtsprechung bei der Handhabung dieser Fälle zwischen den von Anfang an fehlenden Anwei-

575 *LBS/Herresthal*, Bankrechts-Kommentar, 3. Aufl., Kap. 3, § 675u, Rn. 22.

576 *LBS/Herresthal*, Bankrechts-Kommentar, 3. Aufl., Kap. 3, § 675u, Rn. 22; *Grundmann*, WM 2009, 1109, 1117; *Ellenberger/Findeisen/Nobbe*, Kommentar zum Zahlungsverkehrsrecht, 3. Aufl., § 675u, Rn. 30; *Rademacher*, NJW 2011, 2169, 2171; *Müller*, WM 2010, 1293; *Piekenbrock*, WM 2015, 797 ff.

577 *LBS/Herresthal*, Bankrechts-Kommentar, 3. Aufl., Kap. 3, § 675u, Rn. 22; *Bartels*, WM 2010, 1828, 1831.

sungen einerseits und andererseits durch die Bank fehlerhaft ausgeführten Anweisungen unterschieden.[578] Demnach wurde der Bank nach der Rechtsprechung in den Fällen, in denen eine Anweisung zugunsten des Anweisungsempfängers von Anfang an fehlte (beispielweise im Fall einer Fälschung des Überweisungauftrags), unabhängig von der Kenntnis des Anweisungsempfängers über das Fehlen der Anweisung, ein bereicherungsrechtlicher Direktanspruch aus Nichtleistungskondition[579] gem. § 812 Abs. 1 S. 1 Alt .2 BGB zugestanden.[580] Dementsprechend war die Bank berechtigt vom Anweisungsempfänger den auf seinem Konto gutgeschriebenen Zahlungsbetrag direkt zu verlangen, weil mit dem Fehlen einer wirksamen Anweisung die durchgeführte Zahlung dem Zahler nicht zurechenbar war und für den Anweisungsempfänger die Bereicherung in sonstiger Weise auf Kosten der Bank eintrat.[581]

Dagegen wird die Bank bei einem Zahlungsauftrag, der zuerst wirksam erteilt, jedoch danach wirksam widerrufen wurde, trotz des wirksamen Widerrufs den auf dem Konto des Empfängers gutgeschriebenen Betrag direkt von diesem nur im Rahmen eines Anspruchs aus Nichtleistungskondiktion gem. § 812 Abs. 1 S. 1 Alt. 2 BGB verlangen können, wenn der Widerruf dem Anweisungsempfänger bekannt war.[582] Begründet wurde dies von der Rechtsprechung damit, dass durch die wirksame Erteilung des Zahlungsauftrags durch den Zahler ein Rechtschein der zu erfüllenden Leistung gesetzt wurde, auf den sich der gutgläubigen Empfänger verlassen

---

578 *Ellenberger/Findeisen/Nobbe*, Kommentar zum Zahlungsverkehrsrecht, 3. Aufl., § 675u Rn. 27.

579 Im deutschem Bereicherungsrecht sind die Ansprüche zwischen den Ansprüchen aus dem Leistungskondiktionen und Nichtleistungskondiktionen zu unterscheiden (§ 812 Abs. 1 S. 1 BGB). Dabei ist bei einem Anspruch aus Leistungskondiktion der Gegenstand des Bereicherungsanspruch durch eine Leistung verlangt wird (§812 Absl S.1 Alt.1 BGB). Anspruch aus der Leistungskondiktion kann bspw. bei der Rückabwicklung im Falle der nichtigen Verträge geltend gemacht werden. Dagegen wird bei einem Anspruch aus Nichtleistungskondition der Schuldner in sonstiger Weise auf Kosten eines anderen bereichert und rechtlicher Grund hiermit nicht zu bestimmen ist. Mehr dazu: *Looschelders*, Schuldrecht BT, 15. Aufl., § 54, Rn. 3ff, § 55 Rn. 1 ff; *MüKo-BGB/Schwab*, 8.Aufl., § 812, Rn. 43 ff.

580 *Ellenberger/Findeisen/Nobbe*, Kommentar zum Zahlungsverkehrsrecht, 3. Aufl., § 675u, Rn. 28; BGH WM 2001, 1454; BGH, WM 2004, 671, BGH WM 2008, 1118.

581 *Ellenberger/Findeisen/Nobbe*, Kommentar zum Zahlungsverkehrsrecht, 3. Aufl., § 675u, Rn. 28.

582 BGH WM 1973, 1374; BGH WM 1976, 708; BGH, WM 2010, 1221 Tz. 34.

konnte.[583] Dementensprechend erfolgte der Bereicherungsausgleich in den Fällen, in denen der Empfänger vom wirksamen Widerruf keine Kenntnis hatte, zwischen der Bank und dem Zahler.[584]

Nach dem Inkrafttreten des neuen Zahlungsdiensterechts hat sich die bisherige Rechtslage hinsichtlich des Bereicherungsausgleichs im Falle einer fehlenden Autorisierung nicht geändert. Fehlt die Autorisierung von Anfang an, besteht nach der Ansicht in der Literatur und Rechtsprechung ein Anspruch des Zahlungsdienstleisters aus Nichtleistugskondiktion gegenüber dem Zahlungsempänger (§ 675u Abs. 1 S. 1 Alt. 2 BGB). [585] Dabei ist genauso wie im alten Recht die Kenntnis des Zahlungsempfängers über das Fehlen der Autorisierung irrelevant.[586] Dem steht der Grundsatz des neuen Zahlungsdiensterechts nicht entgegen, da die Funktion des § 675u BGB die Kodifizierung und Klarstellung der bestehenden Rechtslage ist.[587]

Problematisch sind jedoch die Fälle, wenn eine Autorisierung zuerst wirksam entstanden ist, und danach widerrufen wird. Diesbezüglich sind die Meinungen in der Rechtsliteratur nicht einig. Der Grundsatz besteht darin, dass ein wirksam widerrufener Zahlungsauftrag gem. § 675j Abs. 1 S. 1 BGB als nicht autorisiert gilt und dementsprechend die Bestimmungen des § 675u BGB unabhängig davon eingreifen sollen, ob der Zahlungsempfänger über den Widerruf Kenntnis hatte oder nicht.[588] Allerdings ist streitig, ob und inwieweit sich die neuen Bestimmungen des Zahlungsdiensterechts auf die bereicherungsrechtlichen Fragen auswirken sollen.

Von einem Teil der Autoren[589] wird die Meinung vertreten, dass die schon bestehende Rechtslage fortgelten soll, da durch § 675u BGB keine

---

583 *Budde*, Das Vertragsrecht der Zahlungsdienste, S. 179; BGH, Urteil vom 29.4.2008, 2331, 2332.

584 *Ellenberger/Findeisen/Nobbe*, Kommentar zum Zahlungsverkehrsrecht, 3. Aufl., § 675u, Rn. 29.

585 *Ellenberger/Findeisen/Nobbe*, Kommentar zum Zahlungsverkehrsrecht, 3. Aufl., § 675u, Rn. 30; WM 2015, 1458; *LBS/Herresthal*, Bankrechts-Kommentar, 3. Aufl., Kap. 3, § 675u, BGB, Rn. 22.

586 *Ellenberger/Findeisen/Nobbe*, Kommentar zum Zahlungsverkehrsrecht, 3. Aufl., § 675u, Rn. 30.

587 BT-Drucks, 16/11643, S. 113.

588 *Ellenberger/Findeisen/Nobbe*, Kommentar zum Zahlungsverkehrsrecht, 3. Aufl., § 675u, Rn. 31.

589 *Staudinger/Omlor*, (2020), BGB, § 675z, Rn. 6; *MüKo-BGB/Schwab*, 8. Aufl., § 812, Rn. 140; *Canaris/Grundmann*, Großkommentar HGB, Bankvertragsrecht, 5. Aufl., 3. Teil, Bankvertragsrecht, Rn. 419f; *LBS/Herresthal*, Bankrechts-Kommentar, 3. Aufl., Kap. 3, § 675u, Rn. 12c, 13c; *Looschelders*, Schuldrecht BT, 15 Aufl., Rn. 1154a; *Grundmann*, WM 2009, 1109; *Rademacher*, NJW 2011, 2169, 2170.

neuen Regelungen geschafft wurden. Dementsprechend soll ein direkter Anspruch des Zahlungsdienstleisters aus Nichtleistungskondiktion nach § 812 Abs. 1 S. 1 Alt. 2 BGB nur dann möglich sein, wenn der Zahlungsempfänger vom Widerruf Kenntnis hatte. Ist der Zahlungsempfänger demgegenüber gutgläubig, so soll der Bereicherungsausgleich zwischen Zahler und Zahlungsempfänger erfolgen. Dies wird damit begründet, dass der widerrufene Zahlungsauftrag für den gutgläubigen Zahlungsempfänger als Leistung des Zahlers gegenüber dem Zahlungsempfänger anzusehen sei. Denn ansonsten ist der Zahler bei der Rückabwicklung der Belastungsbuchung durch den Zahlungsdienstleister seiner Zahlungspflicht gegenüber dem Zahlungsempfänger frei und damit ungerechtfertigt bereichert, was jedoch dem Zweck des § 675u BGB nicht entspricht.[590]

Ein anderer Teil der Autoren sowie die Rechtsprechung sind der Meinung, dass nach dem neuen Zahlungsdiensterecht auch im Falle eines gutgläubigen Zahlungsempfängers dem Zahlungsdienstleister ein Anspruch aus Nichtleistungskondiktion gem.§ 812 Abs. 1 S. 1 Alt. 2 BGB gegenüber dem Zahlungsempfänger zu gewähren ist.[591] Die Begründung liegt vor allem darin, dass nach dem Grundgedanken des neuen Zahlungsdiensterechts und dem Vollharmonisierungsprinzip der ersten und zweiten Zahlungsdiensterichtlinie der Zahler, der die Zahlung nicht autorisiert hat, von der Rückabwicklung des Betrags herausgehalten werden muss.[592]

Diese Meinung wurde durch den XI. Zivilsenat des Bundesgerichtshofs bestätigt.[593] Dabei wurde laut Meinung des Bundesgerichtshofs nach Inkrafttreten des neuen Zahlungsdiensterechts den Wertungen der §§ 675j und 675u BGB in Ansehung der bisherigen Rechtslage bezüglich des Bereicherungsausgleichs bei widerrufenen Zahlungsaufträgen nicht hinreichend entsprochen. Begründet wird dies damit, dass an dem durch die bisherige Rechtsprechung entschiedenen Wertungskriterium, bei dem nach dem Veranlasserprinzip der Horizont des jeweiligen Zahlungsempfängers entscheidend war, nicht mehr festzuhalten ist. Dagegen stellt angesichts der Wertungen der §§ 675j und 675u BGB nunmehr die Autorisierung das Zurechnungskriterium dar. Nach Meinung des Zivilsenats stellt die Autorisierung

590 *Ellenberger/Findeisen/Nobbe*, Kommentar zum Zahlungsverkehrsrecht, 3. Aufl., § 675u, Rn. 32.

591 LG Berlin WM 2015, 376, 377; AG Schorndorf, WM 2015, 1239, 1240; *MüKo-BGB/Zetzsche*, 8. Aufl., § 675u, Rn. 31ff; *Erman/Graf v. Westphalen*, BGB, 16. Aufl., Rn. 12; *Grüneberg/Sprau*, BGB, 81. Aufl., § 812, Rn. 107.

592 *Winkelhaus*, BKR 2010, 441, 445 f.

593 BGH WM 2015, 1631.

des Zahlungsvorgangs gem.§ 675j BGB den Kernpunkt des neuen Zahlungdiensterechts dar und der Zahlungsvorgang kann dem Zahlungsdienstnutzer, unabhängig von der Kenntnis des Zahlungsempfängers über die fehlende Autorisierung, nur im Falle seiner Zustimmung zum Zahlungsvorgang als Leistung zugerechnet werden. Der widerrufenen Autorisierung kommt mangels Tilgungsbestimmung[594] in dem Verhältnis zwischen Zahler und Zahlungsempfänger (Valutaverhältnis) keine Erfüllungswirkung mehr zu. Daher ist ein Anspruch des Zahlungsdienstleisters gegen den Zahlungsempfänger gerechtfertigt, da keine Leistungsbeziehung zwischen dem Zahler und dem Zahlungsempfänger im Valutaverhältnis besteht. Die Rückabwicklung der Belastungsbuchung bei widerrufener Autorisierung führt nach Meinung des Zivilsenats auch nicht zum Entstehen einer Leistungsbeziehung, da die nicht autorisierte Zahlung keine Leistung des Zahlers gegenüber dem Zahlungsempfänger darstellt. Dementsprechend kann der Zahlungsempfänger im Rahmen des Valutaverhältnisses seinen Anspruch auf Zahlung gegen den Zahler geltend machen.[595]

Diese Entscheidung wurde durch den Zivilsenat des Bundegerichtshofs für die Frage des Bereicherungsausgleichs wegen fehlender Autorisierung als »gerecht und widerspruchsfrei« erklärt.[596] Allerdings wird sie von der Rechtsliteratur kritisiert. Zum einen wird nach der in der Literatur vertretenen Meinung die Begründung des Zivilsenats, dass durch § 675u BGB eine neue Rechtslage im Zahlungsdiensterecht entwickelt wurde, abgelehnt. Nach der Meinung der Autoren werden nicht die neuen, sondern die

---

594 Der Rechtsbegriff »Tilgungsbestimmung« wird in deutschem Recht im Rahmen des § 366 BGB (Anrechnung der Leistung mehrerer Forderungen), sowie im Bereicherungsrecht im Rahmen des § 812 BGB zusammen mit dem Begriff »Leistung«.« verwendet. Dabei ist unter die Leistung im deutschen Recht »die bewusste und zweckgerichtete Mehrung fremden Vermögen« verstanden (BGHZ 40, 272, 277). Wenn eine Leistung auf Erfüllung einer Verbindlichkeit gerichtet ist, muss sie der Voraussetzungen der Erfüllung gem.§ 362 Abs. 1 BGB entsprechen. Diesbezüglich ist zwischen im deutschen Rechtsliteratur zwischen zwei Theorien zu unterscheiden. Nach der Theorie der realen Leistungsbewirkung ist von der Erfüllung dann auszugehen, wenn die tatsächliche Leistungserfolg eintritt. Dagegen ist nach der Theorie der finalen Leistungsbewirkung das Schuldverhältnis nicht mit tatsächlichem Bewirken der Leistung erfüllt, sondern muss die Leistung durch den Schuldner dem Gläubiger mit der Bestimmung bewirkt werden, bestimmte Verbindlichkeit erfüllen zu wollen. Dabei handelt sich hier um die sog. »Tilgungsbestimmung«. Mehr dazu: *MüKo-BGB/Schwab*, 8. Aufl., § 812, Rn. 54 ff.

595 BGH WM 2015, 1631; *Ellenberger/Findeisen/Nobbe*, Kommentar zum Zahlungsverkehrsrecht, 3. Aufl., § 675u Rn. 34.

596 BGH WM 2015, 1631.

schon bestehenden Regelungen klarstellend und ergänzend bestimmt.[597] Der Zahlungsdienstleister hatte auch nach altem Recht gem. §§ 675 Abs. 1, 683 S. 1 BGB keinen Anspruch auf Aufwendungsersatz im Falle einer nicht autorisierten Zahlung und musste in diesem Fall die abgewickelte Belastungsbuchung im Rahmen des geschlossenen Girovertrags rückgängig machen.[598] Jedoch konnten nach der bisherigen Rechtslage die Bereicherungsansprüche neben den Ansprüchen der Rückabwicklung der Belastungsbuchung geltend gemacht werden.[599] Folglich kann die Autorisierung nur im Rahmen des Zahlungsdiensterahmenvertrags als Zurechnungskriterium betrachtet werden und soll den Bereicherungsausgleich nicht beeinflussen.[600] Zum anderen wird die Begründung des Zivilsenats, dass der nicht autorisierte Zahlungsvorgang keine Leistung des Zahlers gegenüber Zahlungsempfänger sei, ebenfalls abgelehnt. Denn §§ 675j und 675u BGB regeln ausschließlich die Rechtsverhältnisse zwischen dem Zahlungsdienstleister und dem Zahler im Deckungsverhältnis. Ob eine Leistung zwischen dem Zahler und dem Zahlungsempfänger besteht, kann demnach nur im Rahmen des Rechtverhältnisses zwischen Zahler und Zahlungsempfänger beantwortet werden.[601] Daneben wird die Begründung des Zivilsenats, dass eine ungerechtfertigte Bereicherung des Zahlers bei der Rückabwicklung der Belastungsbuchung wegen Nichtbestehens einer Erfüllungswirkung gegenüber dem Zahlungsempfänger des durch den Zahler nicht autorisierten Zahlungsvorgangs entsteht[602], als nicht überzeugend empfunden. Denn der Zivilsenat hat die Möglichkeit eines Rechtsscheins der Autorisierung, was in der bisherigen Rechtslage einer wirksamen Anweisung in bestimmten Fällen gleichzustellen war, ausgeschlossen.[603]

Schließlich lässt sich feststellen, dass der Schutz des Zahlungsdienstnutzers, der eine Autorisierung des Zahlungsvorgangs nicht vorgenommen hat, durch den Zivilsenat des Bundesgerichtshofs in den Vordergrund gesetzt und eine neue Rechtslage, bei der die Autorisierung des Zahlers ein Zurechnungskriterium darstellt, geschaffen wurde. Dementsprechend wird in der

597 BGH WM 2015., 1631.

598 *Ellenberger/Findeisen/Nobbe*, Kommentar zum Zahlungsverkehrsrecht, 3. Aufl., § 675u, Rn. 34.

599 *Ellenberger/Findeisen/Nobbe*, Kommentar zum Zahlungsverkehrsrecht, 3. Aufl., § 675u, Rn. 34.

600 *LBS/Herresthal*, Bankrechts-Kommentar, 3. Aufl., Kap. 3, § 675u, Rn. 24.

601 *MüKo-BGB/Schwab*, 8 Aufl., § 812, Rn. 40; *Ellenberger/Findeisen/Nobbe*, Kommentar zum Zahlungsverkehrsrecht, 3. Aufl., § 675u, Rn. 36.

602 BGH, WM 2015, 1631, 1634.

603 *LBS/Herresthal*, Bankrechts-Kommentar, 3. Aufl., Kap. 3, § 675u BGB, Rn. 24.

Praxis sowohl bei einer von Anfang an fehlenden Autorisierung als auch bei einer widerrufenen Autorisierung ein Anspruch des Zahlungsdienstleisters gegen den Zahlungsempfänger aus Nichtleistungskondiktion (§ 812 Abs. 1 S. 1 Alt. 2 BGB) bestimmt. Die Entscheidung des BGH ist mitunter positiv zu bewerten, weil einerseits setzt das neue Zahlungsdiensterecht durch § 675j BGB den Grundsatz fest, dass bei einer wirksam widerrufenen Autorisierung der Zahlungsvorgang als nicht autorisiert gilt. Dabei hätte dies nicht zu der wünschenswerten Vollharmonisierung und Rechtssicherheit geführt, wenn der Zahlungsdienstnutzer trotz der Bestimmungen des § 675j BGB den Zahlungsdienstleister mit dem Prozess der Rückabwicklung des Zahlungsbetrags belastet hätte.

2. Haftung des Zahlungsdienstnutzers

Trotz des durch § 675u BGB bestimmten Grundsatz der Haftung des Zahlungsdienstleisters im Falle eines nicht autorisierten Zahlungsvorgangs, schreibt § 675v BGB in Ausnahme dazu unter bestimmten Voraussetzungen die Haftung des Zahlungsdienstnutzers vor. Mit dieser Norm hat der Gesetzgeber den im alten Zahlungsdiensterecht geltenden § 676h BGB, der den Missbrauch von Zahlungskarten regelte, weiterentwickelt.[604] Dabei findet § 675v BGB im Unterschied zu § 676h BGB im alten Recht nunmehr auf alle Arten der Zahlungsauthentifizierungsinstrumente Anwendung.[605]

Gemäß § 675v BGB ist ein Schadensersatzanspruch des Zahlungsdienstleisters unter Umständen einschlägig, wenn ein nicht autorisierter Zahlungsvorgang auf Nutzung eines verloren gegangenen, gestohlenen oder sonst abhandengekommenen oder aufgrund sonstiger missbräuchlicher Verwendung des Zahlungsinstruments beruht. Grundsätzlich wird von § 675v Abs. 1 BGB die beschränkte verschuldensunabhängige Haftung des Zahlers für den Schaden des Zahlungsdienstleisters bis zu einem Betrag von 50 Euro vorgesehen. Dementsprechend wird vom Gesetzgeber eine Beteiligung des Zahlers an den Kosten der missbräuchlichen Verwendung eines Zahlungsinstruments ohne eigenes Verschulden vorgesehen.[606] Dabei ist das Ziel der begrenzten, verschuldensunabhängigen Haftung laut der gesetzgeberischen Materialen, einen Anreiz für den Zahlungsdienstnutzer zu

604 BT-Drucks 16/11643, S. 113.
605 BT-Drucks 16/11643, S. 113.
606 *MüKo-BGB/Zetzsche*, 8. Aufl., § 675v, Rn. 2.

schaffen, die missbräuchliche Nutzung seines Zahlungsinstruments durch eine sichere Aufbewahrung der persönlichen Sicherheitsmerkmale sowie durch eine unverzügliche Anzeige des verloren gegangenen, gestohlenen oder in sonstiger Weise abhandengekommenen Zahlungsinstruments zu verringern.[607] Allerdings kann die beschränkte verschuldensunabhängige Haftung des Zahlungsdienstnutzers unter den Voraussetzungen des §§ 675v Abs. 2 BGB ausgeschlossen sein. Das ist dann der Fall, wenn der Zahler den Verlust, den Diebstahl, das Abhandenkommen oder die sonstige missbräuchliche Verwendung nicht bemerken konnte oder der Verlust des Zahlungsinstruments durch Personen in der Verantwortungssphäre des Zahlungsdienstleisters verursacht worden ist.[608] Neben der begrenzten verschuldensunabhängigen Haftung wird durch das BGB ebenfalls die verschärfte uneingeschränkte verschuldensabhängige Haftung des Zahlers vorgesehen, wenn dieser in betrügerischer Absicht handelt oder die bei dem Zahlungsdienstleister verursachten Schäden durch vorsätzliche oder grob fahrlässige Verletzung der Pflichten aus § 675l BGB oder durch die Verletzung der Bedingungen für die Ausgabe und Nutzung des Zahlungsinstruments entstanden sind.

a) Verschuldensunabhängige Haftung gem. § 675v Abs. 1 BGB

Eine verschuldensunabhängige Haftung des Zahlungsdienstnutzers gem. § 675v Abs. 1 BGB setzt voraus, dass ein durch den Zahler nicht autorisierter Zahlungsvorgang unter Einsatz eines Zahlungsinstruments ausgelöst wird, das verloren gegangen, gestohlen oder abhandengekommen oder auf sonstige Weisen missbräuchlich verwendet wurde. Festzustellen ist, dass die Norm zum einen verkörperte Zahlungsinstrumente voraussetzt, welche verloren gegangen, gestohlen oder sonstig abhandengekommen sein können (§ 675v Abs. 1 Alt. 1BGB). Ein für die Praxis relevantes Beispiel eines verkörperten Zahlungsinstruments, das abhandenkommen gehen kann, stellen Zahlungskarten dar.[609] Zu den verkörperten Zahlungsinstrumenten

607 BT-Drucks 16/11643, S. 113.

608 *MüKo-BGB/Zetzsche*, BGB § 675v, Rn. 2.

609 *Ellenberger/Findeisen/Nobbe*, Kommentar zum Zahlungsverkehrsrecht, 3. Aufl., § 675v, Rn. 21.

gehören darüber hinaus Chipkarten mit Signaturfunktion.[610] Zum anderen setzt das Eingreifen des § 675v Abs.1 Alt.1 BGB einen Verlust, Diebstahl oder sonstiges Abhandenkommen des Zahlungsinstruments voraus.[611] Dabei fallen unter die Fallkonstellationen des Verlusts und Diebstahls, folglich die verkörperten Zahlungsinstrumente, wie Zahlungskarten und Verkörperungen wie Tan-Generatoren,[612] an welchen der Zahler unfreiwillig den unmittelbaren Besitz verliert[613],

Außerdem werden durch § 675v Abs. 1 Alt. 2 BGB die Fälle erfasst, in denen der Missbrauch auf der sonstig missbräuchlichen Verwendung des Zahlungsinstruments beruht. Durch diese Vorschrift werden einerseits die Fälle erfasst, in denen die missbräuchliche Verwendung des Zahlungsinstruments infolge der Nutzung der nichtkörperlichen Sicherheitsmerkmale durch einen unbefugten Dritten[614] erfolgt ist, wie bspw. die Verwendung der TAN im Online-Banking.[615] Andererseits werden durch § 675v Abs. 1 Alt. 2 BGB die Fälle erfasst, in denen ein verkörpertes Zahlungsinstrument missbräuchlich ohne Abhandenkommen verwendet wird, wie bspw. das missbräuchliche Nutzen der Daten einer Zahlungskarte.[616]

Liegen alle Voraussetzungen des § 675v Abs. 1 BGB vor, haftet der Zahlungsdienstnutzer verschuldensunabhängig für die entstandenen Schäden bis zu einem Betrag von 50 Euro. Dementsprechend lässt sich erkennen, dass der Gesetzgeber dem Zahlungsdienstnutzer im Falle des Einsatzes des verlorengegangenen, gestohlenen oder abhandengekommenen oder auf sonstige Weise missbräuchlich verwendeten Zahlungsinstruments eine begrenzte pauschale Haftung zuweist. Fraglich ist dabei, ob nach dieser Entscheidung des Gesetzgebers zur Risikoverteilung das Prinzip des un-

---

610 *Schimansky/Bunte/Lwowski/Maibold*, Bankrechts-Handbuch, 5. Aufl., § 54 Rn. 58; *LBS/Langenbucher*, Bankrechts-Kommentar, 3. Aufl., Kap. 4, § 675v BGB, Rn. 5; LG Kiel, BKR 2018, 528, 530.

611 *Ellenberger/Findeisen/Nobbe*, Kommentar zum Zahlungsverkehrsrecht, 3. Aufl., § 675v, Rn. 21.

612 *LBS/Herresthal*, Bankrechts-Kommentar, 3. Aufl., Kap. 3, § 675v BGB, Rn.19; *Ellenberger/Findeisen/Nobbe*, Kommentar zum Zahlungsverkehrsrecht, 3. Aufl., § 675v, Rn. 24.

613 *Ellenberger/Findeisen/Nobbe*, Kommentar zum Zahlungsverkehrsrecht, 3. Aufl., § 675v, Rn. 25; *Grüneberg/Sprau*, BGB, 81. Aufl., § 675v Rn. 3; *Staudinger/Omlor*, (2020), BGB, § 675v Rn. 12.

614 BT-Drucks, 16/11642, S. 113.

615 *LBS/Herresthal*, Bankrechts-Kommentar, 3. Aufl., Kap. 3, § 675v BGB, Rn. 22.

616 BT-Drucks, 16/11642, S. 113.

widerleglich vermuteten Verschuldens anwendbar ist.[617] Dies würde sich damit begründen lassen, dass das Abhandenkommen eines Zahlungsinstruments sehr wahrscheinlich infolge der fehlenden Sorgfalt hinsichtlich des Zahlungsinstruments erfolgt ist.[618] Es kann jedoch nicht damit begründet werden, dass dies bspw. wegen eines Raubes geschehen ist, da in dieser Konstellation keineswegs das Fehlen des sorgfältigen Verhaltens des Zahlungsdienstnutzers festgestellt werden kann.[619] In der Vorschrift des § 675v Abs. 1 BGB hat der Gesetzgeber kein Verschulden des Zahlers vorausgesetzt, sodass es sich hierbei um eine Gefährdungshaftung des Zahlers bis zu einem Betrag von 50 Euro handelt.[620] Dies wurde vom Gesetzgeber damit begründet, dass eine pauschalisierte Haftung einen Anreiz für den Zahlungsdienstnutzer schafft, das Abhandenkommen des Zahlungsinstruments anzuzeigen.[621] Dabei wird seitens des deutschen Gesetzgeber von dem Gedanken[622] Abstand genommen, dass die verschuldensunabhängige Haftung des Zahlungsdienstnutzers für die Fälle ausgeschlossen ist, in denen die Missbrauchsursache nicht in der Risikosphäre des Zahlers liegt (bspw. die Manipulation von Geldautomaten, Ausspähen der PIN).[623] Zu berücksichtigen ist, dass diese Fallkonstellationen vor dem Inkrafttreten der zweiten Zahlungsdiensterichtlinie wegen des Tatbestands der Norm nicht erfasst waren,[624] jedoch anscheinend nach dem Wortlaut der neuen Fassung des § 675v BGB erfasst sind. Jedoch ist hinsichtlich der auf den ersten Blick erscheinenden Erweiterung der haftungsunabhängigen Haftung des Zahlungsdienstnutzers zu beachten, dass durch § 675v Abs. 2 BGB eine Entlastungsmöglichkeit für den Zahler von der verschuldensunabhängigen Haftung vorgesehen ist, wenn es zum einem objektiv nicht möglich gewesen ist, den Missbrauch des Zahlungsinstruments zu bemerken und zum anderen, wenn der Verlust des Zahlungsinstruments in der Risikosphäre des Zahlungsdienstleisters liegt. Damit wird vom Gesetzgeber trotz der in § 675v Abs. 1 BGB vorgeschriebenen verschuldensunabhängigen Haftung

617 *Oechsler*, WM, 10, 1381, 1382.
618 *Casper/Pfeife*, WM 2009, 2343, 2346; BGH NJW, 91, 1886, 1888.
619 *Linardatos*, Das Haftungssystem im bargeldlosen Zahlungsverkehr. S. 187.
620 *MüKo-BGB/Zetzsche*, 8. Aufl., § 675v, Rn. 16; *Budde*, Das Vertragsrecht der Zahlungsdienste, 2017, S. 184.
621 ZDRL, Erwägungsgrund 71.
622 *Linardatos*, WM, 2014, 300, 303.
623 *Hoffmann*, VuR. 2016, 243, 244.
624 *Hoffmann*, VuR. 2016, 243, 244.

ein Verschuldenselement für die Fälle eingeführt, in denen eine verschuldensunabhängige Gefährdungshaftung nicht gerechtfertigt werden kann.[625]

Die fehlende objektive Bemerkbarkeit hängt nach dem Zweck der Norm von dem subjektiven Umstand des konkreten nicht autorisierten Zahlungsvorgangs ab.[626] Dabei handelt sich bei § 675 Abs. 2 BGB nicht um ein schuldhaftes Nichtbemerken, sondern um einen objektiven Maßstab, der unter Berücksichtigung der Umstände des Einzelfalls zu beachten ist, um festzustellen, ob es dem Zahler in der konkreten Situation nicht möglich war, den Missbrauch des Zahlungsinstruments zu bemerken.[627] Hinsichtlich der Zahlungskarten kann die fehlende Bemerkbarkeit bspw. dann denkbar sein, wenn das Zahlungsinstrument während des Schlafs oder der Ohnmacht gestohlen wird, oder in den Fällen, in denen der Zahler keinen unmittelbaren Zugriff auf das Zahlungsinstrument hat.[628] Problematisch ist die Feststellung der fehlenden Bemerkbarkeit, wenn die missbräuchliche Verwendung des Zahlungsinstruments ohne ein Abhandenkommen erfolgt ist. Denn in diesen Fällen kann der Zahlungsdienstnutzer die missbräuchliche Verwendung erst nach der Abwicklung der Zahlung bemerken. In diesem Fall könnte man davon ausgehen, dass ein Haftungsausschluss wegen fehlender Bemerkbarkeit hinsichtlich der ersten missbräuchlichen Zahlung eingreift, wobei hinsichtlich weiterer Zahlungen mit denselben Zahlungsdaten von einer objektiven Möglichkeit der Feststellung des Missbrauchs auszugehen ist.[629] Allerdings wäre eine völlige Freistellung der Risikohaftung des Zahlers nicht in allen Fällen gerechtfertigt, in denen ihm das Bemerken des Missbrauchs nicht möglich war. Dazu gehören beispielsweise die Fallkonstellationen, in denen der Zahler wegen des nicht sicheren Aufbewahrens des Instruments fahrlässig den Missbrauch ermöglicht hat.[630] Deshalb wird dem Zahler vom Gesetzgeber die Verpflichtung auferlegt, mit objektiv erforderlicher Sorgfalt in Bezug auf das Zahlungsinstrument

625 BT-Drucks, 18/11495, S. 165; *Ellenberger/Findeisen/Nobbe*, Kommentar zum Zahlungsverkehrsrecht, 3. Aufl., § 675v, Rn. 43; *LBS/Langenbucher*, Bankrechts-Kommentar, 3. Aufl., Kap. 4, § 675v BGB, Rn. 9; *Schwintowski*, Bankrecht, 6. Aufl., Kap. 10, Rn. 369.

626 BT-Drucks, 18/11495, S. 165.

627 *Hoffmann*, VuR. 2016, 243, 244.

628 *Hoffmann*, VuR. 2016, 243, 244.

629 *Hoffmann*, VuR. 2016, 243, 245.

630 *Ellenberger/Findeisen/Nobbe*, Kommentar zum Zahlungsverkehrsrecht, 3. Aufl., § 675v, Rn. 46.

umzugehen.[631] Fahrlässiges Verhalten des Zahlers bestimmt sich hierbei nach § 276 BGB, wobei der Zahler »das nach dem Urteil besonnener und gewissenhafter Angehöriger des in Betracht kommenden Verkehrskreises« beachten muss.[632]

Darüber hinaus ist die verschuldensunabhängige Haftung des Zahlers gem. § 675 Abs. 2 BGB ausgeschlossen, wenn der Verlust des Zahlungsinstruments in den Verantwortungsbereich des Zahlungsdienstleisters fällt und der Verlust durch einen Angestellten, Agenten, durch eine Zweigniederlassung des Zahlungsdienstleisters oder durch eine andere dem Zahlungsdienstleister zurechenbare Person verursacht wird. Durch die Norm werden nicht nur für den Zahlungsdienstleister direkt tätige Personen, sondern auch die Personen erfasst, die mittels des Dienstvertrags oder in sonstiger Weise für den Zahlungsdienstleister oder in dessen Interesse tätig sind.[633] Dabei werden die Fälle zum Haftungsausschluss des Zahlers gem.§ 675v Abs. 2 Nr. 2 BGB führen, in denen die missbräuchliche Verwendung bspw. dadurch entstanden ist, dass durch den Betreiber des Geldausgabeautomaten das Ausspähen der PIN ermöglicht wurde.[634]

Schließlich ist festzustellen, dass durch § 675v Abs. 1 BGB, abweichend von dem in § 675u BGB bestimmtem Grundsatz, dass das Risiko eines vom Zahler nicht autorisierten Zahlungsvorgangs der Zahlungsdienstleiter trägt, grundsätzlich eine verschuldensunabhängige Risikohaftung des Zahlungsdienstnutzers für den Fall einer nicht autorisierten Zahlung vorgeschrieben wird. Dementsprechend ist der Zahlungsdienstleister berechtigt, im Falle eines nicht autorisierten Zahlungsvorgangs, der unter Einsatz eines Zahlungsinstruments ausgelöst wurde, den Ersatz seines Schadens bis zum Höchstbetrag von 50 Euro zu verlangen. Allerdings wird die Haftung für den nicht autorisierten Zahlungsvorgang durch die Einfügung der Entlastungsmöglichkeit gemäß § 675 Abs. 2 BGB von einem Verschuldenselement abhängig gemacht. Der Zahlungsdienstnutzer haftet gem. § 675v Abs. 5 S. 1 BGB nur für den Schaden des Zahlungsdienstleisters, der vor dem Zugang der Anzeige über den Verlust, Diebstahl oder das Abhandenkommen bzw. die sonstige missbräuchliche Verwendung des Zahlungsinstruments

---

631 *MüKo-BGB/Zetzsche*, 8. Aufl., § 675v, Rn. 35; *LBS/Herresthal*, Bankrechts-Kommentar, 3. Aufl., Kap. 3, § 675v BGB, Rn. 32.

632 BT-Drucks, 18/11495, S. 165; *MüKo-BGB/Zetzsche*, 8. Aufl., § 675v, Rn. 35.

633 *Hoffmann*, VuR 2016, 243, 246.

634 *Ellenberger/Findeisen/Nobbe*, Kommentar zum Zahlungsverkehrsrecht, 3. Aufl., § 675v, Rn. 49.

entstanden ist.[635] Sowohl durch die Bestimmung des § 675v Abs. 1 BGB als auch des Abs. 2 soll ein Anreiz für den Zahlungsdienstnutzer geschaffen werden, die missbräuchliche Verwendung durch die sichere Aufbewahrung des Zahlungsinstruments und der personalisierten Sicherheitsmerkmale sowie durch die schnellstmögliche Anzeige über den Missbrauch zu verhindern. Dementsprechend nutzen die Bestimmungen des § 675v BGB die Schadenspräventionsfunktion der Haftung.[636]

b) Verschuldenshaftung gem. § 675v Abs. 3 BGB

Eine Verschärfung der in § 675v Abs. 1 BGB vorgesehenen Haftung des Zahlungsdienstnutzers wird durch § 675v Abs. 3 BGB bestimmt. Dadurch wird dem Zahlungsdienstnutzer die Verpflichtung auferlegt, die gesamten infolge eines nicht autorisierten Zahlungsvorgangs entstandenen Schäden des Zahlungsdienstleisters zu ersetzen, wenn er in betrügerischer Absicht handelte oder seine Sorgfaltspflichten in Bezug auf das Zahlungsinstrument vorsätzlich oder grob fahrlässig verletzt hat. Durch § 675v Abs. 3 BGB wird im Unterschied zu Abs. 1 BGB zum einen die Höchstobergrenze der Haftung beseitigt, d.h. der Zahlungsdienstnutzer haftet nach dem Tatbestand des § 675v Abs. 3 BGB unbegrenzt. Zum anderen wird im Vergleich zur verschuldensunabhängigen Haftung gem. § 675v Abs. 1 BGB eine grob fahrlässige oder vorsätzliche Pflichtverletzung des Zahlers vorausgesetzt.[637] Erfasst werden durch die Norm die Sorgfaltspflichten des Zahlers gemäß § 675l Abs. 1 (§ 675v Abs. 3 Nr. 2 Buchst. a) BGB) sowie die Ausgabe- und Nutzungsbedingungen des Zahlungsinstruments, die vertraglich vereinbart werden (§ 675v Abs. 3 Nr. 2 Buchst. b) BGB). Dabei liegt die Verpflichtung des Zahlungsdienstnutzers nach § 675l BGB zum einen darin, dass dieser die personalisierten Sicherheitsmerkmale nach dem Erhalt des Zahlungsinstruments vor unbefugtem Zugriff zu schützen hat. Darüber hinaus ist der Zahlungsdienstnutzer zur unverzüglichen Anzeige der missbräuchlichen Verwendung des Zahlungsinstruments gegenüber dem Zahlungsdienstleister verpflichtet. Verletzt der Zahlungsdienstnutzer diese Pflichten, greift die

635 *Ellenberger/Findeisen/Nobbe*, Kommentar zum Zahlungsverkehrsrecht, 3. Aufl., § 675v, Rn. 54.

636 *LBS/Langenbucher*, Bankrechts-Kommentar, 3. Aufl., Kap. 4, § 675v BGB, Rn. 1.

637 *Ellenberger/Findeisen/Nobbe*, Kommentar zum Zahlungsverkehrsrecht, 3. Aufl., § 675v, Rn. 58.

unbegrenzte Haftung gem. § 675v, Abs. 3 Nr. 2 Buchst. a) BGB ein. Dasselbe gilt, wenn der Zahlungsdienstnutzer die vertraglich vereinbarten Pflichten bezüglich der Ausgabe und Nutzungsbedingungen verletzt. Beispielsweise sind die Online-Banking-Bedingungen[638] oder die Bedingungen der kartenausgebenden Institute[639]zu nennen. Allerdings ist für das Eingreifen des § 675v Abs. 3 BGB maßgeblich, dass der Zahler die oben dargestellten Pflichten vorsätzlich oder grob fahrlässig verletzt.

Ein vorsätzliches Handeln des Zahlers liegt nach der in der Rechtsprechung vertretenden Meinung vor, wenn der Zahler hinsichtlich des pflichtwidrigen Schadens des Zahlungsdienstleisters Kenntnis hat und in seinen Willen aufnimmt oder diesen Schaden zumindest billigend in Kauf nimmt.[640] Wenn sich der Zahler über die tatsächlichen Umstände irrt, ist ein vorsätzliches Handeln nach der Rechtsprechung ausgeschlossen.[641] Dagegen müssen für die Begründung eines grob fahrlässigen Handelns des Zahlers die individuellen subjektiven Umstände berücksichtigt[642] und daher im Einzelfall durch die Gerichte entschieden werden, ob eine grobe Fahrlässigkeit vorliegt oder nicht.[643] Nach dem allgemeinen deutschen Zivilrecht liegt grobe Fahrlässigkeit vor, wenn die Sorgfalt, die im Verkehr erforderlich ist, in schwerem Maße verletzt wird, indem die einfachsten und naheliegensten Überlegungen nicht angestellt und beachtet werden, was jeder hätte bemerken müssen.[644] Die Rechtsprechung geht vom Vorliegen eines grob fahrlässigen Verhaltens des Zahlungsdienstnutzers aus, wenn beispielsweise die Zahlungskarte und Geheimzahl am selben Ort aufbewahrt werden[645], wenn die PIN einer Zahlungskarte an einen Dritten bewusst mitgeteilt wird und dadurch eine missbräuchliche Verwendung ver-

---

638 *LBS/Herresthal*, Bankrechts-Kommentar, 3. Aufl., Kap. 3, § 675v BGB, Rn. 59.

639 *MüKo-BGB/Zetzsche,* 8. Aufl., § 675v, Rn. 45.

640 *Schimansky/Bunte/Lwowski*, Bankrechts-Handbuch, 5. Aufl., § 54, Rn. 71, § 55 Rn. 112; *LBS/Herresthal*, Bankrechts-Kommentar, 3. Aufl., Kap. 3, § 675v BGB, Rn. 60; *Ellenberger/Findeisen/Nobbe*, Kommentar zum Zahlungsverkehrsrecht, 3. Aufl., § 675v, Rn. 100.

641 BGH WM, 1977, 1081; BGH WM, 1992,1379; BGH NJW 1995, 1960, 1961; BGH WM 2007, 487.

642 BGH NJW 2007,2988, 2989.

643 *Ellenberger/Findeisen/Nobbe,* Kommentar zum Zahlungsverkehrsrecht, 3. Aufl., § 675v, Rn. 84; BGH WM 2012, 983, 985 Tz. 24.

644 BGH NJW, 1984, 789, 79; BGH NJW 1992, 3235, 3236; *Ellenberger/Findeisen/Nobbe*, Kommentar zum Zahlungsverkehrsrecht, 3. Aufl., § 675v, Rn. 82; *MüKo-BGB/Zetzsche*, 8. Aufl., § 675v, Rn. 42.

645 LG Köln, NJW-RR 2001, 1340 (1341); *MüKo-BGB/Zetzsche*, 8. Aufl., § 675v, Rn. 47.

ursacht[646] oder der Kartenverlust oder Diebstahl nicht unverzüglich nach Feststellung angezeigt wird.[647] Die durch die Rechtsprechung anerkannten Beispiele der groben Fahrlässigkeit beim Online-Banking sind mitunter die bewusste Eingabe mehr als einer TAN[648], die bewusste Mitteilung der TAN an eine andere Person,[649] keine Geheimhaltung der personalisierten Sicherheitsmerkmale wie Passwörter, PIN, TAN, Signaturen[650] sowie wenn der Zahler bei Phishing- oder Pharming-Attacken nichts unternimmt und dadurch einen Missbrauch ermöglicht.[651]

Letzlich haftet der Zahlungsnutzer gem. § 675v Abs. 3 Nr. 1 BGB unbegrenzt für den Schaden des Zahlungsdienstleisters, wenn er in betrügerischer Absicht gehandelt hat. Der Zahler handelt in betrügerischer Absicht, wenn er sich durch Täuschung des Zahlungsdienstleisters im Rahmen der missbräuchlichen Verwendung des Zahlungsinstruments einen unberechtigten Vermögensvorteil verschaffen will.[652] Eine kausale Herbeiführung eines nicht autorisierten Zahlungsvorgangs ist dabei nicht erforderlich.[653] Die Norm gilt auch für die Fälle, in denen der Zahlungsdienstnutzer über das Abhandekommen und die missbräuchliche Nutzung des Zahlungsinstruments zunächst keine Kenntnis hat, aber nachträglich erkennt und zum Zwecke des Betrugs ausnutzt.[654]

Wenn alle oben dargestellen Voraussetzungen des § 675v Abs. 3 BGB vorliegen, haftet der Zahler unbegrenzt für den Schaden, der aufgrund des nicht autorisierten Zahlungsvorgangs wegen der missbräuchlichen Verwendung des Zahlungsinstruments enstanden ist. Dabei ist nach § 675v Abs. 5 S. 1 BGB die Haftung des Zahlers genauso wie bei der verschuldensunabhängigen Haftung des Zahlers gem. § 675v Abs. 1 BGB auf die Schäden des

646 *MüKo-BGB/Zetzsche*, BGB, 8. Aufl., § 675v, Rn. 50.

647 *MüKo-BGB/Zetzsche,* 8. Aufl., § 675v, Rn. 51.

648 OLG München, Urt. V 23.01.2012 – 17 U 3527/11; *Ellenberger/Findeisen/Nobbe*, Kommentar zum Zahlungsverkehrsrecht, 3. Aufl., § 675v Rn. 88; *MüKo-BGB/Zetzsche*, 8. Aufl., § 675v, Rn. 53.

649 *Borges*, BKR 2009, 85, 86; LG Berlin, MMR 2010, 137, *LBS/Herresthal*, Bankrechts-Kommentar, 3. Aufl., Kap. 3, § 675v BGB, Rn. 60.

650 *Ellenberger/Findeisen/Nobbe*, Kommentar zum Zahlungsverkehrsrecht, 3. Aufl., § 675v, Rn. 91.

651 KG WM 2011, 493, *Borges*, NJW 2005, 3313, 3315; *LBS/Herresthal*, Bankrechts-Kommentar, 3. Aufl., Kap. 3, § 675v BGB, Rn. 64; *MüKo-BGB/Zetzsche*, 8. Aufl., § 675v, Rn. 54; *Zahrte* MMR 2013, 207, 208.

652 *MüKo-BGB/Zetzsche*, 8. Aufl., § 675v, Rn. 41; *Grüneberg/Sprau,* BGB, 81. Aufl., § 675v, Rn. 8.

653 *LBS/Herresthal*, Bankrechts-Kommentar, 3. Aufl., Kap. 3, § 675v BGB, Rn. 53.

654 BT-Drucks,18/11495, S. 166; *Grüneberg/Sprau,* BGB, 81. Aufl., § 675v, Rn. 8.

Zahlungsdienstleisters beschränkt, die vor dem Zugang der Anzeige über den Verlust, Diebstahl oder das Abhandekommen entstanden sind. Eine Ausnahme von dieser Regel stellen die Fallkonstellationen dar, in denen der Zahler in betrügerischer Absicht handelt (§ 675v Abs. 5 S. 2 BGB).

Damit lässt sich erkennen, dass anhand § 675v Abs. 3 BGB vom Gesetzgeber zum Zwecke der Anreizschaffung für den Zahlungsdienstnutzer eine Einstandspflicht vorgesehen wurde und diese dabei nicht nach Schadenshöhe, sondern dem Tatbestand nach begrenzt ist. Von besonderer Bedeutung sind in diesem Fall die durch AGB vereinbarten Pflichten, weil die Erweiterung der Schutzpflichten des Zahlungsdienstnutzers zur größeren Gefahr der Ausführung der unbegrenzten Haftung des Zahlungsdienstnutzers führen kann.[655] Positiv zu bewerten ist jedoch, dass die verschuldensabhängige Verletzung der vertraglich vereinbarten Pflichten des Zahlungsdienstnutzers auf das zumindest grob fahrlässiges Handeln beschränkt. Darüber hinaus unterliegen die vertraglich vereinbarten Pflichten des Zahlungsdienstnutzers einer Inhaltskontrolle gem. § 307 BGB.[656] Bei der Bestimmung des § 675v Abs. 3 BGB handelt sich in erster Linie darum, dass für den Zahlungsdienstnutzer ein Anreiz geschaffen werden muss, mit optimalen Vorsorgemaßnahmen zur Schadensprävention beizutragen.[657] Dabei ist vom Gesetzgeber nach den Grundsätzen der Sphärenhaftung nicht bezweckt worden, alle Risiken durch die Erweiterung des Sorgfaltsmaßstabs auf den Zahlungsdienstnutzer zu übertragen, weil sich das Zahlungsinstrument, genauso wie die personalisierten Sicherheitsmerkmale, in der Sphäre des Nutzers befindet und der Zahlungsdienstleister keinen Einfluss auf die Entstehung des Missbrauchsfall hat.[658] Der Zahlungsdienstleister hat gleichwohl auch die Möglichkeit, zur Schadensprävention beizutragen (bspw. technische Modernisierung), obwohl er keinen mittelbaren Zugriff auf das Zahlungsinstrument hat.[659]

655 *Hoffmann*, VuR. 2016, 243, 247.

656 *Hoffmann*, VuR. 2016, 243247, *Staudinger-Omlor*, BGB, § 675v Rn. 27.

657 *Koller*, NJW 81, 2433, 2434.

658 *Linardatos*, Das Haftungssystem im bargeldlosen Zahlungsverkehr, S. 209: OLG Frankfurt, NJW 90, 1184, 1185.

659 *Taupitz*, Kreditkartenmissbrauch, S. 262.

c) Haftungssauschluss bei Fehlen der starken Kundenauthentifizierung

Eine für den elektronischen Zahlungsverkehr relevante Regel wird von § 675v Abs. 4 BGB bestimmt, wonach die Haftung des Zahlungsdienstnutzers gem. § 675 Abs. 1 und 3 BGB ausgeschlossen ist, wenn der Zahlungsdienstleister keine starke Kundenauthentifizierung von seinem Zahler verlangt oder der Zahlungsempfänger oder dessen Zahlungsdienstleister eine starke Kundenauthentifizierung nicht akzeptiert. Dementsprechend trägt in diesem Fall gem. § 675v Abs. 4 BGB der Zahlungsdienstleister das Risiko eines nicht autorisierten Zahlungsvorgangs wegen Missbrauchs des Zahlungsinstruments. Dabei muss der Zahlungsdienstleister zur Vermeidung des Haftungsausschlusses des Zahlers die starke Kundenauthentifizierung nicht nur bereitstellen, sondern tatsächlich von dem Zahlungsdienstnutzer verlangen.[660] Das gleiche gilt, wenn der Zahlungsdienstleister die Auslösung des Zahlungsvorgangs sowohl mit als auch ohne starke Kundenauthentifizierung bereitstellt und der Zahler den Zahlungsvorgang ohne starke Kundenauthentifizierung auslöst.[661] Begründet wird dies damit, dass durch die Bereitstellung einer weniger sicheren Möglichkeit zur Auslösung der Zahlung der Zahlungsdienstleisters das Risiko des Missbrauchs erhöht hat.[662] Dabei ist für das Eingreifen des § 675 Abs. 1 Nr. 1 BGB unerheblich, ob der Zahler vorsätzlich oder grob fahrlässig gehandelt hat.[663] Eine Ausnahme von dieser Regel stellen nur die Fälle dar, in denen der Zahler in betrügerischer Absicht handelt. In diesem Fall greift der Haftungsausschluss gem. § 675v Abs. 4 Nr. 1 BGB nicht ein und der Zahler haftet unbegrenzt für den Schaden des Zahlungsdienstleisters (§ 675v Abs. 4 S. 2 BGB).[664] Wenn hingegen der Zahlungsdienstleister des Zahlers eine starke Kundenauthentifizierung bereitstellt, diese jedoch durch den Zahlungsempfänger oder dessen Zahlungsdienstleister nicht akzeptiert wird, ist die Freistellung des Zahlers von der Schadensersatzpflicht gem. § 675v Abs. 4 Nr. 2 BGB begründet. In diesem Fall hat der Zahlungsdienstleister des Zahlers gegenüber dem Zahlungsempfänger einen Schadenersatzanspruch gem. § 675 Abs. 4 S. 2 BGB. Ein betrügerisches Handeln des Zahlers schließt auch in diesem Fall den Haftungsausschluss gem. § 675v Abs. 4 Nr. 2 BGB aus.

---

660 *LBS/Herresthal*, Bankrechts-Kommentar, 3. Aufl., Kap. 3, § 675v BGB, Rn. 76.

661 *MüKo-BGB/Zetzsche*, 8. Aufl., § 675v, Rn. 64.

662 *MüKo-BGB/Zetzsche*, 8. Aufl., § 675v., Rn. 64.

663 *Hofmann*, VuR 2016, 243, 248.

664 *Ellenberger/Findeisen/Nobbe*, Kommentar zum Zahlungsverkehrsrecht, 3. Aufl., § 675v, Rn. 135.

d) Beweislastverteilung

Die Regeln der Verteilung der Beweislast bei fehlender Autorisierung wird im Zahlungsdiensterecht nur für die Fälle bestimmt, wenn ein Zahlungsvorgang unter Einsatz eines Zahlungsinstruments ausgelöst wird. In diesem Fall wird die Beweislastverteilung in § 675w BGB bestimmt. Bei allen anderen Fallen gelten dabei die allgemeinen Beweislastregeln.[665]

Wird ein Zahlungsvorgang nicht unter Einsatz eines elektronischen Zahlungsinstruments ausgelöst, muss der Zahlungsdienstleister für den Aufwendungsersatzanspruch die Autorisierung des Zahlungsvorgangs durch den Kontoinhaber (z.B. die Echtheit der Unterschrift des Kontoinhabers) oder durch den Zahlungsdienstnutzer beweisen.[666] Dagegen trägt im Falle eines Erstattungsanspruchs gem. § 675u S. 2 BGB grundsätzlich der Zahlungsdienstnutzer die Beweislast, weil er den Anspruch stellt.[667] Hierbei muss der Zahler beweisen, dass er den Zahlungsvorgang nicht autorisiert hat. Allerdings wird dem Zahlungsdienstleister die sekundäre Darlegungs- und Beweislast auferlegt.[668] Dabei hat der Zahlungsdienstleister die Umstände zu konkretisieren, auf welche die Autorisierung gestützt worden ist.[669]

Für die Fälle, in denen ein nicht autorisierter Zahlungsvorgang unter Einsatz eines Zahlunginstruments ausgelöst wurde, greifen die Vorschriften des § 675w BGB. Im Rahmen des § 675w BGB werden die Mindestanforderungen festgelegt, wie die Beweislast im Fall eines streitigen Zahlungsvorgangs unter Einsatz des Zahlungsinstruments erfolgen soll.[670] Somit wird durch § 675w Abs. 1 BGB der Grundsatz bestimmt, dass im Falle eines streitig ausgeführten Zahlungsvorgangs der Zahlunsdienstleister zu beweisen hat, dass die Authentifizierung des Zahlungsvorgangs erfolgt ist und der Zahlungsvorgang ordnungsgemäß aufgezeichnet, verbucht und nicht durch eine Störung beeinträchtigt wurde. Dabei liegt eine Authentifizierung

---

665 *Ellenberger/Findeisen/Nobbe*, Kommentar zum Zahlungsverkehrsrecht, 3. Aufl., § 675u, Rn. 41.

666 BVerfG WM 2010, 208,209; BGH, WM 1984, 1213; *Ellenberger/Findeisen/Nobbe*, Kommentar zum Zahlungsverkehrsrecht, 3. Aufl., § 675u, Rn. 39.

667 *Ellenberger/Findeisen/Nobbe*, Kommentar zum Zahlungsverkehrsrecht, 3. Aufl., § 675u, Rn. 44.

668 *MüKo-BGB/Zetzsche*, 8. Aufl., § 675u, Rn. 18.

669 OLG Dresden Urt. v. 21.6.2018 – 8 U 1586/17; *Ellenberger/Findeisen/Nobbe*, Kommentar zum Zahlungsverkehrsrecht, 3. Aufl., § 675u, Rn. 44.

670 *LBS/Herresthal*, Bankrechts-Kommentar, 3. Aufl., Kap. 3, § 675w BGB, Rn. 5.

gem. § 675w S. 2 BGB vor, wenn eine formalisierte Überprüfung des Zahlungsinstruments und der personalisierten Sicherheitsmerkmale durch den Zahlungsdienstleister durchgeführt wurde. Beispielsweise muss der Zahlungsdienstleister beim Online-Banking die Kundenkennung sowie PIN und TAN überprüfen.[671] Die ordnungsgemäße Aufzeichnung, Verbuchung und störungsfreie Abwicklung des Zahlungsvorgangs wird in der Praxis durch aussagekräftige Protokolle des Geldautomaten, POS-Terminals oder des Servers des Online-Banking bewiesen.[672] Allerdings soll der Nachweis der ordnungsgemäßen Aufzeichnung, Verbuchung sowie der störungsfreien Abwicklung des Zahlungsvorgangs den Anforderungen des § 675w S. 3 BGB nicht genügen, die Autorisierung des Zahlungsvorgangs durch den Zahler, die Verletzung der Sorgfaltspflichten sowie das betrügerische Handeln des Zahlers nachzuweisen. Hierbei begründet allein der Nachweis der Authentifizierung keinen Aufwendungsersatzanspruch oder Schadensersatzanspruch des Zahlungsdienstleisters gegenüber dem Zahler.[673] Dementsprechend kann nur durch die Gerichte entschieden werden, ob im Einzelfall ein Anscheinsbeweis vorliegt oder nicht (§ 286 ZPO).[674]

B. Rechtslage in Russland

I. Allgemeines zur Durchführung der Zahlung

Die rechtlichen Normen bezüglich der Durchführung einer Zahlung im russischen Recht werden im Vergleich zum deutschen Recht nicht einheitlich, sondern durch mehrere Rechtsquellen geregelt. Die allgemeinen Regeln zur Durchführung der Zahlung in Form von Überweisungsaufträgen, Bedingungen für die Ausführung eines Zahlungsauftrags sowie die Haftung wegen der Nichtausführung werden im Kapitel 46 »Verrechnungen« (Art. 863-866) ZGB festgelegt. Darüber hinaus enthält die Verordnung der Zentralbank der Russischen Föderation »Über die Regeln der Abwicklung der Geldmittelüberweisungen« die speziellen Regelungen bezüglich der Annahme zur Ausführung, den Widerruf und die Ablehnung von Zahlungsaufträgen durch die Bank. Außerdem werden die Grundlagen des

671 *Schwintowski*, Bankrecht, 6. Aufl., Kap. 10, Rn. 410.

672 *MüKo-BGB/Zetzsche*, 8. Aufl., § 675w Rn. 7; *Ellenberger/Findeisen/Nobbe*, Kommentar zum Zahlungsverkehrsrecht, 3. Aufl., § 675w, Rn. 20

673 BT-Drucks, 16/11643, S. 114.

674 BT-Drucks, 16/11643, S. 114; *Schwintowski*, Bankrecht, 6. Aufl., Kap. 10, Rn. 413.

Durchführungsverfahren der Zahlung unter Einsatz von elektronischen Zahlungsmitteln im Gesetz »Über das nationale Zahlungssystem« festgelegt.

1. Einführung

Die Definition des Begriffs »Verrechnungen« ist durch das ZGB nicht gegeben. In der Literatur wird unter »Verrechnungen« das Verfahren der Übertragung und des Empfangs der Geldmittel verstanden.[675] Die Verrechnungen unter Beteiligung von Bürgern, die nicht im Zusammenhang mit der Ausübung einer unternehmerischen Tätigkeit durch diese stehen, können nach Art. 861 Pkt. 1 ZGB in Bargeld ohne eine Betragsbeschränkung oder bargeldlos abgewickelt werden. Die bargeldlosen Zahlungen können nach Art. 861 Pkt. 3 ZGB durch die Banken und andere Kreditinstitute mit oder ohne Eröffnung eines Bankkontos abgewickelt werden. Die Abwicklung der bargeldlosen Zahlungen ist nur in Art. 862 Pkt. 1 ZGB sowie durch die in anderen normativen Akten bestimmten Formen zulässig. Eine positive Aufzählung der bargeldlosen Verrechnungen findet sich in Art. 862 Pkt. 1 ZGB. Dementsprechend erfolgen die bargeldlosen Verrechnungen in der Form von Überweisungsaufträgen, aufgrund eines Akkreditivs, Schecks oder Verrechnung über Inkasso. Diese Liste ist jedoch nicht abschließend und wird durch die Verordnung »Über die Abwicklung der Geldmittelüberweisungen« ergänzt. So gehört zu den Formen der bargeldlosen Verrechnungen nach Art. 1 Pkt. 1 der Verordnung auch die Verrechnung in Form der Überweisung des elektronischen Geldes. Den Vertragsparteien sind gem. Art. 862 Pkt. 2 ZGB berechtigt, jede in Art. 862 Abs. 1 ZGB und in den anderen normativen Akten bestimmte Zahlungsform auszuwählen.

2. Zustimmung des Zahlers zur Ausführung der Zahlung

Die gesetzliche Regelung der Zahlungen in Form einer Überweisung findet sich in Kap. 46 § 2 des ZGB, in Art. 5 der Verordnung »Über die Abwicklung der Geldmittelüberweisungen«. sowie in Kap. 2 des Gesetzes »Über das nationale Zahlungssystem«. Gemäß Art. 863 Pkt. 1 ZGB verpflichtet sich die Bank des Zahlers bei der Zahlung in der Form einer Überweisung im Auftrag des Zahlenden dazu, zu Lasten seines Kontos einen bestimmten

675 *Efimova*, Privates Bankrecht, S. 441.

Geldbetrag auf das Konto einer von dem Zahlenden bezeichneten Person bei derselben oder einer anderen Bank innerhalb einer gesetzlich vorgesehenen Frist zu überweisen, sofern durch den Bankkontovertrag oder die im Bankwesen üblichen Handelsbräuche keine kürzere Frist bestimmt ist. Dementsprechend setzt die Norm für die Durchführung einer Zahlung einen wirksamen Zahlungsauftrag des Kunden voraus. Die Zahlung in Form einer Überwesiung kann nur durch den Zahler und nicht durch den Zahlungsempfänger, wie es im deutschen Recht der Fall ist, ausgelöst werden.[676] Ein Zahlungsauftrag kann sowohl in Papierform als auch unter Verwendung des elektronischen Zahlungsmittels erteilt werden (Kap. 5.4 der Verordnung »Über die Abwicklung der Geldmittelüberweisungen«). Der Inhalt des Zahlungsauftrags und der mit ihm einzureichenden Zahlungsdokumente müssen nach Art. 864 Pkt. 1 ZGB den Anforderungen des Gesetzes und der in Übereinstimmung mit diesem erlassenen untergesetzlichen Normativakten genügen.

Der gesetzliche Begriff »Autorisierung« im Sinne der Zustimmung des Zahlers zum Zahlungsvorgang wird weder durch das ZGB und das Gesetz »Über das nationale Zahlungssystem« noch in der Verordnung »Über die Abwicklung der Geldmittelüberweisungen« oder in anderen normativen Akten festgelegt. Der Zahler stimmt dabei zu einem Zahlungsvorgang und dementsprechend zur Abbuchung der Geldmittel von seinem Konto zu, wenn er einen Zahlungsauftrag bei der Bank stellt (Art. 847 Pkt. 2 ZGB). Wie die Zustimmung zur Zahlung (das technische Autorisierungsverfahren) bei dem einzelnen Zahlungsvorgang unter Einsatz des elektronischen Zahlungsmittels erfolgen soll, entscheidet sich nach den vertraglichen Vereinbarungen zwischen dem Kreditinstitut und dem Zahler. Dies lässt sich auch nach Analyse der Rechtsprechung bestätigen, die bei der Prüfung des Zustimmungsverfahrens des Zahlers zum Zahlungsvorgang in den Streitfällen über nicht autorisierte Zahlungsvorgänge auf die entsprechenden Bedingungen des Vertrags zwischen der Bank und dem Zahler verweisen.[677] Dabei hat der Zahler nach Ansicht des Kassationsgerichts[678] bei der Auslösung einer Zahlung mittels elektronische Zahlungsmittels (bspw. Bank-Kunde-System) mit der Eingabe der PIN bzw. des Codes, den der

676 *Krascheninnikow/Borisenko*, Kommentar zu den Kapiteln 42-46 und 47.1 ZGB, Art. 846, S. 188.

677 Beschluss des 3. Kassationsgerichts vom 22.07.2020 N 88-9018/2020; Beschluss des 2. Kassationsgerichts vom 09.12.2021, N88-28460/2021.

678 Beschluss des 4. Kassationsgerichts vom 11.11.2021, N88-29904/2021.

Zahler durch SMS erhalten hat, zum Zahlungsvorgang zugestimmt, sodass die Bank keinen Grund zur Verweigerung des Zahlungsauftrags hat.

Die Anforderungen zum Annahmeverfahren eines Zahlungsauftrags durch das Kreditinstitut unter Einsatz von elektronischen Zahlungsmitteln werden in Art. 8 Pkt. 4 und 5 des Gesetzes »Über das nationale Zahlungssystem« sowie in Kap. 2 der Verordnung »Über die Abwicklung der Geldmittelüberweisungen« festgelegt. Demnach ist die Bank vor der Annahme eines Zahlungsauftrags zur Ausführung einer Zahlung zur Überprüfung der Verfügungsberechtigung des Zahlers über die auf dem Konto angelegten Gelder bzw. das Recht des Zahlers zur Nutzung des elektronischen Zahlungsmittels, die Verfügbarkeit ausreichender Geldmittel auf dem Konto des Zahlers sowie zur Durchführung der anderen durch das Gesetz und die normativen Akte vorgesehenen Verfahren verpflichtet. Wird ein Zahlungsauftrag in elektronischer Form erstellt, so bestätigt die Bank die Verfügungsberechtigung über die Geldmittel durch die Überprüfung der elektronischen Unterschrift, Kennziffer, Passwörter und anderen Mittel, die die Identifikation des Zahlers oder die zur Erstellung des Zahlungsauftrags berechtigten Person ermöglichen.[679] Die Überprüfung der Verfügungsberechtigung bei Zahlungsaufträgen, die unter Verwendung elektronischer Zahlungsmittel erteilt wurden, erfolgt durch die Bank mittels Kontrolle der Nummer, der Kennziffer und sonstiger Identifikationskennung des elektronischen Zahlungsmittels.[680] Die Bank ist nach Art. 8 Pkt. 5 i.V.m. Art. 864 Pkt. 2 des Gesetzes »Über das nationale Zahlungssystem« verpflichtet, bei fehlender Bestätigung der Verfügungsberechtigung des Zahlenden den Zahlungsauftrag abzulehnen und dem Zahler spätestens ein Tag nach Erhalt des Zahlungsauftrags über die Ablehunung zu informieren.

Eine weitere Verpflichtung der Bank vor der Durchführung der Zahlung stellt die Überprüfung der »Zahlungsdaten« dar. Der Begriff »Zahlungsdaten« wird in Art. 8 Pkt. 1 des Gesetzes »Über das nationale Zahlungssystem« als »Informationen, die eine Überweisung im Rahmen der anwendbaren Formen der bargeldlosen Verrechnungen ermöglichen« definiert. Die Liste der obligatorischen Daten wird in der Verordnung »Über die Abwicklung der Geldmittelüberweisungen« festgelegt und dazu gehören unter anderem auch der Name des Zahlungsempfängers, der Über-

679 *Rjabova*, Kommentar zum Föderalen Gesetz »Über das nationale Zahlungssystem«, Art. 8, S. 88.

680 *Rjabova*, Kommentar zum Föderalen Gesetz »Über das nationale Zahlungssystem«, Art. 8, S. 88.

weisungsbetrag, die Bankleitzahlen des Zahlers und Zahlungsempfängers, die Kontonummer des Zahlungsempfängers und die anderen in Anlage 1 zur Verordnung bestimmten Daten. Die Bank ist nach Art. 2.4-2.7 der Verordnung verpflichtet, die Vollständigkeit des Zahlungsauftrags und die strukturelle Übereinstimmung der angegebenen Daten mit den technischen Anforderungen der Verordnung zu überprüfen sowie die inhaltliche Kontrolle der Zahlungsdaten durchzuführen. Entspricht der Zahlungsauftrag den in der Verordnung angegebenen Anforderungen nicht, muss die Bank gem. Art. 5 des Gesetzes »Über das nationale Zahlungssystem« die Ausführung des Zahlungsauftrags ablehnen und den Zahler darüber informieren.[681] Allerdings führt die falsche Angabe der Zahlungsdaten in einem Zahlungsauftrag und die Feststellung dieser Tatsache bei der Zahlungsdatenüberprüfung durch die Bank nicht immer zur Ablehnung des Zahlungsauftrags. Hierbei werden die Angaben falscher Zahlungsdaten, die nicht zur irrtümlichen Identifizierung des Zahlers oder Zahlungsempfängers und die Überweisung der Geldmittel an den falschen Empfänger führen, von den Gerichten als ordnungsgemäße Ausführung seitens der Bank hinsichtlich der Pflicht zur inhaltlichen Überprüfung der Zahlungsdaten betrachtet.[682]

Bei der Entscheidung in den Streitfällen über den Schadenersatz hinsichtlich der durch den Zahler nicht zugestimmten Zahlungsvorgänge hat das Oberste Gericht bestimmt, dass im Falle einer streitigen Abbuchung der Geldmittel von der Zustimmung des Zahlers zum Zahlungsauftrag auszugehen ist, wenn die Bank unter Berücksichtigung des Art. 8 Pkt. 4 und 5 des Gesetzes »Über das nationale Zahlungssystem« sowie des Kap. 2 der Verordnung »Über die Abwicklung der Geldmittelüberweisungen« und des Vertrags über die Nutzung von elektronischen Zahlungsmitteln die Verfügungsberechtigung des Zahlers sowie die anderen Zahlungsdaten überprüft hat und infolge der technischen Prüfung der Daten durch die Bank der Zahlungsauftrag dem Zahler zuzurechnen ist.[683] In dem dargestellten Streitfall hat das Gericht dabei über die Zustimmung des Zahlers zum Zahlungsauftrag so entschieden, weil der Zahler den streitigen Zahlungsauftrag mit der elektronischen Unterschrift einer bevollmächtigten

681 *Rjabova*, Kommentar zum Föderalen Gesetz »Über das nationale Zahlungssystem«, Art. 8, S. 90.

682 Beschluss des Arbitragegerichts des Nordwestbezirks vom 13. Oktober 2015, N F07-5859 / 2015, NA66-10613/ 2014.

683 Anordnung des Obersten Gerichts der Russischen Föderation vom 19.09.2019 N305-ES19-15339, Nr. A40-145960/2018.

Person unterzeichnen lassen hat und durch den SMS-Code, der an die Telefonnummer der bevollmächtigten Person gesendet wurde, bestätigt hat.[684] Demzufolge lässt sich feststellen, dass die Bank ein technisches Prüfungsverfahren entsprechenden den gesetzlichen Anforderungen durchzuführen hat. In der Praxis handelt sich dabei um eine automatisierte Prüfung der Identität des Zahlers sowie der Vollständigkeit des Zahlungsauftrags. Treten bei dem Prüfungsverfahren keine Fehler auf, ist die Bank gem. Art. 5 Pkt. 1 des Gesetzes »Über das nationale Zahlungssystem« verpflichten zur Ausführung des Zahlungsauftrags verpflichtet.

3. Unwiderruflichkeit und Endgültigkeit des Zahlungsauftrags

Das russische Recht lässt den Widerruf des Zahlungsauftrags durch den Zahler nur bis zum Zeitpunkt der Unwiderruflichkeit der Überweisung (Art. 864 Pkt. 5 ZGB i.V.m Art. 8 Pkt. 9 des Gesetzes »Über das nationale Zahlungssystem«) zu. Unter Unwiderruflichkeit der Überweisung ist gemäß Art. 3 Pkt. 14 des Gesetzes die Phase der Durchführung einer Überweisung zu verstehen, in der die Möglichkeit des Widerrufs eines Zahlungsauftrags zu einem bestimmten Zeitpunkt fehlt oder nicht mehr existiert.[685] Von der Unwiderruflichkeit der Überweisung ist die Endgültigkeit der Überweisung zu unterscheiden, die als die Phase der Übergabe der Geldmittel gegenüber dem Zahlungsempfänger zu einem bestimmten Zeitpunkt definiert wird (Art. 3 Pkt. 16 des Gesetzes »Über das nationale Zahlungssystem«).[686]

a) Unwiderruflichkeit des Zahlungsauftrags

In Art. 864 Pkt. 5 ZGB wird das Recht des Zahlers zum Widerruf des Zahlungsauftrags bis zum Zeitpunkt der durch das Gesetz vorgesehenen Unwiderruflichkeit der Überweisung festgelegt. Weitere Regelungen bezüglich des Widerrufrechts des Zahlers enthält das ZGB nicht. Die Regelung der Unwiderruflichkeit der elektronischen Zahlungsaufträge wird damit durch Art. 8 Pkt. 9 und durch Art. 5 Pkt. 7 des Gesetzes »Über das nationa-

684 Anordnung des Obersten Gerichts der Russischen Föderation vom 19.09.2019 N305-ES19-15339, Nr. A40-145960/2018.

685 *Efimova*, Privates Bankrecht, S. 460. Ausführlicher dazu unter § 3 B 3 a).

686 Ausführlicher dazu unter §3 B 3 a).

le Zahlungssystem« geregelt. Genauso wie Art. 864 Pkt. 5 ZGB legt auch Art. 8 Pkt. 9 des Gesetzes »Über das nationale Zahlungssystem« fest, dass ein Zahlungsauftrag des Zahlers durch den Zahler so lange widerrufen werden kann, bis die Geldmittelüberweisung nach Art. 5 Pkt. 7 des Gesetzes unwiderruflich ist. Die Unwiderruflichkeit der Geldmittelüberweisung ist nach Art. 3 Pkt. 14 des Gesetzes als Eigenschaft einer Geldmittelüberweisung definiert, die das Fehlen oder die Beendigung der Möglichkeit, einen Zahlungsauftrag zu einem bestimmten Zeitpunkt zu widerrufen, statuiert. Ein Zahlungsauftrag kann dabei nach Art. 5 Pkt. 7 des Gesetzes »Über das nationale Zahlungssystem« nur bis zum Zeitpunkt der Abbuchung der Geldmittel vom Bankkonto des Zahlers widerrufen werden. Sollte ein Zahlungsauftrag ohne Eröffnung eines Bankkontos durchgeführt werden, so kann dieser nur bis zu dem Zeitpunkt widerrufen werden, in dem der Zahler das Bargeld zum Zwecke der Geldmittelüberweisung der Bank zur Verfügung gestellt hat. Die Parteien sind dabei berechtigt die Art und Weise der Erteilung des Widerrufs im Bankkontovertrag zu vereinbaren[687] Die Widerrufserklärung des Zahlers stellt im russischen Recht die Grundlage für die Ablehnung oder Stornierung des Zahlungsauftrags dar und kann durch die Banken nur bis zum Zeitpunkt der Unwiderruflichkeit angenommen werden.[688]

Aus der oben dargelegten Norm lässt sich die Schlussfolgerung ziehen, dass die Widerrufserklärung des Zahlers bis zum Zeitpunkt der Abbuchung der Geldmittel von dem Bankkonto bzw. vor der Übergabe des Bargeldes bei der Bank zugegangen sein muss. Nach Art. 2.14 der Verordnung »Über die Abwicklung der Geldmittelüberweisungen« ist die Bank verpflichtet, spätestens einen Geschäftstag nach dem Tag des Eingangs der Widerrufserklärung dem Zahler über den Widerruf bzw. die Unwiderruflichkeit des Zahlungsauftrags zu informieren.

b) Endgültigkeit des Zahlungsauftrags

Wie erwähnt, ist im russischen Recht die Unwiderruflichkeit des Zahlungsauftrags von der Endgültigkeit des Zahlungsauftrags zu unterscheiden.

687 *Rjabova*, Kommentar zum Föderalen Gesetz »Über das nationale Zahlungssystem«, Art. 8, S. 96.

688 *Rjabova*, Kommentar zum Föderalen Gesetz »Über das nationale Zahlungssystem«, Art. 8, S. 96

Art. 3 Pkt. 16 des Gesetzes «Über das nationale Zahlungssystem« definiert den Begriff »Endgültigkeit der Geldmittelüberweisung« als Eigenschaft der Geldmittelüberweisung, die die Übergabe der Geldmittel an den Zahlungsempfänger zu einem bestimmten Zeitpunkt bezeichnet. Die rechtliche Bedeutung der Endgültigkeit des Zahlungsauftrags besteht darin, dass durch Art. 5 Pkt. 11 des Gesetzes »Über das nationale Zahlungssystem« der Erfüllungszeitpunkt der Verpflichtung des Kreditinstituts zur Überweisung der Geldmittel an den Zahlungsempfänger von dem Zeitpunkt der Endgültigkeit der Geldmittelüberweisung abhängig gemacht wird. So ist die Verpflichtung des Kreditinstituts im Falle einer Überweisung mit dem Eintreten seiner Endgültigkeit als beendet zu betrachten.[689]

Die Bestimmung des Zeitpunkts der Endgültigkeit der Überweisung hängt von der Tatsache ab, ob das Konto des Zahlungsempfängers beim überweisenden Kreditinstitut (institutsinterne Überweisung) oder bei einem anderen Kreditinstitut (institutsfremde Überweisung) geführt wird. [690] Dabei finden für die Fälle, in denen die Überweisung innerhalb eines Kreditinstituts durchzuführen sind, die Bestimmungen des Art. 5 Pkt. 9 des Gesetzes »Über das nationale Zahlungssystem« Anwendung. Demnach gilt die Überweisung in dem Zeitpunkt als endgültig, wenn der zu überweisende Betrag auf dem Bankkonto des Zahlungsempfängers gutgeschrieben wird bzw. wenn dem Zahlungsempfänger die Möglichkeit zum Empfang des Bargeldes bereitgestellt wird.[691] Werden dagegen die Konten des Zahlers und Zahlungsempfängers bei verschiedenen Kreditinstituten geführt, gilt nach Art. 5 Pkt. 10 des Gesetzes »Über das nationale Zahlungssystem« eine Überweisung in dem Zeitpunkt der Gutschrift des Betrags auf das Bankkonto des Zahlungsempfängers als endgültig.

4. Ausführung des Zahlungsauftrags

Die rechtlichen Regelungen der Ausführung der Überweisungsaufträge befinden sich in Art. 865 ZGB sowie in Kap. 4 der Verordnung »Über die Abwicklung der Geldmittelüberweisungen«. Hierbei enthält das ZGB die allgemeinen Bestimmungen über die Ausführungswege eines Zahlungsauf-

---

689 *Rjabova*, Kommentar zum Föderalen Gesetz »Über das nationale Zahlungssystem«, Art. 5, S. 63.

690 *Efimova*, Privates Bankrecht, S. 459.

691 *Rjabova*, Kommentar zum Föderalen Gesetz »Über das nationale Zahlungssystem«, Art. 5, S. 62; *Efimova*, Privates Bankrecht, S. 459.

trags sowie über die Mitteilungspflicht der Bank. Gleichzeitig sind in Kap. 4 der Verordnung die konkretisierten, bankspezifischen Regeln hinsichtlich der Ausführungsweise der Zahlungsaufträge festgelegt. So besteht nach Art. 4 Pkt. 1 der Verordnung der Zentralbank »Über die Regeln der Durchführung der Geldmittelüberweisungen« das Ausführungsverfahren eines Zahlungsauftrags seitens der Bank im Falle einer Überweisung aus der Ausführung des Zahlungsauftrags durch die Abbuchung des Zahlungsbetrags vom Bankkonto des Zahlers und der Gutschrift des Zahlungsbetrags auf dem Bankkonto des Zahlungsempfängers sowie der Mitteilung des Zahlers über die durchgeführte Überweisung.

Die Ausführungswege eines Zahlungsauftrags werden durch den Gesetzgeber in Art. 865 Pkt. 1.1-1.4 ZGB aufgelistet. Die Liste der Ausführungswege der Überweisungsaufträge wurden durch den Gesetzgeber nach Aufnahme der Änderungen ins ZGB[692] in Art. 865 ZGB hinzugefügt. Die frühere Fassung des Art. 865 Pkt. 1 ZGB legte nur die allgemeine Regel hinsichtlich der Verpflichtung der Bank zur Ausführung des Zahlungsauftrags an die Bank des Zahlungsempfängers sowie das Recht der Bank zur Beauftragung anderer Banken für die Durchführung einer Zahlung fest.[693]

Die Bank kann nach Art. 865 ZGB einen Zahlungsauftrag des Zahlers durch Gutschrift auf das Bankkonto des Zahlungsempfängers (Art. 865 Pkt. 1.1 ZGB) oder auf das Bankkonto der Bank des Zahlungsempfängers (Art. 865 Pkt. 1.2 Alt. 1 ZGB), das bei der überweisenden Bank eröffnet wurde, ausführen. Darüber hinaus ermöglicht das ZGB der Bank des Zahlers den Zahlungsauftrag an die Bank des Zahlungsempfängers zur Abbuchung des Zahlungsbetrags vom Bankkonto der Bank des Zahlers, das bei der Bank des Zahlungsempfängers eröffnet wurde, weiterzuleiten (Art. 865 Pkt. 1.2 Alt. 2 ZGB). Erlaubt ist ebenfalls zur Ausführung eines Zahlungsauftrags des Zahlers, dass die zwischengeschalteten Banken hinzugezogen werden können (Art. 865 Pkt. 1.3 ZGB). Im russischen Recht stellt dabei die Einschaltung der zwischengeschalteten Bank zur Ausführung einer Überweisung die Erfüllung der Verbindlichkeit durch einen Dritten dar (Art. 313 ZGB).[694] Die in Art. 865 Pkt. 1 ZGB bestimmte Liste der Ausführungsmög-

692 Föderales Gesetz vom 26.07.2017 N212-FZ »Über die Änderung des Ersten und Zweiten Teils des Zivilgesetzbuches der Russischen Föderation und einiger Gesetzgebungsakte der Russischen Föderation«.

693 *Krascheninnikow/Borisenko*, Kommentar zu den Kapiteln 42–46 und 47.1 ZGB, Art. 846, S. 191.

694 *Rjabova*, Kommentar zum Föderalen Gesetz »Über das nationale Zahlungssystem«, Art. 5, S. 52; *Efimova*, Privates Bankrecht, S. 467.

lichkeiten ist nicht abschließend. Die Parteien sind gem. Art. 865 Pkt. 4 ZGB berechtigt, andere Ausführungsmethoden eines Zahlungsauftrags zu vereinbaren.

5. Mitteilungspflicht der Bank nach der Ausführung des Zahlungsauftrags

Nach der Ausführung des Zahlungsauftrags hat die Bank dem Zahler gem. Art. 865 Pkt. 4 ZGB i.V.m. Art. 4.6 der Verordnung »Über die Regeln der Abwicklung der Geldmittelüberweisungen« über die Ausführung des Zahlungsauftrags spätestens einen Geschäftstag nach dem Tag der Ausführung des Zahlungsauftrags mitzuteilen, sofern eine kürzere Frist durch die Bankregeln oder Parteivereinbarung nicht bestimmt wurde. Die Bestimmungen zur Form und Inhalt der Mitteilung befinden sich in Art. 4.6 der Verordnung »Über die Regeln der Abwicklung der Geldmittelüberweisungen«. Dementsprechend ist die Bank verpflichtet, die Ausführung eines Zahlungsauftrags in elektronischer Form entweder durch die Einreichung einer Mitteilung in elektronischer Form über die Belastung des Bankkontos mit den Einzelheiten des ausgeführten Zahlungsauftrags oder durch das Weiterleiten des Zahlungsauftrags mit der Angabe des Ausführungsdatums zu bestätigen.

Zu beachten ist, dass das Mitteilungsverfahren für die Zahlungsaufträge, die unter Einsatz des elektronischen Zahlungsmittels erteilt werden, durch das Gesetz »Über das nationale Zahlungssystem« gesondert geregelt wird. Hierbei ist nach Art. 9 Pkt. 4 des Gesetzes über »Über das nationale Zahlungssystem« das Kreditinstitut verpflichtet, den Zahler über jede Transaktion unter Verwendung eines elektronischen Zahlungsmittels mitzuteilen. Zu betonen ist, dass die Mitteilungspflicht des Kreditinstituts bei der Ausführung eines Zahlungsauftrags unter Einsatz von einem elektronischen Zahlungsmittel im russischen Recht von großer praktischer Bedeutung ist. Kommt das Kreditinstitut seiner Verpflichtung zur Mitteilung nicht nach, so ist das Kreditinstitut gem. Art. 9 Pkt. 13 des Gesetzes »Über das nationale Zahlungssystem« verpflichtet, dem Kunden den Zahlungsbetrag zu erstatten, wenn die Ausführung des Zahlungsauftrags ohne die Zustimmung des Kunden durchgeführt wurde.[695]

695 Ausführlicher dazu unter § 3 B II.

II. Haftungsverteilung bei der fehlenden Zustimmung des Zahlers zur Zahlung

1. Einführung

Wenn ein Zahlungsbetrag durch die Bank infolge eines Missbrauchs unberechtigt abgebucht wird, sind im russischen Recht bezüglich der Haftungsverteilung zwei Arten von Normen heranzuziehen und zu berücksichtigen. Einerseits kommen die Vorschriften des Kapitels 25 ZGB über die allgemeinen Grundlagen der Haftung für die Verletzung von Verbindlichkeiten im Vergleich zu Art. 856 und 866 des ZGB in Betracht. Dabei kann sich die Haftungsverteilung zwischen den Parteien einerseits wegen des Fehlens spezieller Haftungsregelungen im Zahlungsverkehr, insbesondere für die Fälle der unberechtigten Abbuchung des Zahlungsbetrags ohne Zustimmung des Zahlers, nach den allgemeinen Bestimmungen des ZGB über die zivilrechtliche Haftung bestimmen. Dafür spricht auch der Wortlaut des Art. 856 ZGB, der bei der Regelung der Haftung der Bank wegen der Abbuchung des Betrags vom Kundenkonto ohne Rechtsgrund auf die Vorschriften des Kapitels 25 des ZGB verweist. Darüber hinaus stehen dem Eingreifen der allgemeinen haftungsrechtlichen Normen des Kapitels 25 ZGB bei den Fragen der Haftungsverteilung hinsichtlich der Zahlungen unter Einsatz des elektronischen Zahlungsmittels dem Gesetz »Über das nationale Zahlungssystem« nicht entgegen, da die Erbringung der Zahlungsdienste gem. Art. 4 des Gesetzes auf der Basis eines zivilrechtlichen Vertrags erfolgt. Andererseits werden durch Art. 9 des Gesetzes »Über das nationale Zahlungssystem« die speziellen Regelungen bezüglich der Schadensverteilung für die Fälle festgelegt, in denen ein Zahlungsbetrag infolge einer missbräuchlichen Verwendung des Zahlungsinstruments abgebucht wird.

Der Mangel der einheitlichen Regulierung der Haftungsverteilung zwischen den Parteien im russischen Recht kann dazu führen, dass die allgemeinen Vorschriften des ZGB und die speziellen Regelungen des Gesetzes »Über das nationale Zahlungssystem« miteinander kollidieren können. Fraglich ist insofern, welche Vorschriften auf die Zahlungen bei fehlender Zustimmung des Zahlers anwendbar sind. Im Folgenden soll dabei dargestellt werden, wie die Haftungsrisiken in den Fällen des Missbrauchs im russischen Recht verteilt und welche Vorschriften in diesen Fällen nach dem Meinungstand der russischen Rechtsprechung anzuwenden sind. Es ist hinzuweisen, dass sich in diesem Kapitel auf die Haftungsverteilung bei elektronischen bzw. unter Einsatz elektronischer Zahlungsmittel erteilten Zahlungsaufträge konzentriert, allerdings werden die beleghaften Zahlungsvorgänge zum Zwecke der Vergleichung ebenfalls kurz angesprochen.

2. Bisherige Rechtslage

Nach Art. 856 ZGB ist die Bank verpflichtet, im Falle einer Abbuchung des Betrags vom Bankkonto des Zahlers ohne Rechtsgrund, auch bei der beleghaften Überweisung die auf diesen Betrag entfallenden Zinsen unter Berücksichtigung der Voraussetzungen des Art. 395 ZGB zu zahlen. Obwohl Art. 856 ZGB keine Bestimmungen hinsichtlich der Erstattung des Zahlungsbetrags auf dem Konto des Zahlers enthält, kann sich dies aus Art. 395 ZGB ergeben, der als Grundlage für die Zinsenzahlung das Einbehalten sowie die Verweigerung der Rückgabe des fremden Geldmittels vorsieht.[696] Bucht demzufolge die Bank einen Betrag vom Bankkonto ohne Zustimmung des Zahlers ab, beispielsweise wegen der Verfälschung eines Zahlungsauftrags, ist die Bank gegenüber dem Zahler zur Erstattung des ohne Rechtsgrund abgebuchten Zahlungsbetrags verpflichtet, sofern kein vertraglicher oder gesetzlicher Rechtsgrund für eine solche Buchung vorliegt. Eine solche Verpflichtung der Bank ergibt sich einerseits daraus, dass nach den allgemeinen Grundlagen des Vertragsrechts im russischen Recht der Schuldner die Verpflichtung gegenüber der richtigen Person erfüllen muss (Art. 312 ZGB).[697] Andererseits wurde die Verpflichtung der Bank zur Wiederherstellung des Kontostands des Zahlers bei der Abbuchung des Zahlungsbetrags ohne dessen Zustimmung schon bereits vor der Verabschiedung des Gesetzes »Über das nationale Zahlungssystem« durch die Rechtsprechung bestimmt.[698] So ist bspw. durch das Plenum des Obersten Arbitragegerichts Russlands entschieden worden, dass die Bank im Falle der Belastung des Kontos ohne Zustimmung des Zahlers den Kontostand wiederherstellen muss.[699] Demensprechend ging das Plenum des Obersten Arbitragegerichts vom Grundsatz der verschuldensunabhängigen Haftung der Bank aus und legte der Bank das Schadensrisiko der Ausführung der

696 *Karapetov/Sarbasch*, Kommentar zu den Art. 807-860.15 ZGB, Art. 856, S. 665.

697 *Karapetov/Sarbasch*, Kommentar zu den Art. 807-860.15 ZGB, Art. 856, S. 666.

698 Beschluss des Plenums des Obersten Arbitragegerichts der Russischen Föderation von 19. April. 1999, Nr. 5, Abs. 2.

699 Beschluss des Plenums des Obersten Arbitragegerichts der Russischen Föderation von 19. April. 1999, Nr. 5, Abs. 2.

durch eine unbefugte Person erteilten Zahlungsaufträge auf.[700] Die Haftung der Bank war grundsätzlich auch nicht dadurch ausgeschlossen, dass die Bank trotz Einhaltung der Sorgfalt die Erteilung des Zahlungsauftrags durch eine unbefugte Person nicht hätte erkennen können.[701] Jedoch konnte die Höhe der Haftung nach der Ansicht des Obersten Arbitragegerichts gem. Art. 404 Pkt. 2 ZGB herabgesetzt werden, wenn der Zahler durch sein vorsätzliches oder fahrlässiges Verhalten zur Erteilung des Zahlungsauftrags von einer unbefugten Person beigetragen hat.[702]

3. Haftungsverteilung zwischen der Bank und dem Zahler nach der Verabschiedung des Gesetzes »Über das nationale Zahlungssystem«

Nach der Verabschiedung des Gesetzes »Über das nationale Zahlungssystem« besteht im russischen Zahlungsverkehrsrecht im Fall eines ohne die Zustimmung des Zahlers ausgeführten Zahlungsvorgang grundsätzlich zwei Möglichkeiten, den abgebuchten Zahlungsbetrag zurückzufordern. Erstens kommt ein Anspruch des Zahlers nach den allgemeinen Grundlagen der zivilrechtlichen Haftung in Betracht, weil die Bank gem. Art. 856 ZGB im Falle einer Abbuchung des Zahlungsbetrags vom Kundenkonto ohne Rechtsgrund dem Zahler diesen Zahlungsbetrag unter den Voraussetzungen des Art. 395 ZGB zu erstatten hat. Die traditionelle russische Rechtslehre stellt dabei die Voraussetzungen der zivilrechtlichen Haftung im Sinne eines rechtwidrigen Handelns (Unterlassen) des Schuldners, eines Schadens, des kausalen Zusammenhangs zwischen dem rechtswidrigen Handeln (Unterlassen) des Schuldners und dem Schaden sowie des Verschuldens des Schuldners auf.[703] Da die Bank eine unternehmerische Tätigkeit ausübt, ist eine verschuldensunabhängige Haftung gem. Art. 401 ZGB auch nach den allgemeinen Grundlagen der zivilrechtlichen Haftung zulässig. Allerdings ist für die Geltendmachung des Anspruchs nach den allgemeinen Grundlagen des Art. 395 ZGB die Erfüllung anderer Voraussetzungen der zivilrechtlichen Haftung erforderlich. Macht dementsprechend der Zahler seinen Anspruch gem. Art. 856, 395 ZGB geltend, muss er beweisen,

700 Beschluss des Plenums des Obersten Arbitragegerichts der Russischen Föderation von 19. April. 1999, Nr. 5, Abs. 2.

701 *Karapetov/Sarbasch*, Kommentar zu den Art. 807-860.15 ZGB, Art. 856, S. 666.

702 Beschluss des Plenums des Obersten Schiedsgerichts der Russischen Föderation von 19. April. 1999, Nr. 5, Abs. 2.

703 *Alekseev*, Tatbestand der Pflichtverletzung, S. 48.

dass die Schäden infolge des rechtswidrigen Handelns der Bank entstanden sind.[704] Dies ist jedoch in vielen Streitfällen nicht möglich, da die Schäden im elektronischen Zahlungsverkehr auch ohne Verschulden der Parteien durch die missbräuchliche Verwendung des Zahlungsinstruments durch Dritte, Virenattacken oder Computerbetrug verursacht werden können. Nach Verabschiedung des Gesetzes »Über das nationale Zahlungssystem« hat der russische Gesetzgeber die neuen Regelungen hinsichtlich der Schadensverteilung im Falle der Abbuchung des Zahlungsbetrags durch die Bank ohne Zustimmung des Zahlers für die Zahlungsvorgänge unter Einsatz elektronischer Zahlungsmittel festgelegt. Die Vorschriften des Art. 9 des Gesetzes erfassen damit die Fälle, in denen die Schäden durch eine missbräuchliche Verwendung eines Zahlungsinstruments ohne Verschulden der Parteien entstehen. Diese Regelungen befinden sich in Art. 9 Pkt. 11-15 des Gesetzes »Über das nationale Zahlungssystem« und können in folgende Gruppen eingeteilt werden.

Zum einen bestimmt das Gesetz die Mitteilungspflicht der Bank und des Zahlers bezüglich der Abwicklung der Zahlungen mit elektronischem Zahlungsmittel. Dementsprechend ist die Bank verpflichtet, den Zahler über jeden Zahlungsvorgang, den der Zahler unter Einsatz des elektronischen Zahlungsmittels ausgelöst hat, zu informieren (Art. 9 Pkt. 4 des Gesetzes »Über das nationale Zahlungssystem«). Seinerseits muss der Zahler die Bank über den Verlust des elektronischen Zahlungsmittels und/oder dessen missbräuchlicher Verwendung unverzüglich, jedoch spätestens am darauffolgenden Tag des Erhalts der Mitteilung über den abgewickelten Zahlungsvorgang seitens der Bank in Kenntnis setzen (Art. 9 Pkt. 11 des Gesetzes »Über das nationale Zahlungssystem«).[705]

Zum anderen knüpft die Regelung hinsichtlich der Verteilung des Schadensrisiko zwischen der Bank und dem Zahler an die Tatsache an, ob die Parteien die entsprechenden Mittelungen gesendet haben oder nicht. Hierbei ist die Bank in den Fällen des Fehlens einer Mitteilung zum abgewickelten Zahlungsvorgang verpflichtet, gem. Art. 9 Pkt. 13 des Gesetzes »Über das nationale Zahlungssystem« dem Zahler des Betrags dieses Zahlungsvorgangs den Fehlbetrag zu erstatten, sofern der Zahler diesem Zahlungsvorgang nicht zugestimmt hat. Die Art und Weise der Mitteilung der Bank bestimmt sich nach Art. 9 Pkt. 4 des Gesetzes anhand des zwischen

704 *Efimova*, Rechtsmechanismus für den Schadenersatz im Falle der Abwicklung der nicht autorisierten Zahlung, S. 42.

705 Ausführlicher dazu unter § 2 B II, 1, 2.

dem Zahler und der Bank abgeschlossenen Vertrags und kann nach Ansicht der Zentralbank Russlands[706] auch per E-Mail, SMS oder in anderer im Vertrag vereinbarten Weise erfolgen.

Kommen hingegen die Bank und der Zahler jeweils ihrer Verpflichtung zur Mitteilung über den abgewickelten Zahlungsvorgang nach, ist die Bank gem. Art. 9 Pkt. 12 des Gesetzes »Über das nationale Zahlungssystem« verpflichtet, dem Zahler nach Erhalt der Mitteilung den abgebuchten Zahlungsbetrag zu erstatten. Denn die Bank hätte nach Erhalt der Mitteilung nicht mehr annehmen dürfen, dass der Zahlungsauftrag mit Zustimmung des Zahlers ausgelöst wurde.[707] Für die Schäden, die vor der Mitteilung des Zahlers über den Verlust oder die missbräuchliche Verwendung des Zahlungsinstruments entstehen können, hat das Gesetz »Über das nationale Zahlungssystem« den Grundsatz der verschuldensunabhängigen Haftung der Bank festgelegt, sofern der Zahler eine natürliche Person ist. Informiert demnach der Zahler, der eine natürliche Person ist, seine Bank über den Verlust oder die missbräuchliche Verwendung des elektronischen Zahlungsmittels, ist die Bank gem. Art. 9 Pkt. 15 des Gesetzes »Über das nationale Zahlungssystem« verpflichtet, dem Zahler auch den vor der Mitteilung des Zahlers abgewickelten Zahlungsbetrag zu erstatten. Allerdings kann die Bank von der Haftung befreit werden, wenn die Bank beweist, dass der Zahler gegen die Nutzungsbedingungen des elektronischen Zahlungsmittels verstoßen hat und die missbräuchliche Verwendung verursacht hat. Mit dieser Regelung hat der russische Gesetzgeber im Falle eines ohne Zustimmung des Zahlers durchgeführten Zahlungsvorgangs und des Vorhandenseins der Mitteilungen seitens der Bank als auch seitens des Zahlers das Risiko der missbräuchlichen Verwendung eines Zahlungsinstruments grundsätzlich der Bank auferlegt.[708] Nach Ansicht der Zentral-

706 Information der Zentralbank Russlands, Fragenbeantwortung zur Anwendung einiger Bestimmungen des Föderalen Gesetzes N161-FZ »Über das nationale Zahlungssystem« vom 27.06.2011.

707 *Karapetov/Sarbasch*, Kommentar zu den Art. 807-860.15 ZGB, Art. 856, S. 666.

708 *Karapetov/Sarbasch*, Kommentar zu den Art. 807-860.15 ZGB, Art. 856, S. 667. Hinzuweisen ist darauf, dass der Gesetzgeber von einer verschuldensunabhängigen Haftung der Bank nur im Falle derjenigen Zahler ausgeht, die natürliche Personen sind. Die Unternehmer tragen das Risiko der Schäden, die infolge der missbräuchlichen Verwendung des Zahlungsinstruments vor der Mitteilung des Zahlers entstehen, weil die Bank gem. Art. 9 Pkt. 12 des Gesetzes »Über das nationale Zahlungssystem« die infolge einer missbräuchlichen Verwendung des Zahlungsinstruments auf dem Konto des Zahlungsempfängers abgebuchten Zahlungsbeträge nicht erstatten muss. Das Rückgängigmachen des Zahlungsvor-gangs erfolgt in diesem Fall zwischen

bank Russlands[709] dient die verschuldensunabhängige Haftung der Bank bei Zahlungen von natürlichen Personen dem Schutz den Interessen des Verbrauchers bei der Nutzung elektronischer Zahlungsmittel. Die Ansicht, dass die Rechte der natürlichen Personen, die als wirtschaftlich schwächere Partei im Rahmen der Rechtsbeziehungen zwischen den Kreditinstituten und ihren Kunden geschützt werden müssen, wurde ebenfalls im Beschluss des Verfassungsgerichts der Russischen Föderation bestätigt.[710] Eine Ausnahme von dieser Regelung stellen die Fälle dar, in denen der Zahler durch sein Handeln, beispielsweise die Mitteilung der Bankkartendaten sowie des CVC- Codes gegenüber einer dritten Person, die Gewährung des Zugangs zum »Bank-Kunde-System« gegenüber einer dritten Person oder die mangelnde sichere Aufbewahrung der Bankkarte usw., die missbräuchliche Verwendung verursacht hat.[711] Letztlich ist die Bank gem. Art. 9 Pkt. 14 des Gesetzes »Über das nationale Zahlungssystem« in den Fällen nicht verpflichtet, dem Zahler den Betrag zu erstatten, wenn der Zahler über den durchgeführten Zahlungsvorgang unterrichtet und die Bank gem. Art. 9 Pkt. 11 des Gesetzes »Über das nationale Zahlungssystem« über die fehlende Zustimmung nicht rechtzeitig informiert wurde.

Folglich lässt sich feststellen, dass der russische Gesetzgeber das Risiko der Schäden, die infolge einer unberechtigten Abbuchung des Zahlungsbetrags ohne Zustimmung des Zahlers zwischen der Bank und dem Zahler enstanden sind, anhand bestimmter, folgender Kriterien verteilt. Erstens sieht der Gesetzgeber grundsätzlich die verschuldensunabhängige Haftung der Bank für die Abwicklung des Zahlungsvorgangs vor. Dabei legt der Gesetzgeber einerseits der Bank eine Haftung auch ohne Verschulden aufgrund der Besonderheit der Banktätigkeit auf, da die Banktätigkeit ein hohes Risiko des Missbrauchs mit sich bringt und die Banken damit rech-

dem Zahler und dem Empfänger nach den allgemeinen Grundlagen des Zivilrechts. Mehr dazu: *Rjabova*, Kommentar zum Föderalen Gesetz »Über das nationale Zahlungssystem«, Art. 9, S. 105.

709 Information der Zentralbank Russlands, Fragenbeantwortung zur Anwendung einiger Bestimmungen des Föderalen Gesetzes »Über das nationale Zahlungssystem« vom 27.06.2011.

710 Verfassungsgericht der Russischen Föderation in seinem Beschluss vom 23.02.1999 Nr. 4-P »Zur Überprüfung der Verfassungsmäßigkeit von Teil 2 des Artikels 29 des Föderalen Gesetzes vom 03.02.1996 »Über die Banken und Banktätigkeit««; *Rjabova*, Kommentar zum Föderalen Gesetz »Über das nationale Zahlungssystem«, Art. 9, S. 106.

711 *Karapetov/Sarbasch*, Kommentar zu den Art. 807-860.15 ZGB, Art. 856, S. 667.

nen müssen.[712] Andererseits werden wegen der Einflussmöglichkeit der Bank auf die technischen Geräte und auf die Verringerungsmöglichkeit des Missbrauchs durch die technische Modifizierung der Software grundsätzlich der Bank die technischen Risiken auferlegt.[713] Zudem wird durch den Gesetzgeber sowohl der Bank als auch dem Zahler das Risiko der Schäden angerechnet, sofern sie die Anforderungen des Gesetzes zur Verhinderung und Minimierung der Schäden, die wegen missbräuchlicher Verwendung des Zahlungsinstruments entstehen können, nicht erfüllt haben. Dabei wird der Partei das Risiko der Schäden in den Fällen der missbräuchlichen Verwendung eines Zahlungsinstruments vom Gesetzgeber auferlegt, in denen die jeweilige Mitteilungspflicht gem. Art. 9 Pkt. 4 und 9 Pkt. 11 des Gesetzes »Über das nationale Zahlungsverkehr« nicht erfüllt wurde und dadurch das Entstehen des Schadens zur Folge hat.[714]

4. Die Anwendung der Art. 15, 393, 856, 866 ZGB und des Art. 9 des Gesetzes »Über das nationale Zahlungssystem« in der Gerichtspraxis

Nach dem Inkrafttreten des Gesetzes »Über das nationale Zahlungssystem« sollten grundsätzlich die Vorschriften des Art. 9 des Gesetzes hinsichtlich der Fragen der Haftungsverteilung zwischen der Bank und dem Zahler bei Zahlungsvorgängen ohne Zustimmung des Zahlers Anwendung finden. In diesem Sinne könnten die Vorschriften des Art. 9 des Gesetzes »Über das nationale Zahlungssystem« als spezielle Regelung der Haftungsverteilung bei Zahlungen unter Einsatz eines elektronischen Zahlungsmittels darstellen und daher dürfte keine Kollision mit den allgemeinen Normen der zivilrechtlichen Haftung gem. Art. 15, 393, 856, 866 ZGB entstehen.[715] Allerdings werden die Vorschriften des Art. 9 des Gesetzes »Über das nationale Zahlungssystem« bei den Streitigkeiten hinsichtlich des Schadensersatzes für die Zahlungsvorgänge, die ohne Zustimmung des Zahlers abgewickelt wurden, von den Gerichten nicht selbständig angewandt. Auch eine ein-

---

712 *Efimova*, Rechtsmechanismus für den Schadenersatz im Falle der Abwicklung der nicht autorisierten Zahlung, S. 48.

713 *Efimova*, Rechtsmechanismus für den Schadenersatz im Falle der Abwicklung der nicht autorisierten Zahlung, S. 48.

714 *Efimova*, Rechtsmechanismus für den Schadenersatz im Falle der Abwicklung der nicht autorisierten Zahlung, S. 48.

715 *Efimova*, Rechtsmechanismus für den Schadenersatz im Falle der Abwicklung der nicht autorisierten Zahlung, S. 42.

heitliche Auslegung der Vorschriften des Art. 9 Pkt. 15 ZGB erfolgt in der Rechtsprechung nicht.

Dabei wird in den gerichtlichen Entscheidungen auf Art. 9 des Gesetzes »Über das nationale Zahlungssystem« und insbesondere auf Art. 9 Pkt. 15 des Gesetzes hinsichtlich der verschuldensunabhängigen Haftung der Bank entweder nicht verwiesen oder es wird sich auf die Vorschriften des Art. 9 des Gesetzes »Über das nationale Zahlungssystem« zusammen mit den allgemeinen Vorschriften der Art. 15, 393 ZGB berufen.[716] Darüber hinaus wird von den Gerichten in solchen Streitfällen trotz der Bestimmungen des Art. 9 Pkt. 15 des Gesetzes »Über das nationale Zahlungssystem« über die verschuldenunabhängige Haftung der Bank in den meisten Fällen zugunsten der Bank entschieden. Beispielweise hat das Kassationsgericht der Russischen Föderation[717] im Streitfall der Abwicklung einer Zahlung ohne Zustimmung des Zahlers trotz des Verweises auf Art. 9 Pkt. 15 des »Über das nationale Zahlungssystem« dennoch zugunsten der Bank entschieden. Begründet wird dies vom Kassationsgericht damit, dass die Bank einerseits keine Zahlungen nach der Mitteilung des Zahlers gem. Art. 9 Pkt. 11 des Gesetzes »Über das nationale Zahlungssystem« abgewickelt hat und andererseits der Zahlungsvorgang vor der Mitteilung des Zahlers gem. Art. 9 Pkt. 11 des Gesetzes »Über das nationale Zahlungssystem« durch einen gültigen Bestätigungscode (PIN) im Kunde-Bank-System (Online-Banking) ausgelöst wurde, sodass die Bank keinen Grund zur Verweigerung des Zahlungsvorgangs hatte. Darüber hinaus hatte die Bank auch keine Möglichkeit die Durchführung des Zahlungsauftrags auszusetzen, weil der Zahlungsauftrag nach der Abwicklung der tatsächlichen Transaktion durch die Bank unwiderruflich und endgültig ist. Ebenso hat das Kassationsgericht entschieden, dass die Bank nicht berechtigt sei, die Verwendung der Geldmittel des Zahlers zu kontrollieren und andere Beschränkungen der Verfügungsberechtigung des Kunden nach eigenem Ermessen festzulegen.[718] Demententsprecnd hat die die Bank den Zahlungsauftrag, nach der Ansicht des Kasstionsgerichts, auf der Grundlage des Zahlungsauftrags des Zahlers durchgeführt.

716 Beschluss des Arbitragegerichts des Wolga-Wjatka-Bezirks vom 31.10.2016, Nr. A31-4746/2015; Anordnung des Obersten Gerichts der Russischen Föderation vom 12.12.2016 Nr. 305-ES16-16221.

717 Beschluss des 4. Kassationsgerichts vom 11.11.2021, Nr. 88-29904/2021.

718 Beschluss des 4. Kassationsgerichts vom 11.11.2021, Nr. 88-29904/2021.

In einem anderen Streitfall über die Abbuchung der Geldmittel ohne Zustimmung des Zahlers[719] hat das Kassationsgericht der Russischen Föderation bei richtiger Angabe des Passcodes im Bank-Kunde-System durch den Zahler trotz der rechtzeitigen Anzeige des Zahlers gem. Art. 9 Pkt. 11 des Gesetzes »Über das nationale Zahlungssystem« ebenfalls gegen den Zahler entschieden, jedoch mit einer anderen Begründung. Nach Ansicht des Kassationsgericht werden die streitigen Zahlungsvorgänge durch die Eingabe der Bankkartendaten sowie der richtigen Eingabe der PIN ausgelöst. Dementsprechend stellt die Nutzung der richtigen Bankkartendaten sowie des Passcodes einen Verstoß der Nutzungsbedingungen des elektronischen Zahlungsmittels gem. Art. 9 Pkt. 15 des Gesetzes dar, sofern die Daten des elektronischen Zahlungsmittels durch den Zahler nicht sicher aufbewahrt wurden.[720]

Nach Analyse der Rechtsprechung lässt sich feststellen, dass von den Gerichten in den Streitfällen der Abwicklung eines Zahlungsvorgangs ohne Zustimmung des Zahlers in der Regel die Standardargumentation verwendet wird, dass der Zahlungsvorgang auf Grundlage des Zahlungsauftrags des Zahlers mit der Eingabe der richtigen Daten des elektronischen Zahlungsmittels sowie des Passcodes durch den Zahler als zugestimmt anzusehen sei, sodass die Bank keinen Grund zur Verweigerung des Zahlungsauftrags hatte.[721]. Dabei werden die Hinweise des Zahlers, dass die Bank im Falle einer unberechtigten Abbuchung der Geldmittel den Verstoß des Zahlers gegen die Nutzungsbedingungen des elektronischen Zahlungsmittels zu beweisen hat, durch die Gerichte in der Regel zurückgewiesen, weil von den Gerichten im Falle der Abwicklung eines Zahlungsvorgangs über das Internet-Banking System unter Verwendung der richtigen Passcodes keine Haftung der Bank festgestellt werden kann.[722] Festzustellen ist, dass die Gerichte bei der Entscheidung streitiger Zahlungsvorgänge das Verschulden der Bank hinsichtlich der vom Zahler nicht autorisierten Abbuchung des Geldmittels prüfen. Liegen alle Voraussetzungen des Art. 9 Pkt. 15 des Gesetzes »Über das nationale Zahlungssystem« vor (die Bank hat die entsprechende Mitteilung gem. Art. 9 Pkt. 4 des Gesetzes veranlasst und die Informierung seitens Zahlers über die nicht autorisierte Zahlung

719 Beschluss des 2. Kassationsgerichts vom 09.12.2021, Nr. 88-28460/2021.

720 Beschluss des 2. Kassationsgerichts vom 09.12.2021, Nr. 88-28460/2021.

721 Anordnung des Obersten Gerichts der Russischen Föderation Nr. 305 -ES16-16221 vom 12.12.2016.

722 Beschluss des 3. Kassationsgerichts vom 03.08.2020, Nr. 88-11659/2020.

gem. Art. 9 Pkt. 11 des Gesetzes »Über das nationale Zahlungssystem« ist erfolgt), prüfen die Gerichte das Verschulden der Bank bezüglich der nicht autorisierten Abbuchung.[723] Liegt dabei aus Sicht des Kreditinstituts der Rechtschein des wirksamen Zahlungsauftrag vor, nämlich wenn bspw. der Zahlungsvorgang mit den PIN oder Bankkartendaten ausgelöst wurde, wird dabei nach Ansicht des Gerichts keine Haftung der Bank wegen der aufgrund des Missbrauchs ausgeführten Transaktion begründet, weil die Bank den Zahlungsvorgang auf der Grundlage des scheinbar rechtmäßig erteilten Zahlungsauftrags ausgeführt hat.[724]

Ein zentrales Problem bezüglich der Anwendung der Vorschriften des Art. 9 Pkt. 15 des Gesetzes »Über das nationale Zahlungssystem« in der Praxis stellt darüber hinaus sie Tatsache dar, dass die Verträge über die Nutzung des elektronischen Zahlungsmittel Adhäsionsverträge darstellen. Dementsprechend werden die Haftungsvoraussetzungen der Parteien einseitig durch die Kreditinstitute festgestellt. Dies führt in der Praxis dazu, dass die Kreditinstitute in den Adhäsionsverträgen über die Nutzung des elektronischen Zahlungsmittels die Haftung des Inhabers des elektronischen Zahlungsmittels für missbräuchliche Handlungen von Dritten bestimmen. Diese Vertragsbedingungen stehen grundsätzlich dem Sinn und Zweck des Art. 9 Pkt. 15 des Gesetzes »Über das nationale Zahlungssystem« entgegen, der das Risiko der missbräuchlichen Verwendung des elektronischen Zahlungsmittels grundsätzlich der Bank und nicht dem Zahler auferlegt. Einen Haftungsausschluss sieht die Art. 9 Pkt. 15 des Gesetzes »Über das nationale Zahlungssystem« für die Banken nur dann vor, wenn der Zahler die Nutzungsbedingungen des Zahlungsmittels verstoßen hat. Dieses Problem wird für den Zahler dadurch erschwert, dass durch das Gesetz »Über das nationale Zahlungssystem« keine Grenzen für die Sorgfaltsplichten des Zahlers sowie die Beschränkung des Verschuldensgrads bestimmt. Dies hat zur Folge, dass einerseits die Kreditinstitute beliebige Sorgfaltspflichten auf den Zahler auferlegen können, welche in der Praxis zum Haftungsausschluss der Bank in einem Missbrauchsfall führt. Andererseits, wegen der fehlenden speziellen Regelungen, hat der Zahler gem. Art. 401 ZGB Vorsatz und Fahrlässigkeit zu vertreten. Demzufolge führt der Mangel der gesetzlichen Bestimmung des Verschuldensgrads sowie der Grenzen des Sorgfaltsmaßtabs des Zahlers dazu, dass in der Praxis die Be-

---

723 Beschluss des 2. Kassationsgerichts vom 29.11.2021, Nr. 88-23764/2021, Berufungsurteil des Regionalgerichts Swerdlowsk vom 26.09.2019, Nr. 33-16182/2019.

724 Beschluss des 2. Kassationsgerichts vom 29.11.2021 Nr. 88-23764/2021.

stimmungen dieser Norm von den Gerichten außer Acht gelassen werden. Sie verweisen bei der Entscheidung der Streitfälle auf die Bedingungen des Vertrags zwischen dem Zahler und der Bank, die grundsätzlich einen Haftungsausschluss der Bank im Falle eines Missbrauchs bestimmen können.[725]

Allerdings ist darauf hinzuweisen, dass bei der Analyse der gerichtlichen Entscheidungen auch eine Gegenansicht vertreten wird. Bspw. hat das Kassationsgericht der Russischen Föderation in einem Streitfall über eine nicht autorisierte Abbuchung der Geldmittel zugunsten des Zahlers entschieden.[726] Begründet wurde dies vom Gericht damit, dass die Banken bei der Erbringung der Bankdienstleistungen den Schutz der Geldmittel vor dem rechtswidrigen Erhalt personenbezogener Daten durch Dritte beim Online-Banking gewährleisten müssen. Eine andere Auslegung wurde vom Gericht als unzulässig anerkannt, da in diesem Fall eine Verpflichtung des Kreditinstituts zur Schaffung einer sicheren Software bzw. anderer technischer Lösungen nicht bestehen würde, wenn das Risiko eines unbefugten Zugriffs auf das Konto minimiert wird.[727] Darüber hinaus hat das Gericht richtigerweise auf Art. 9 Pkt. 15 des Gesetzes »Über das nationale Zahlungssystem« hingewiesen, dass die Bank das ohne die Zustimmung des Zahlers abgebuchte Geldmittel zurückbuchen muss, es sei denn, die Bank beweist einen Verstoß der Nutzungsbedingungen des elektronischen Zahlungsmittels seitens des Zahlers.[728]

Dementsprechend ist erkennbar, dass sich die russische Rechtsprechung trotz der speziellen Regeln des Art. 9 des Gesetzes »Über das nationale Zahlungssystem« ebenfalls auf die allgemeinen Vorschriften über die zivilrechtliche Haftung gem. Art. 393 ZGB beruft. Die Gerichte berufen sich in den Entscheidungen der Streitfälle bezüglich der ohne Zustimmung des Zahlers durchgeführten Zahlungsvorgänge unter Einsatz des elektronischen Zahlungsmittels auch auf das Fehlen eines rechtswidrigen Handelns seitens der Bank. Dies entspricht zwar den allgemeinen Vorschriften der zivilrechtlichen Haftung gem. Art. 393 ZGB, allerdings steht dies dem Sinn und Zweck des Art. 9 des Gesetzes »Über das nationale Zahlungssystem« entgegen. Dabei ist nach den Bestimmungen des Art. 9 Pkt. 15 ZGB die

725 Beschluss des Dritten Kassationsgerichts vom 22.07.2020 Nr. 88-9018/2020.

726 Beschluss des Sechsten Kassationsgerichtshofs vom 20.09.2021 in der Rechtssache Nr. 88-20099/2021.

727 Beschluss des Sechsten Kassationsgerichtshofs vom 20.09.2021, Nr. 88-20099/2021.

728 Beschluss des 6. Kassationsgerichtshofs vom 20.09.2021, N88-20099/2021.

Bank verpflichtet, dem Zahler den Betrag des ohne seine Zustimmung durchgeführten Zahlungsvorgangs sowie vor als auch nach der Mitteilung zu ersetzen. Ob die Bank ihre Mitteilungspflicht gem. Art. 9 Pkt. 4 des Gesetzes erfüllt hat oder ob ein kausaler Zusammenhang zwischen dem Handeln der Bank und dem Schaden besteht oder nicht ist für die verschuldensunabhängige Haftung der Bank gem. Art. 9 des Gesetzes »Über das nationale Zahlungssystem« nicht relevant.[729] Es ist für die Haftung der Bank gem. Art. 9 des Gesetzes »Über das nationale Zahlungssystem« ausreichend, wenn der Zahler seiner Verpflichtung zur rechtzeitigen Mitteilung der Bank über den Verlust und/oder die missbräuchliche Verwendung des Zahlungsmittels gem. Art. 9 Pkt. 11 des Gesetzes nachkommt. Dabei ist die Regelung des Art. 9 des Gesetzes »Über das nationale Zahlungssystem« nach dessen Wortlaut und nach der Ansicht in der Literatur darauf gezielt, einerseits das Missbrauchsrisiko der Bank aufgrund des fehlenden Einflusses und Kontrolle der Kunden auf den Computer bzw. die Software aufzuerlegen.[730] Anderseits soll mit der in Art. 9 Pkt. 11 des Gesetzes festgelegten Mitteilungspflicht des Zahlers beim Verlust und/oder bei der missbräuchlichen Verwendung und der Möglichkeit des Haftungsausschlusses der Bank im Falle des Verstoßes der Nutzungsbedingungen des elektronischen Zahlungsmittels durch den Zahler gem. Art. 9 Pkt. 15 des Gesetzes ein Anreiz geschaffen werden, die Zahlungsinstrumente sicher aufzubewahren und die missbräuchliche Verwendung durch unverzügliche Mitteilung an die Bank zu verringern. Allerdings wird diese Regelung in der Praxis weitgehend ignoriert. Einerseits werden die technischen Risiken der Abwicklung des Zahlungsvorgangs dem Kunden durch die Regelungen und andere Akte der Bank auferlegt. Andererseits wird von den Gerichten in den Fällen, in denen bspw. eine missbräuchliche Verwendung des Zahlungsinstruments infolge eines Angriffs auf das Mobilgeräts des Zahlers durch einen Dritten vorliegt, ein schuldhaftes Handeln des Zahlers anerkannt und damit zugunsten der Bank entschieden.[731] Demzufolge muss der Zahler nach dem Sphärengedanken grundsätzlich deswegen für die gesamten Schäden aus dem Missbrauchsfall haften, in welchen das elektronische Zahlungsmit-

729 *Efimova*, Rechtsmechanismus für den Schadenersatz im Falle der Abwicklung der nicht autorisierten Zahlung, S. 43.

730 *Efimova*, Rechtsmechanismus für den Schadenersatz im Falle der Abwicklung der nicht autorisierten Zahlung, S. 43.

731 Beschluss des Arbitragerichts des Moskauer Bezirks vom 29.September in der Sache Nr. A40-178644/2014; Beschluss des Arbitragegerichts des Wolga-Wjatka-Bezirks vom 31.10.2016, Nr. A31-4746/2015.

tel und dessen Sicherheitsdaten im Risikobereich des Zahlers liegen. Da der Zweck der Bestimmung des Art. 9 Pkt. 15 des Gesetzes, welcher die verschuldensunabhängige Haftung der Bank vorsieht, nicht darin besteht, alle technischen Risiken der Abwicklung des Zahlungsvorgangs vollständig dem Zahler als schwächere Partei aufzuerlegen, stehen folglich diese Bankregelungen sowie die gerichtlichen Entscheidungen der Vorschriften des Art. 9 des Gesetzes »Über das nationale Zahlungssystem« entgegen.[732]

5. Bereicherungsausgleich

Wird ein Zahlungsbetrag ohne die Zustimmung des Zahlers von dessen Konto abgebucht, sind in der Literatur hinsichtlich der Fragen des Bereicherungsausgleichs aus der Sicht des Empfängers des Zahlungsbetrags zwei Fälle zu unterscheiden. Die erste Fallgruppe stellt die Fälle dar, in denen der Zahlungsempfänger, dem der Zahlungsbetrag gutgeschrieben wird, eine Rechtsgrundlage (bspw. bei den widerrufenen Zahlungsaufträgen) für den Empfang dieses Betrags zusteht. In dieser Konstellationen wird davon ausgegangen, dass der Zahler keine Erstattung des Zahlungsbetrags von der Bank trotz seiner fehlenden Zustimmung zum Zahlungsvorgang verlangen kann.[733] Wäre dies möglich, könnte der Zahler auf Kosten der Bank ungerechtfertigt bereichert werden, weil seine Schuld gegenüber dem Zahlungsempfänger durch den ohne seine Zustimmung abgebuchten Zahlungsbetrag erfüllt wird.[734] Dementsprechend soll in diesem Fall die Rückforderung des Zahlungsbetrags nach den allgemeinen Grundlagen des Zivilrechts zwischen dem Zahler und dem Zahlungsempfänger erfolgen.

Zur zweiten Fallgruppe gehören die Fälle, in welchen der Zahlungsbetrag ohne die Zustimmung des Zahlers auf dem Konto des Zahlungsempfängers gutgeschrieben wird und dem keine Rechtsgrundlage für den Empfang dieses Betrags zusteht. In diesen Fällen hat grundsätzlich der Zahler einen vertraglichen Anspruch gegenüber seiner Bank gem. Art. 856 ZGB und/oder gem. Art. 9 des Gesetzes »Über das nationale Zahlungssystem«. Entscheidet das Gericht in einem Streitfall über die ohne die Zustimmung des Zahlers abgebuchten Zahlungsbetrags (bspw. in einem Missbrauchsfall) zugunsten des Zahlers, was jedoch selten der Fall ist, kann die Bank nach der

732 *Efimova*, Rechtsmechanismus für den Schadenersatz im Falle der Abwicklung der nicht autorisierten Zahlung, S. 47.

733 *Karapetov/Sarbasch*, Kommentar zu den Art. 807-860.15 ZGB, Art. 856, S. 681.

734 *Karapetov/Sarbasch*, Kommentar zu den Art. 807-860.15 ZGB, Art. 856, S. 681.

in der Rechtsprechung vertretenen Ansicht gegenüber dem Zahlungsempfänger einen Anspruch aus Art. 1102 ZGB (ungerechtfertigte Bereicherung) geltend machen und diesen Zahlungsbetrag zurückverlangen.[735]

Darüber hinaus kann der Zahler den ohne seine Zustimmung abgebuchten Zahlungsbetrag direkt von dem Zahlungsempfänger auf der Grundlage des Rechts der ungerechtfertigten Bereicherung gem. Art. 1102 ZGB verlangen.[736] Letzteres ist in der russischen Bankpraxis öfter der Fall, weil in den Streitfällen der Abbuchung des Betrags ohne Zustimmung des Zahlers von den Gerichten öfter zugunsten der Bank entschieden wird.

6. Beweislasterteilung

Die spezielle Regelung zur Verteilung der Beweislast für die Fälle der Auslösung der Zahlung mittels elektronischen Zahlungsmittels ergibt sich im russischen Recht aus Art. 9 Pkt. 15 des Gesetzes »Über das nationale Zahlungssystem«. Nach dieser Norm wird die Bank bei Vorliegen aller Voraussetzungen des Art. 9 Pkt. 15 i.V.m. Art. 9 Pkt. 4 und 11 des Gesetzes »Über das nationale Zahlungssystem« von der Verpflichtung der Erstattung des ohne die Zustimmung des Zahlers abgebuchten Zahlungsbetrags nur dann befreit, wenn die Bank beweist, dass der Zahler gegen die Nutzungsbedingungen des elektronischen Zahlungsmittels verstoßen hat und die missbräuchliche Verwendung verursacht hat. Darüber hinaus muss von der Bank auch die Erfüllung der Mitteilungspflicht gem. Art. 9 Pkt. 4 des Gesetzes »Über das nationale Zahlungssystem« bewiesen werden.[737] Dementsprechend hat die Bank für den Haftungsausschluss gem. Art. 9 Pkt. 15 des Gesetzes »Über das nationale Zahlungssystem« die Weitergabe des elektronischen Zahlungsinstruments sowie die PIN und CVC2-Code (personalisierte Merkmale) an den unberechtigten Dritten oder die Nichteinhaltung der Vorsichtsmaßnahmen bei der Verwendung des elektronischen Zahlungsmittels durch den Zahler zum Zeitpunkt der unberechtigten Ab-

735 Informationsschreiben Nr. 47 des Obersten Arbitragegerichts vom 11.01. 2000, »Überprüfung der Praxis bei Streitigkeiten im Zusammenhang mit der Anwendung der Vorschriften über die ungerechtfertigte Bereicherung«, Pkt.9; *Laue*, Die zivilrechtliche Haftung der Banken, S. 124.

736 *Karapetov*, Zivilgesetzbuch der Russischen Föderation, Kommentar zu den Artikel 807-860.15, 2019, Art. 856, S. 681.

737 *Rjabova*, Kommentar zum Föderalen Gesetz »Über das nationale Zahlungssystem«, Art. 9, S. 109; Urteil des 1. Kassationsgerichtshofs der ordentlichen Gerichtsbarkeit vom 02.11.2021 Nr. 88-24885/2021(2-3299/2020).

buchung des Betrags durch die entsprechenden technischen Unterlagen zu beweisen.[738] In der Praxis wird von den Gerichten bei der Entscheidung der Streitfälle über die Abbuchung des Zahlungsbetrags ohne die Zustimmung des Zahlers auf die allgemeinen Beweislastregeln des Art. 401 Pkt. 2 und 3 ZGB verwiesen.[739] Demnach muss von der Bank, die ihre Pflicht bei der Ausübung der unternehmerischen Tätigkeit verletzt, das Fehlen ihres Verschuldens hinsichtlich der Pflichtverletzung bewiesen werden.[740] Dies erfolgt in der Regel durch die Aufzeichnungen, die beweisen, dass der Zahlungsauftrag unter den richtigen Sicherheitsmerkmalen ausgelöst wurde. Begründet wird dies dadurch, dass die wahrscheinlichste Ursache für den Missbrauch die potenzielle Pflichtverletzung des Zahlers ist. Im Zuge dessen wird die Beweislast auf die Zahlerseite verschoben, wodurch dieser die Last trägt zu beweisen, dass er eine Zustimmung für die ausgeführte Zahlung nicht erteilt hat. Dieser Ansicht kann nicht zugestimmt werden. Einerseits kann die Ursache für den Missbrauch in der Sphäre des Kreditinstituts liegen, wobei die Sicherheitssysteme des Kreditinstituts nicht ausreichend gegen die missbräuchlichen Angriffe geschützt sind. Andererseits kann die Übertragung der Beweislast auf den Zahler in Anbetracht der Tatsache, dass die Sorgfaltspflichten des Zahlers einseitig durch die Kreditinstitute formuliert sind, zur potenziellen Benachteiligung des Verbrauchers führen, wodurch die Banken sich auf diese Regelungen berufen können und damit in ihrer eigenen Verantwortung entlasten können.

C. Rechtsvergleichende Würdigung der Haftungsverteilung bei fehlender Zustimmung und Missbrauch nach deutschem und russischem Recht

I. Die gesetzliche Regelung zur Durchführung der Zahlung nach deutschem und nach russischem Recht

Die Durchführung einer Zahlung setzt sowohl im deutschen als auch im russischen Recht das Vorliegen eines Zahlungsauftrags des Zahlers (§ 675f

738 Beschluss des 6. Kassationsgerichts der ordentlichen Gerichtsbarkeit vom 20.09.2021, Nr. 88-20099/2021.

739 Beschluss des 6. Kassationsgerichts der ordentlichen Gerichtsbarkeit vom 20.09.2021, Nr. 88-20099/2021; Berufungsurteil des Moskauer Stadtgerichts vom 22.09.2020, Nr. 33-19885/2020, 2-3468/2019.

740 Beschluss des 6. Kassationsgerichts der ordentlichen Gerichtsbarkeit vom 20.09.2021, Nr. 88-20099/2021.

Abs. 4 BGB, Art. 847 Pkt. 2 ZGB, Art. 5 Pkt. 1 des Gesetzes »Über das nationale Zahlungssystem«) voraus. Allerdings stellt ein Kernpunkt im Rahmen der Regulierung der Zahlungsausführung, der im deutschen Recht durch das neue Zahlungsdiensterecht eingefügte Begriff »Autorisierung des Zahlungsvorgangs« dar. Obwohl es sich in Praxis in der Regel um gleichläufige Prozesse handelt, sind diese Begriffe im deutschen Recht voneinander zu unterscheiden. Zum einen bedeutet »Autorisierung« die Erklärung des Zahlers zum Zahlungsvorgangs als faktisches Ereignis, wobei sich der Begriff »Zahlungsauftrag« auf die Erklärung des Zahlers zur Ausführung des bestimmten Zahlungsvorgangs bezieht. Die Autorisierung spielt für das Zahlungsdiensterecht eine relevante Rolle, da nur solche durch den Zahler autorisierte Zahlungsvorgänge gegenüber diesem wirksam sind. Der Zahlungsdienstleister kann dabei für die nicht autorisierten Zahlungen keinen Aufwendungsersatz verlangen (§ 675u BGB). Anders als im deutschen Recht ist der Begriff »Autorisierung« dem russischen Recht nicht bekannt. Das russische Recht sowie die Rechtsprechung gehen grundsätzlich von der Zustimmung des Zahlers aus, wenn der Zahler bei der Bank einen wirksamen Zahlungsauftrag stellt. Hat der Zahler bei der Auslösung einer Zahlung mittels elektronischen Zahlungsmittels (bspw. Bank-Kunde System) mit Eingabe der PIN bzw. des Codes, welchen der Zahler durch SMS erhalten hat, hat er damit auch dem Zahlungsvorgang zugestimmt, sodass die Bank keinen Grund zur Verweigerung des Zahlungsauftrags hat.[741] Trotz der gesonderten Regulierung der Autorisierung des Zahlungsvorgangs im deutschen Recht, sind aus der praktischen Sicht keine große Unterschiede festzustellen. Denn sowohl nach dem deutschen als auch nach dem russischem Recht erfolgt die Autorisierung, d.h. die Erteilung der Zustimmung des Zahlers zum Zahlungsvorgangs bereits mit der Abgabe des Zahlungsauftrags bei dem Zahlungsdienstleister.

Die Art der Autorisierung unter Einsatz der bestimmten Zahlungsinstrumente bestimmt sich sowohl im deutschen Recht als auch im russischen Recht anhand der Parteivereinbarung (§ 675j Abs. 1 BGB, Art. 9 Pkt. 1 des Gesetzes »Über das nationale Zahlungssystem«). So erfolgt im deutschen Recht die Autorisierung bzw. Authentifizierung eines Zahlungsvorgangs unter Einsatz eines elektronischen Zahlungsinstruments durch die Verwendung einer Zahlungskarte und PIN. Entscheidend ist dabei sowohl in Deutschland als auch in Russland, dass die Bank durch das Autorisierungsverfahren die Identität des Zahlers sowie die berechtigte Nutzung eines

741 Beschluss des 4. Kassationsgerichts vom 11.11.2021, Nr. 88-29904/2021.

Zahlungsinstruments durch den Zahler prüfen kann. Dabei lässt sich beobachten, dass die Autorisierung eines Zahlungsvorgangs sowohl in Deutschland als auch in Russland aus praktischer Sicht vergleichsweise ähnlich erfolgt. Der Unterschied besteht jedoch darin, dass durch die gesonderte Regulierung der Zustimmung des Zahlers zu einem Zahlungsvorgang der deutsche Gesetzgeber spezielle gesetzliche Anforderungen für das Autorisierungs- bzw. Authentifizierungsverfahren bestimmt hat, die der Zahlungsdienstleister bei der Erbringung der Zahlungsdienste zu beachten hat. Dazu gehören bspw. die Schaffung eines Zahlungssystems, wobei für die Auslösung eines Zahlungsvorgangs eine starke Kundenauthentifizierung verlangt wird und für die Auslösung des Zahlungsvorgangs die bestimmten gesetzlich bestimmten Elemente herangezogen werden müssen (§ 1 Abs. 24 ZAG i.V.m § 675c Abs. 3 BGB). Diese gesetzlichen Anforderungen im deutschen Recht sind zu begrüßen, weil dadurch dem Zahlungsdienstleister die Pflicht zur Gewährleistung eines sicheren Zahlungssystems für die Abwicklung der Zahlungsvorgänge auferlegt wird. Dies dient seinerseits dazu, dass das Risiko der missbräuchlichen Verwendung des Zahlungsinstruments verhindert bzw. erheblich minimiert wird. Im russischen Recht wurden keine gesetzlichen Anforderungen zum Autorisierungs- bzw. Authentifizierungsverfahren eines Zahlungsvorgangs für die Kreditinstitute bestimmt. Wie die Zustimmung bei den einzelnen Zahlungsmitteln zu erteilen ist, bestimmt sich nach der Parteivereinbarung. Eine gesetzliche Bestimmung, zumindest Mindestanforderungen des Authentifizierungsverfahren wäre wünschenswert, da dadurch auch für die Kreditinstitute einen Anreiz bestehen würde, ihre Software entsprechend der neuen Anforderungen zu modernisieren und ein sicheres Zahlungssystem für die Abwicklung der Zahlungsvorgänge zu schaffen.

Die Zustimmung des Zahlers kann nach sowohl nach dem deutschen als auch nach dem russischem Recht bis zu dem Zeitpunkt widerrufen werden, bis zu welchen auch der Zahlungsauftrag widerrufen werden kann (§ 675j Abs. 2 BGB, Art. 864 Pkt. 5 ZGB, Art. 8 Pkt. 9 des Gesetzes »Über das nationale Zahlungssystem«). Dabei unterscheiden sich jedoch die Zeitpunkte der Unwiderruflichkeit des Zahlungsauftrags nach dem Recht der beiden Rechtsordnungen. Der Zeitpunkt der Unwiderruflichkeit des Zahlungsauftrags stellt im deutschen Recht der Zeitpunkt des Zugangs des Zahlungsauftrags beim Zahlungsdienstleister dar. Das russische Recht ermöglicht dem Zahler dagegen, den Zahlungsauftrag bis zum Zeitpunkt der Abbuchung des Geldmittels vom Bankkonto des Zahlers zu widerrufen. Damit ist erkennbar, dass die beiden Rechtsordnungen grundsätzlich von der Unwiderruflichkeit des Zahlungsauftrags ausgehen. Die Tatsache, dass das russische Recht eine längere Frist für den Widerruf vorsieht, spielt aus der praktischer Sicht wegen der Automatisierung der Zahlungsvorgänge und der kürzeren Ausführungsfristen keine entscheidende Rolle.

II. Die gesetzliche Regulierung der Haftungsverteilung im Falle der Durchführung einer Zahlung ohne Zustimmung des Zahlers

Bei der Bestimmung der Haftung der Parteien im Falle eines ohne der Zustimmung des Zahlers ausgeführten Zahlungsvorgangs hat der deutsche und russische Gesetzgeber unterschiedliche Wege gewählt. Dabei regelt sich die Haftung der Parteien im deutschen Recht einheitlich durch die Vorschriften der §§ 675u und 675v BGB, wobei durch § 675u BGB der Grundsatz der Haftung des Zahlungsdienstleisters für die nicht autorisierte Zahlungsvorgang bestimmt wird. § 675v BGB normiert die Ausnahmefälle des Grundsatzes der Haftung des Zahlungsdienstleisters für die Konstellationen einer nicht autorisierten Zahlung unter Verwendung eines verloren gegangenen, gestohlenen oder sonstig abhandengekommen Zahlungsinstruments und sieht gegebenenfalls die Haftung des Zahlungsdienstnutzer vor. Anders als im deutschen Recht kommen im russischen Recht bei der Entscheidung über Streitfälle hinsichtlich die Ausführung der Zahlungsvorgänge mit fehlender Zustimmung des Zahlers gleichzeitig mehrere miteinander kollidierende Vorschriften in Betracht. Dabei handelt es sich einerseits um die Vorschriften des Kapitels 25 ZGB zu den allgemeinen Grundlagen der Haftung für die Verletzung von Verbindlichkeiten, auf die Art. 856 und 866 des ZGB verweisen. Andererseits greifen die Vorschriften des Art. 9 des Gesetzes »Über das nationale Zahlungssystem« ein, weil sie spezielle Regelungen für die Haftungsverteilung in den Fällen einer missbräuchlichen Verwendung eines Zahlungsinstruments bestimmen. Eine einheitliche und klare gesetzliche Regulierung wäre ebenfalls im russischen Recht wünschenswert, weil dadurch bestehende Problem der Normenkollision zwischen den Vorschriften des ZGB und den speziellen Vorschriften des Gesetzes »Über das nationale Zahlungssystem« effektiv gelöst werden. Durch die einheitliche Regulierung wird darüber hinaus zur Gewährleistung der Rechtssicherheit beigetragen, welche seinerseits zur effizienten Rechtsanwendung und Minimierung der Verwirrung bei den beteiligten Parteien beiträgt.

Die Analyse der haftungsrechtlichen Vorschriften nach dem Recht der beiden Rechtsordnungen zeigt, dass grundsätzlich beide Rechtsordnungen das Risiko der nicht autorisierten Zahlung dem Kreditinstitut auferlegen. Der Zahlungsdienstleister hat im deutschen Recht gem. § 675u Abs. 1 BGB im Falle einer nicht autorisierten Zahlung keinen Aufwendungsersatzanspruch gegen den Zahler und muss insofern den bereits belasteten Betrag zurückbuchen. Demzufolge wird durch § 675u BGB der Grundsatz festgelegt, dass bei der fehlenden Autorisierung des Zahlers der Zahlungsdienstleister keinen Aufwendungsersatzanspruch geltend machen kann und den belastenden Betrag zurückbuchen muss. Dieser Grundsatz ist auch in Art. 9 Pkt. 15 des Gesetzes »Über das nationale Zahlungssystem« zu finden. Informiert dementsprechend der Zahler, der eine natürliche Person ist, seine Bank über den Verlust oder die missbräuchliche Verwendung des elektronischen Zahlungsmittels, so ist die Bank gem. Art. 9 Pkt. 15 des Gesetzes »Über das nationale Zahlungssystem« verpflichtet, dem Zahler auch vor der Mitteilung des Zahlers den abgebuchten Zahlungsbetrag zu erstatten. Dementsprechend hat das Kreditinstitut dem Zahler, ohne seine Zustimmung ausgeführten Zahlungsbetrag zu erstatten, wenn der Zahler seiner Pflicht gem. Art. 9 Pkt. 11 des Gesetzes »Über das nationale Zahlungssystem« nachgekommen ist. Ein wesentlicher Unterschied zwischen der Regulierung der Haftung des Kreditinstituts in den beiden Rechtsordnungen besteht darin, dass im russischen Recht die Mitteilungspflicht der Parteien für die Bestimmung der Haftung eine zentrale Rolle spielt. Art. 9 Pkt. 4 des Gesetzes »Über das nationale Zahlungssystem« legt fest, dass das Kreditinstitut über jeden Zahlungsvorgang, den der Zahler unter Einsatz des elektronischen Zahlungsmittels ausgelöst hat, unverzüglich nach der Abwicklung des Zahlungsvorgangs informieren muss. Dabei wird die monatliche Versendung der Kontoauszüge als unverzügliche Mitteilung im Sinne von Art. 9 Pkt. 4 des Gesetzes »Über das nationale Zahlungssystem« durch die Rechtsprechung nicht anerkannt. Die Informationspflicht des Zahlungsdienstleisters zur Unterrichtung des Zahlers über die ausgeführten Zahlungsvorgänge wird ebenfalls in deutschem Recht gem. Art. 248 § 7 EGBGB bestimmt. Allerdings wird durch den Gesetzgeber eine andere nach dem Gedanken der Verringerung der Kosten des Zahlungsdienstleisters[742] die Vereinbarung einer anderer Häufigkeit der Mitteilung, jedoch wenigstens einmal monatlich, zugelassen. Die in Art. 9 des Gesetzes »Über das nationale Zahlungssystem« festgelegte Pflicht des Kreditinstituts zur

742 BT-Drs. 16/11643, 136.

unverzüglichen Mitteilung nach der Abwicklung des Zahlungsvorgangs ist begrüßenswert. Denn führt in der Praxis die unverzügliche Benachrichtigung des Zahlers über die Abwicklung des Zahlungsvorgangs dazu, dass der Zahler umgehend über den Zahlungsvorgang in Kenntnis gesetzt und die schnellere Reaktion des Zahlers auf die missbräuchliche Verwendung des Zahlungsinstruments ermöglicht wird. Demgegenüber wird eine monatliche Unterrichtung des Zahlers eine prompte Reaktion auf den Missbrauch einschränken und somit zur Entstehung weiterer Schäden führen.

Nach dem Recht der beiden Ländern wird trotz des Grundsatz der Haftung des Zahlungsdienstleisters für die nicht autorisierte Zahlungsvorgänge die Ausnahme festgelegt, dass der Zahler das Risiko des missbräuchlichen Verwendung des Zahlungsinstruments tragen muss. Dabei sieht § 675v BGB einerseits die begrenzte pauschalierte verschuldensunabhängige Haftung des Zahlers in diesen Fällen vor, um für den Zahler einen Anreiz zu schaffen, eine missbräuchliche Nutzung seines Zahlungsinstruments durch die sichere Aufbewahrung der persönlichen Sicherheitsmerkmale sowie durch die unverzügliche Anzeige des verloren gegangenen, gestohlenen oder in sonstiger Weise abhandegekommenen Zahlungsinstruments zu verringern. Andererseits haftet der Zahlungsdienstnutzer verschuldensabhängig und unbengrenzt, wenn er in betrügerischer Absicht handelt oder seine Sorgfaltspflichten in Bezug auf das Zahlungsinstrument vorsätzlich oder grob fahrlässig verletzt (§ 675v Abs. 3 BGB). Der russische Gesetzgeber hat keine gesetzlichen Anforderungen bzw. die Grenzen der Haftung des Zahlers bestimmt. Art. 9 Pkt. 15 des Gesetzes »Über das nationale Zahlungssystem« sieht den Haftungsausschluss der Bank in den Fällen vor, in denen die Bank beweist, dass der Zahler gegen die Nutzungsbedingungen des elektronischen Zahlungsmittels verstoßen und eine missbräuchliche Verwendung verursacht hat. Die Sorgfaltspflichten des Zahlers in Bezug auf Zahlungsinstrumente werden sowohl in Deutschland als auch in Russland durch die AGB bzw. Adhäsionsverträge, also einseitig durch den Zahlungsdienstleister, bestimmt. Demnach wäre eine detaillierte Regelung der Anforderungen zur Bestimmung der Sorgfaltspflichten des Zahlers zur Gewährleistung der Rechtssicherheit und zum Schutz des Verbrauchers als schwächere Parteien den beiden Länder wünschenswert. Zu begrüßen ist jedoch, dass im deutschen Recht gem. § 675v Abs. 3 BGB der Zahler nur für sein grob fahrlässiges Handeln haftet. Im russischen Recht ist dies dagegen nicht der Fall. Demzufolge hat die mangelnde gesetzliche Regulierung der Haftung des Zahlers in den Fällen eines nicht autorisierten Zahlungsvorgangs in der russischen Bankpraxis dazu geführt, dass sich der Umfang des Sorgfaltsmaßtabs und demzufolge die Haftung des Zahlers bei den Zahlungsvorgänge allein nach dem Vertrag zwischen dem Kreditinstitut und dem Zahler entscheidet. In der Regel bestimmen die Banken in diesen Verträgen den vollen Haftungsausschluss der Bank für ein missbräuchliches Handeln eines Dritten bezüglich des elektronischen Zahlungsmittels. Die Standardbedingung der Banken besteht dabei darin, dass sich der Zahler im Rahmen des Vertrags über das elektronische Zahlungsmittel (in der Regel die Bedingungen der Bank über die Nutzung des elektronischen Zahlungsmittels, bspw. Bankkarte) verpflichtet, sowohl das verkörperte Zahlungsinstrument (bspw. Bankkarte) als auch die dazugehörigen Daten (bspw. PIN oder Kartennummer) einer dritten Personen nicht weiterzugeben, alle notwendigen Maßnahmen zur Verhinderung des Verlust, Diebstahls und Beschädigung des Zahlungsmittels zu treffen sowie für alle Zahlungsvorgänge, die wegen einer missbräuchlichen Verwendung des elektronischen Zahlungsmittels mit der Eingabe der richtigen PIN erfolgte, zu haften.[743] Demzufolge haften die Zahler in der Praxis in der Regel für die gesamten Schäden der Zahlungsvorgänge, die missbräuchlich, jedoch gleichwohl unter Verwendung der richtigen Daten des elektronischen Zahlungsmittels ausgelöst wurden. Im deutschem Recht wird die Haftung des Zahlers einerseits durch die Bestimmungen des § 675v Abs. 2 BGB und andererseits durch die Inhaltskontrolle der AGB gem. § 307 BGB beschränkt. Ob im Einzelfall ein vorsätzliches oder grob fahrlässiges Handeln des Zahlungsdienstnutzers zu bejahen ist, wird von den Gerichten unter Berücksichtigung des Einzelfalls entschieden. Ausschlaggebend für die Annahme der Haftung des Zahlungsdienstnutzers für die gesamten Schäden des nicht autorisierten Zahlungsvorgangs ist, dass die im Verkehr erforderliche Sorgfalt vom Zahlungsdienstnutzer im schweren Maße verletzt sein muss (bspw. die bewusste Mitteilung der PIN einer Zahlungskarte an Dritte, keine Geheimhaltung der personalisierten Sicherheitsmerkmale wie Passwörter, PIN, TAN). In allen anderen Fällen ist durch das BGB gem.§ 675v Abs. 1 BGB nur eine verschuldensunabhängige Beteiligung des Zahlungsdienstnutzers bis zu 50 Euro am gesamten Schaden vorgesehen. Dabei dienen die gesetzlichen Anforderungen und Grenzen der Haftung des Zahlungsdienstnutzers dazu, dass einerseits für den Zahlungsdienstleister ein Anreiz geschaffen wird, die missbräuchliche Verwendung des Zahlungsinstruments zu verringern und andererseits nur in den bestimm-

743 Beschluss des 2. Kassationsgerichts N88-13259/2020 vom 19.05.2020, 2-1994/2019.

ten Fällen die Haftung des Zahlungsdienstnutzers zu begründen, wenn die Haftung des Zahlungsdienstleisters bzw. die verschuldensunabhängige Beteiligung des Zahlungsdienstnutzers nicht gerechtfertigt ist. Die Festlegung der Haftung des Zahlungsdienstnutzers für die gesamten Schäden des nicht autorisierten Zahlungsvorgangs, sofern die Auslösung des Zahlungsvorgangs mittels personalisierter Merkmale bzw. anderer Daten der elektronischen Zahlungsinstrumente erfolgt ist, liefen unter Berücksichtigung der modernisierten Missbrauchsvarianten gegen den Sinn und Zweck der § 675u BGB, der das Risiko des nicht autorisierten Zahlungsvorgangs dem Zahlungsdienstleister und nicht dem Zahlungsdienstnutzer auferlegt.

Obwohl der russische Gesetzgeber mit der Schaffung der neuen Vorschriften der Schadensverteilung in den Fällen einer missbräuchlichen Verwendung zum Ziel hatte, dass das Risiko eines nicht autorisierten Zahlungsvorgangs der Bank auferlegt wird (Art. 9 Pkt. 15 des Gesetzes »Über das nationale Zahlungssystem«), wird dieser Grundsatz in der Rechtsprechung nicht widergespiegelt. Einerseits wird von den Gerichten neben den speziellen Regelungen des Art. 9 des Gesetzes »Über das nationale Zahlungssystem« auch auf die allgemeinen Vorschriften über die zivilrechtliche Haftung gem. Art. 393 ZGB verwiesen. Der Grund der gleichzeitigen Anwendung der allgemeinen Vorschriften der Art. 393 ZGB und der speziellen Vorschriften des Art. 9 Pkt. 15 des Gesetzes »Über das nationale Zahlungssystem« ist dabei nicht ersichtlich, weil die allgemeinen Vorschriften des Art. 393 ZGB grundsätzlich ein rechtswidriges Handeln der Bank voraussetzen, wobei nach den speziellen Vorschriften des Art. 9 Pkt. 15 des Gesetzes »Über das nationale Zahlungssystem« diese Annahme nicht besteht. Die Bank haftet gem. Art. 9 Pkt. 15 des Gesetzes für die Schäden, die wegen eines nicht autorisierten Zahlungsvorgangs entstehen auch dann, wenn sie ihre Verpflichtungen gem. Art. 9 des Gesetzes »Über das nationale Zahlungssystem« und aus dem Bankkontovertrag erfüllt hat. Andererseits werden die Ansprüche des Zahlers auf Rückerstattung der Beträge durch die Bank, die ohne die Zustimmung des Zahlers und wegen des Missbrauchs durch einen Dritten ausgelöst wurden, in der Regel abgelehnt. Begründet wird dies in der Regel damit, dass der Zahlungsvorgang aus der Sicht der Bank auf der Grundlage des Zahlungsauftrags des Zahlers ausgeführt wurde und dementsprechend die missbräuchliche Abbuchung der Geldmittel nicht durch ein rechtswidriges Handeln bzw. aufgrund Verschuldens der Bank verursacht wurde. Die Ansicht der Gerichte besteht darin, dass die missbräuchliche Auslösung des Zahlungsvorgangs mit richtigen Bankkartendaten, mit der elektronischen Signatur sowie der PIN, ein Verstoß des Zahlers gegen die Nutzungsbedingungen des elektronischen Zahlungsmittels darstellt, weil der Zahler zur sicheren Aufbewahrung des elektronischen Zahlungsmittels verpflichtet ist. Dies kann jedoch insbesondere unter Berücksichtigung der modernen Missbrauchsmethoden im Internet (Viren-Attacke, Phishing, Pharming) nicht gerechtfertigt werden, weil der Sinn und Zweck des Art. 9 Pkt. 15 des Gesetzes »Über das nationale Zahlungssystem« nicht darin besteht, alle Risiken der missbräuchlichen Nutzung des Zahlungsinstruments dem Zahler aufzuerlegen. Darüber hinaus bleibt im russischen Recht die Frage offen, ob und inwiefern der vertragliche Haftungsausschluss der Bank für alle Arten der missbräuchlichen Nutzung des Zahlungsinstruments mit den Vorschriften des Art. 9 Pkt. 15 des Gesetzes »Über das nationale Zahlungssystem« vereinbar ist. Da von den Gerichten bei der Auslegung des Art. 9 Pkt. 15 des Gesetzes »Über das nationale Zahlungssystem« die modernen Anforderungen der Durchführung der Zahlungen im Internet sowie die Missbrauchsmethoden in der Regel nicht berücksichtigt werden, führt dies in der Regel dazu, dass der Zahler in der Praxis für jede missbräuchliche Nutzung des elektronischen Zahlungsmittels und auch für Drittmissbrauch, einschließlich wegen der Kompromittierung der elektronischen Signatur und wegen Zugriffs auf das Online-Banking durch Missbrauch, haften muss. Der missbräuchliche Einsatz des elektronischen Zahlungsmittells durch Dritte stellt nach Ansicht der Gerichte ein Verstoß gegen die Nutzungsbedingungen des elektonischen Zahlungsmittels dar, sodass die Haftung der Bank wegen des Fehlens eines Verschuldens nicht gerechtigt werden kann. Dadurch verlieren die Vorschriften des Art. 9 Pkt. 15 des Gesetzes »Über das nationale Zahlungssystem« ihren Sinn, weil sie die gerechte Haftungsverteilung zwischen den Parteien für die Schäden regeln, die in der Regel durch den Dritten ohne Verschulden der Parteien verursacht werden. Vielmehr steht es dem Sinn und Zweck des Art. 9 des Gesetzes »Über das nationale Zahlungssystem« entgegen, das Risiko des Missbrauchs dem Zahler aufzuerlegen. Nach dem Wortlaut sowie nach dem Sinn und Zweck der neuen Regelungen des Art. 9 des Gesetzes »Über das nationale Zahlungssystem« ist das Missbrauchsrisiko bei den Zahlungen der natürlichen Personen mit Ausnahme der Fälle der schuldhaften Verletzung der Nutzungsbedinguen des Zahlungsmittels durch den Zahler, der Bank aufzuerlegen, da dadurch die Rechte des Verbrauchers als schwächere Partei durch die Zahlungen mittels elektronischen Zahlungsmittels nicht beeinträchtigt werden sollen.[744] Dementsprechend stehen die Vertragsbedingungen über den Haftungsausschluss der Bank für alle Arten der missbräuchlichen Nutzung des Zahlungsinstruments den Vorschriften des Art. 9 Pkt. 15 des Gesetzes »Über das nationale Zahlungssystem« entgegen. Dementsprechend sind zumindest die Vertragsbedingungen über den vollen Haftungsausluss der Bank für alle Arten des Missbrauchs.gem. Art. 16 des Gesetzes »Über den Schutz der Verbraucherrechte« als nichtig anzuerkennen. Die Zahler, die nicht Verbraucher sind, können gem. Art. 428 Abs. 2 ZGB die Vertragsanpassung oder Vertragskündigung verlangen.

Von der besonderen Bedeutung für die Haftungsverteilung in den Missbrauchsfällen ist die Beweislasterteilung zwischen den Parteien in den strittigen Fällen. Sowie § 675w Abs. 1 BGB als auch Art. 9 Pkt. 11 des Gesetzes »Über das nationale Zahlungssystem« legen den Grundsatz fest, dass die Kreditinstitute die ordnungsgemäße Authentifizierung des Zahlungsvorgangs beweisen müssen. In der Praxis erfolgt dies durch die entsprechenden Aufzeichnungen der Kreditinstitute, dass die Zahlungsvorgang mit den richtigen Sicherheitsmerkmalen ausgelöst wurde. Allerdings genügt nach § 675w Abs. 3 BGB allein die Aufzeichnung der Nutzung des Zahlungsinstruments nicht, die Verletzung der Sorgfaltspflichten nachzuweisen. Dagegen dienen solche Aufzeichnungen in der russischen Praxis als Nachweis der Verletzung der Sorgfaltspflichten des Zahlers, weil die wahrscheinlichste Ursache des Missbrauchs des Zahlungsinstruments unter Verwendung der richtigen Sicherheitsmerkmerkmale die Pflichtverletzung des Zahlers ist. Demzufolge hat der Zahler zu beweisen, dass er gegen die Nutzungsbedingungen des Zahlungsinstruments nicht verstoßen hat. Die Regelung der Beweislasterteilung im deutschen Recht ist zu bevorzugen, weil angesichts der entwickelten Computerkriminalität eine missbräuchliche Verwendung des Zahlungsinstruments auch bei der Einhaltung der Sorgfaltspflichten durch den Zahler geschehen kann. Demzufolge muss über die Verletzung der Sorgfaltspflichten unter die Berücksichtigung der Umstände des Einzelfalls durch die Gerichte entschieden werden.

744 Informationen der Zentralbank Russlands » Zur Beantwortung der Fragen im Zusammenhang mit der Anwendung einiger Bestimmungen des Föderalen Gesetzes vom 27.06.2011 »Über das nationale Zahlungssystem«.

III. Ökonomische Aspekte

Die Ausarbeitungen der rechtlichen Vorschriften über die Haftung der Parteien und in den haftungsrechtlichen Vorschriften der §§ 675u, 675v BGB sowie Art. 9 des Gesetzes »Über das nationale Zahlungssystem« spiegeln die ökonomische Prinzipien wider. Von den eingangs erwähnten Prinzipien sind insbesondere das Schadensstreuungsprinzip (the loss spreading principle) und das Schadensreduzierungsprinzip (the loss reduction principle) von besonderer Bedeutung. Zunächst kommt bei der Analyse der haftungsrechtlichen Vorschriften des deutschen und russischen Rechts das Schadensstreuungsprinzip in Betracht, wonach das Risiko der Schäden derjenigen Partei aufzuerlegen ist, die die Risikoneutralität zu den geringsten Kosten erreichen kann. Die Risikoneutralität kann von der Partei erreicht werden, die die bessere Fähigkeit zur Risikostreuung hat.[745] Dabei haben die Kreditinstitute, anders als die Verbraucher bzw. natürliche Personen im russischen Recht, wegen der Besonderheit ihrer Tätigkeit die Möglichkeit, die Anzahl der Missbrauchsquote bspw. innerhalb eines Jahres zu kalkulieren und die Kosten der potenziellen Schäden auf ihre gesamte Kundengruppe (bspw. als Entgelt für die Durchführung der Zahlung) zu verteilen. Demzufolge kann die Risikoneutralität zu den geringsten Kosten im Bereich des Zahlungsverkehrs von den Kreditinstituten erreicht werden, weil sie wegen der ihr zur Verfügung stehenden größeren wirtschaftlichen Ressourcen die Möglichkeit haben, diese Schäden vorherzusagen und zwischen ihren Kunden effektiv zu verteilen. Dieses Prinzip zeigt sich in den haftungsregelnden Vorschriften des § 675v BGB und Art. 9 des Gesetzes »Über das nationale Zahlungssystem«, da grundsätzlich nach dem Recht der beiden Länder das Risiko der missbräuchlichen Verwendung eines Zahlungsinstruments dem Kreditinstitut bzw. Zahlungsdienstleister zugewiesen wird.

Allerdings kann im elektronischen Zahlungsverkehr die Entstehung der potenziellen Schäden durch das bewusstes Verhalten der Parteien vermieden werden. Diesem Gedanke stehen die Bestimmungen der § 675v Abs. 1 BGB und Art. 9 Pkt. 15 des Gesetzes »Über das nationale Zahlungssystem« nahe, die für die Parteien einen Anreiz schaffen sollen, die Entstehung der Schäden durch sein Verhalten zu verhindern bzw. minimieren.[746] Hier kommt das Schadensreduzierungsprinzip zum Tragen, wonach die Risiken

745 *Cooter/Rubin*, A Theory of loss allocation in consumer payments, S. 71.
746 *Linardatos*, Das Haftungssystem im bargeldlosen Zahlungsverkehr, S. 221.

der Schäden derjenigen Partei zugeordnet werden müssen, die diesen Schaden zu den geringsten Kosten verhindern kann.[747] Da die Zahler und die Kreditinstitute durch sinnvolle Maßnahmen die Entstehung von Schäden verhindern bzw. verringern können, steht hinter dem Schadensreduzierungsprinzip der Grundgedanke, dass die Schäden einer missbräuchlichen Verwendung des Zahlungsinstruments durch die haftungsrechtlichen Vorschriften zum Zwecke der Schadensprävention der Partei zuzuweisen sind, die den Schaden zu den geringsten Kosten verhindern kann.[748] Im Bereich des elektronischen Zahlungsverkehrs haben die beiden Parteien die Maßnahmen zur Verhinderung bzw. Verringerung des Schaden treffen. Zudem könnte die Auferlegung des gesamten Schadens auf eine Partei zum Fehlen eines Anreizes für die andere Partei führen, ihrerseits erforderliche Maßnahmen zu treffen.[749] Zur Lösung dieses Problems wird auf Grundlage der ökonomische Analyse eine verschuldensbasierte Regelung vorgeschlagen.[750] Demnach muss eine Partei zur Vermeidung bzw. Verringerung der Entstehung der Schäden jeweils die gesetzlich vorgeschriebenen Verschuldensvoraussetzungen erfüllen, wobei für die andere Partei ein Anreiz besteht, alle Maßnahmen zur Verhinderung der Schäden zu treffen, weil die Resthaftung von ihr zu tragen wäre.[751] Dabei spielt in den Vorschriften des § 675v Abs. 1 BGB und Art. 9 Pkt. 15 des Gesetzes »Über das nationale Zahlungssystem« neben der Erwägung des Risikostreuungsprinzips auch das Schadensreduzierungsprinzip eine Rolle, weil sowohl durch das BGB als auch durch das Gesetz »Über das nationale Zahlungssystem« trotz des Grundsatzes der verschuldensunabhängigen Haftung des Zahlers auch die verschuldensabhängige Haftung des Zahlers in den Fällen der Verletzung der Sorgfaltspflichten bezüglich eines Zahlungsinstruments vorgesehen ist. Bemerkenswert ist darüber hinaus die Herangehensweise des russischen Gesetzgebers bei der Festlegung der verschuldensunabhängigen Haftung der Kreditinstitute. Dabei wird den Kreditinstitute die Mitteilungspflicht nach jeden abgewickelten Zahlungsvorgang zugewiesen. Um dieser Pflicht nachzukommen, sind die Kreditinstitute zur Implementierung kosteneffizienter Maßnahmen zur Benachrichtigung des Zahlers verpflichtet. In der

---

747 *Cooter/Rubin*, A Theory of loss allocation in consumer payments, S. 72: *Calabresi*, The costs of accidents, S. 136.

748 *Calabresi*, The Cost of Accidents, S. 68-77, Posner, Economic Analysis of law, S. 147, *Posner*, A Theory of Negligence, S. 32-36.

749 *Cooter/Rubin*, A Theory of loss allocation in consumer payments, S. 74.

750 *Cooter/Rubin*, A Theory of loss allocation in consumer payments, S. 74.

751 *Cooter/Rubin*, A Theory of loss allocation in consumer payments, S. 74.

Praxis erfolgt dies in der Regel in der Form der SMS- oder Push-Benachrichtigung nach der Abwicklung des Zahlungsvorgangs, sodass der Zahler unverzüglich über die Belastung seines Konto informiert wird. Hat der Zahler dem abgewickelten Zahlungsvorgang nicht zugestimmt, kann er sofort nach der Ausführung des Zahlungsvorgangs seiner Pflicht gem. Art. 9 Pkt. 11 des Gesetzes »Über das nationale Zahlungssystem« nachkommen und die Bank über die missbräuchliche Verwendung des Zahlungsvorgangs informieren. Diese Vorgehensweise ist aus der ökonomischen Sicht vorteilhaft, weil durch die kostengünstige Erstellung die Benachrichtigungssystem die Kreditinstitute die Möglichkeit haben, frühzeitig die missbräuchlichen Transaktionen zu identifizieren und die entsprechenden Maßnahmen einzuleiten. Demzufolge führt die ordnungsgemäße Erfüllung der korrespondierten Mitteilungspflichten dazu, dass dadurch der Entstehung von größeren Schäden entgegengewirkt wird bzw. diese erheblich minimiert werden. Dies spiegelt sich in der Praxis wider, wobei eine Verringerung der Anzahl der Zahlungsvorgänge, die ohne Zustimmung des Zahlers durchgeführt wurde, festzustellen ist.

Demzufolge lässt sich festhalten, dass in den Vorschriften des § 675v BGB und des Art. 9 Pkt. 15 des Gesetzes »Über das nationale Zahlungssystem« neben dem Schadenspräventionsgedanken auch die Risikostreuungsmöglichkeit von den Kreditinstituten beachtet wird, da die beiden Rechtsordnungen mit der Ausnahme des verschuldensabhängigen Verhaltens des Zahlers das Risiko des Missbrauchs dem Zahlungsdienstleister zuordnen. In diesen Entscheidungen des Gesetzgebers der beiden Länder spielen die Aspekte des Nutzervertrauens eine besondere Rolle.[752] Denn durch die verschuldensunabhängige Zuweisung des Missbrauchsrisikos an den Zahlungsdienstleister ist ein Anreiz für den Zahler geschaffen, am elektronischen Zahlungsverkehr teilzunehmen.[753] Einerseits profitiert der Zahlungsdienstleister von der zunehmenden Teilnahme der Nutzer am elektronischen Zahlungsverkehr wegen der Fähigkeit zur Schadenstreuung, andererseits spielt das Nutzervertrauen bei der gesellschaftlichen Akzeptanz des elektronischen Zahlungsmittels eine relevante Rolle.[754] Daneben ist es wegen der in § 675v BGB und Art. 9 des Gesetzes »Über das nationale Zahlungssystem« statuierten verschuldensabhängigen Risikotragung für

752 *Linardatos*, Das Haftungssystem im bargeldlosen Zahlungsverkehr, S. 222; *Schinkels*, Die Verteilung des Haftungsrisikos für Drittmissbrauch, S. 51.

753 *Linardatos*, Das Haftungssystem im bargeldlosen Zahlungsverkehr, S. 222; *Schinkels*, Die Verteilung des Haftungsrisikos für Drittmissbrauch, S. 277.

754 *Linardatos*, Das Haftungssystem im bargeldlosen Zahlungsverkehr, S. 223.

den Zahler von Interesse, die Vorsichtsmaßnahmen bezüglich der elektronischen Zahlungsinstrumente einzuhalten.

§4 Zusammenfassung der wesentlichen Ergebnisse

Nach der rechtsvergleichenden Analyse und der Betrachtung haftungsrechtlichen Aspekte des Zahlungsverkehrsrechts in Deutschland und Russland lassen sich die folgenden Schlussfolgerungen ziehen.

I. Die rechtsvergleichende Analyse der gesetzlichen Regulierung des Zahlungsverkehrsrechts zeigt, dass der deutsche und russische Gesetzgeber unterschiedliche Techniken zur Regelung der zivilrechtlichen Verhältnisse zwischen den Parteien gewählt haben. Das deutsche Zahlungsdiensterecht, das auf der Grundlage der europäischen Zahlungsdiensterichtlinie basiert, hat den Weg der einheitlichen und generell-abstrakten gesetzlichen Regulierung gewählt, wobei das russische Recht von einer detaillierteren gesetzlichen Regulierung ausgeht, Mangels einheitlicher Regulierung der zivilrechtlichen Haftungsverteilung zwischen den Parteien taucht das Problem auf, dass insbesondere die allgemeinen Vorschriften des Kapitels 25 ZGB und die speziellen haftungsrechtlichen Vorschriften des Gesetzes »Über das nationale Zahlungssystem« kollidieren. Die einheitliche Regulierung des Rechts des Zahlungsverkehrs, insbesondere hinsichtlich der Fragen der Haftungsverteilung, scheint perspektivisch aussichtsreich für die Zukunft angesichts der ständigen Modernisierung der Zahlungssysteme, sodass keine neuen Regulierungsmechanismen für neue Arten von Zahlungsmitteln benötigt werden. Darüber hinaus könnte man durch klare einheitliche Regelungen die bestehenden Normenkollisionen auflösen, die in der Praxis öfter zu Beeinträchtigungen des Zahlers führen.

II. Die Grundlage der Regulierung der zivilrechtlichen Verhältnisse zwischen den Parteien stellt sowohl im deutschen als auch nach russischem Recht ein zivilrechtlicher Vertrag dar. Dabei wird die gesetzliche Regulierung der vertraglichen Verhältnisse zwischen den Parteien nach dem Recht der beiden Rechtsordnungen durch vorformulierte Vertragsbedingungen ergänzt. Demzufolge werden die Sorgfaltspflichten der Parteien, von denen die Haftung der Parteien in den beiden Ländern abhängig ist, in der Regel durch die Kreditinstitute gestaltet. Ein bedeutender Unterschied zwischen dem Recht der beiden Länder besteht darin, dass durch § 675l BGB die gesetzliche

Bestimmung der Sorgfaltspflichten erfolgt und andererseits die durch AGB vereinbarten Sorgfaltspflichten der Parteien einer richterlichen Inhaltskontrolle gem. § 307 BGB unterliegen. Im russischen Recht ist dies dagegen nicht der Fall, sodass die Bestimmung der Sorgfaltspflichten nur der der Parteivereinbarung überlassen sind. Dadurch werden die Sorgfaltspflichten des Zahlers im russischen Recht unter Umständen in dem Maße erweitert, dass diese weder mit den Bestimmungen des Art. 9 des Gesetzes »Über das nationale Zahlungssystem« zu vereinbaren noch aus ökonomischer Sicht zu rechtfertigen sind. Obwohl die Adhäsionsverträge grundsätzlich der richterlichen Inhaltskontrolle gem. Art. 428 ZGB und Art. 16 des Gesetzes »Über den Schutz der Verbraucherrechte« unterliegen, wird die Position des Zahlers infolge der bestehenden rechtlichen Probleme im allgemeinen Vertragsrecht und mangels der einheitlichen Position der Rechtsprechung erheblich erschwert. Obwohl der Sorgfaltsmaßstab des Zahlungsdienstnutzers im deutschen Recht durch das Gesetz, die richterliche Auslegung der § 675l und § 675v BGB begrenzt ist, bleibt allerdings für die Kreditinstitute gem. § 675 l Abs. 2 BGB ausreichend Spielraum für die Gestaltung der Sorgfaltspflichten des Zahlers. Eine detaillierte Regulierung der Sorgfaltspflichten des Zahlers wäre dabei nach dem Recht der beiden Ländern zur Gewährleistung der Rechtssicherheit und zum Schutz der Rechte des Zahlers wünschenswert, wobei die Beschränkung des Sorgfaltsmaßtabs des Zahlers im deutschen Recht zu begrüßen ist. Im russischen Recht könnte dieses Problem durch die gesetzliche Begrenzung des Sorgfaltsmaßstabs des Zahlungsdienstnutzers gelöst werden. Darüber hinaus könnte die Beeinträchtigung des Zahlungsdienstnutzers durch die Erweiterung des Sorgfaltsmaßtabs im russischen Recht dadurch vermieden werden, dass die unzulässigen Parteivereinbarungen durch die Gerichte nach dem Sinn und Zweck der Bestimmungen des Gesetzes »Über das nationale Zahlungssystem« als unwirksam erklärt werden.

III. Nach der Analyse der Bestimmungen der §§ 675u, 675v BGB und des Art. 9 des Gesetzes »Über das nationale Zahlungssystem« lässt sich feststellen, dass grundsätzlich sowohl das deutsche als auch das russische Recht von der verschuldensunabhängigen Haftung des Zahlungsdienstleister ausgeht und das Risiko der nicht autorisierten Zahlung dem Zahlungsdienstleister auferlegt. Allerdings ist zum Zwecke der Schadensprävention nach § 675v Abs. 1 BGB dem Zahlungsdienstnutzer eine pauschale Haftung bis zu einem Betrag von

50 Euro zugewiesen. Daneben wird durch § 675v Abs. 3 BGB eine verschuldensabhängige unbegrenzte Haftung des Zahlungsdienstnutzers vorgesehen, wenn er die Schäden zumindest durch ein grob fahrlässiges Handeln verursacht hat. Dabei soll die Schadensprävention bzw.-minimierung dadurch erreicht werden, dass neben der verschuldensunabhängigen Gefährdungshaftung des Zahlungsdienstleisters auch für den Zahlungsdienstnutzer ein Anreiz geschaffen wird, seinerseits Vorsorgemaßnahmen zu ergreifen. Das russische Recht ist einen anderen Weg gegangen und hat einerseits durch Art. 9 Pkt. 15 des Gesetzes »Über das nationale Zahlungssystem« eine verschuldensunabhängige Haftung der Bank für die Schäden im Falle eines Missbrauchs mit Ausnahme der Fälle bestimmt, in denen der Zahler wegen einer Pflichtverletzung den Missbrauch verursacht hat. Weder der Verschuldensgrad des Zahlers noch der Umfang des Sorgfaltsmaßstabs wird dabei gesetzlich festgelegt. Dies führt in der russischen Bank- und Gerichtspraxis dazu, dass der Zahler nach dem Sphärengedanken auch für alle Drittmissbrauchsfälle haftet, selbst wenn er diese nicht durch eigenes vorsätzliches oder grob fahrlässiges Handeln verursacht hat. Dies ist jedoch mit dem Sinn und Zweck des Art. 9 Pkt. 15 des Gesetzes »Über das nationale Zahlungssystem« nicht zu vereinbaren. Darüber hinaus wird die Lage des Zahlers dadurch erschwert, dass die Aufzeichnungen der Kreditinstitute, dass der Zahlungsvorgang mit den richtigen Sicherheitsmerkmale ausgelöst wird, in der Praxis als Nachweis der Verletzung der Sorgfaltspflichten des Zahlers herangezogen werden. Demzufolge hat der Zahler zu beweisen, dass er nicht gegen die Sorgfaltspflichten verstoßen hat.

Allerdings ist trotz der bestehenden rechtdogmatischen Probleme im russischen Recht die Auferlegung der unverzüglichen Mitteilungspflicht auf das Kreditinstitut über den abgewickelten Zahlungsvorgang anhand der Zwecke der Schadensprävention positiv zu bewerten. In der Praxis führt dies dazu, dass durch die unverzügliche Mitteilung der Kreditinstitute und prompte Reaktion des Zahlers auf die missbräuchliche Verwendung des Zahlungsinstruments die Entstehung der Schäden verhindert bzw. erheblich minimiert werden. Diese Herangehensweise ist auch aus der ökonomischen Sicht zu rechtfertigen, weil durch die kostengünstige Benachrichtigungssystem die Schadensreduzierung erreicht wird. Im deutschen Recht führt die Unterrichtungspflicht des Zahlungsdienstleisters gem. Art. 248 § 7

EGBGB nicht zum gleichen Ergebnis, da gem. § Art. 248 § 10 S. 2 EGBGB die Erteilung der monatlichen Auszüge zulässig sind. Dies hat dabei die Einschränkung der schnelleren Reaktion der Zahlers auf den Missbrauch und Entstehung der weiteren Schäden zur Folge.

Gedanke der Schadensreduzierung spielt außerdem bei der Bestimmung der Haftung des Zahlers eine relevante Rolle, wobei dem Zahlungsdienstnutzer verschuldensbasierend etwaige Schäden zugewiesen werden, sodass auch für ihn ein Anreiz zur Vermeidung bzw. Verringerung der Entstehung von Schäden besteht. Allerdings führt der Mangel an gesetzlicher Regulierung des Umfangs des Sorgfaltsmaßstabs des Zahlers im russischen Recht auch dazu, dass der Zahler in den meisten Fällen für die Schäden haften muss, die er keineswegs effizient vermeiden kann. Aus diesem Grund wäre eine detailliertere Bestimmung des Sorgfaltsmaßstabs sowie des Verschuldensgrads des Zahlers im russischen Recht vorzuschlagen.

Literaturverzeichnis

Abramoмa, E.N, Elektronisches Zahlungsmittel als komplexes Objekt der zivilen Rechte [Elektronnoje sredstwo platesha kak kompleksnyj obekt grashdanskich praw], Bankovskoje pravo 2018 (zit.: *Abramova*, Elektronisches Zahlungsmittel als komplexes Objekt der zivilen Rechte).

Agarkov, M.M, Die Definition des Rechtsgeschäfts nach dem sowjetischen Zivilrecht [Oprjedjeljenije juriditschjeskoj sdjelki po sowjetskomu grashdanskomu prawu], Sowetskoje goßudarstwo i prawo, 1946. N. 3– 4 (zit.: *Agarkov*, Definition des Rechtsgeschäfts nach dem sowjetischen Zivilrecht).

Alekseev, S., Über den Tatbestand der Pflichtverletzung [O sostawje grashdanskogo prawonaruschjenija], Prawowedenije 1958 (zit.: *Alekseev*, Über den Tatbestand der Pflichtverletzung),

Aliyev, Azar, Konzessionen in Russland und Kasachstan. Vertragliche Aspekte, Tübingen 2019 (zit.: *Aliyev*, Konzessionen in Russland und Kasachstan).

Arndt, Matthias M., Das Interbankenverhältnis im Überweisungsrecht. Vom Weiterleitungsmodell zum SEPA Credit Transfer Scheme Rulebook, Göttingen 2012 (zit.: *Arndt*, Das Interbankverhältnis im Überweisungsrecht).

Arzumanova, Lana / *Roshdestawenskaja*, Tat'jana / *Kostjuk*, Irina / *Malunowa*, Slata / *Puschkin*, Andrej / *Rotko*, Swetlana/ *Rjabova*, Jelena / *Homenko*, Jelena / *Bajtenowa*, Anna / *Timoschenko*, Denis, Kommentar zum Föderalen Gesetz vom 27. Juni 2011 Nr. 161-FZ »Über das nationale Zahlungssystem« [Kommjentarij k Fjedjeralnonenomu sakonu ot 27 ijunja 2011 g. N161-FS »O nazionalnonenoj platjeshnoj sistjemje«], Konsul'tantPljus 2021 (zit.: *Bearbeiter*, Kommentar zum Föderalen Gesetz »Über das nationale Zahlungssystem«).

Artz, Markus, Das Basiskonto für Verbraucher, ZBB 2016, 179 (zit.: *Artz*, ZBB 2016).

Bartels, Florian, Zur bereicherungsrechtlichen Rückabwicklung von Überweisungen nach Umsetzung der Zahlungsdiensterichtlinie, WM 2010, 1828 (zit.: *Bartels*, WM 2010).

Baumann, Diethelm, Die Umsetzung der Payment Services Directive 2 – Chance oder Risiko für Finanzdienstleister? GWR 2017, 275 (zitiert: *Baumann*, GWR 2017).

Becker, Michel, Empirische Evidenz zu Eigenschaften von Online- bzw. Mobile-Banking-Kunden in Deutschland, ZBB 2019, 42 (zit.: *Becker*, ZBB 2019).

Belling, Detlev / *Belling*, Johannes, Zahlungsdiensterecht und Bereicherungsausgleich bei nicht autorisierten Zahlungsvorgängen, JZ 2010, 708 (zit.: *Belling/Belling*, JZ 2010).

Bender, Jens, Aktuelle Entwicklung der Haftung bei Phishing, WM 2008, 2049 (zit.: *Bender*, WM 2008).

Bitter, Georg, Problemschwerpunkte des neuen Zahlungsdiensterechts, Teil I, Überweisung und Lastschrift, WM 2010, 1725 (zit.: *Bitter*, WM 2010).

Blaschczok, Andreas, Gefährdungshaftung und Risikozuweisung, Passau 1993 (zit.: *Blaschczok*, Gefährdungshaftung und Risikozuweisung).

Borges, Georg, Identitätsmissbrauch im Online-Banking und die neue Zahlungsdiensterichtlinie (PSD2), ZBB 2016, 249 (zit.: *Borges*, ZBB 2016).

Borges, Georg, Rechtsfragen des Phishing - Ein Überblick, NJW 2005, 3313 (zit.: *Borges*, NJW 2005),

Braginskij, M.I. / Vitrjanskij, V.V., Vertragsrecht, Erstes Buch: Allgemeine Vorschriften, [dogowornoje prawo. Obschtschije poloshenija], Moskau 2002 (zit.: *Braginskij/Vitrjanskij*, Vertragsrecht I).

Braginskij, M.I. / Vitrjanskij, V.V., Vertragsrecht. Vereinbarungen über Bankeinlage- und Bankkontoverträge, Verrechnungen. Wettbewerb, Spielverträge und Wettverträge, Fünftes Buch, Band 2 [Dogowornoje prawo. Dogowory o bankowskom wklade, bankowskom stschete; bankowskije rastschety. Konkurs, dogowory ob igrach i pari], Moskau 2006 (zit.: *Braginskij/ Vitrjanskij,* Vertragsrecht V).

Bratus S.N., Juristische Verantwortlichkeit und Gesetzmäßigkeit [Juriditscheskaja otwetstwennost' i sakonnost'], 2001 (zit.: *Bratus*, Juristische Verantwortlichkeit und Gesetzmäßigkeit).

Budde, Henrikje-Sophie, Das Vertragsrecht der Zahlungsdienste, Berlin 2017 (zit.: *Budde*, Das Vertragsrecht der Zahlungsdienste).

Bunte, Joseph-Hermann / Zahrte, Kai, AGB-Banken, AGB-Sparkassen, Sonderbedingungen, 5. Auflage, 2019 (zit.: *Bunte/Zahrte*, AGB-Banken, AGB-Sparkassen, Sonderbedingungen, 5. Aufl.).

Calabresi, Guido, The Costs of Accidents: Legal and Economic Analysis, 1970 (zit.: *Calabresi*, The Costs of Accidents).

Canaris, Claus-Wilhelm, Handelsgesetzbuch Großkommentar, Band V, Bankvertragsrecht Teil I, 4. Auflage, Berlin 2005 (zit.: *Canaris*, Bankvertragsrecht).

Canaris, Claus-Wilhelm, Vertrauenshaftung im Privatrecht, München 1971 (zit.: *Canaris*, Vertrauenshaftung im Privatrecht).

Casper, Matthias / *Pfeife*, Theresa, Missbrauch der Kreditkarte im Präsenz- und Mail-Order-Verfahren nach neuem Recht, WM 2009, 2343 (zit.: *Casper/Pfeife*, WM 2009).

Chushin, Alfir, Über die Probleme der Verteilung der Risiken der zivilrechtlichen Haftung [O problemach raspredelenija riskow grashdansko-prawowoj otwetstwennosti], Juriditscheskaja technika 2019 (zit.: *Chushin*, Über die Probleme der Verteilung der Risiken der zivilrechtlichen Haftung).

Cooter, Robin *D. / Rubin, Edward L., A.,* Theory of loss allocation in consumer payments, Texas Law Review, 1987–1988 (zit.: *Cooter/Rubin*, A Theory of loss allocation in consumer payments).

Danwerth, Christopher, Mobile Payment–Innovation des Zahlungsverkehrs oder unkalkulierbares Risiko? ZBB 2015, 119 (zit.: *Danwerth*, ZBB 2015).

Derleder, Peter / *Knops,* Kai-Oliver / *Bamberger,* Heinz Georg, Handbuch zum deutschen und europäischen Bankrecht, 2. Auflage, 2009 (zit.: *Derleder/Knops/Bamberger*, Deutsches und Europäisches Bankrecht).

Derleder, Peter, Die vollharmonisierende Europäisierung des Rechts der Zahlungsdienste und des Verbraucherkredits, NJW 2009, 3195 (zit.: *Derleder*, NJW 2009).

Efimova, Lyudmila, Bankeinlagenvertrag und Bankkontovertag [Dogowory bankowskogo wklada i bankowskogo stscheta], 2018 (zit.: *Efimova*, Bankeinlagenvertrag und Bankkontovertag).

Efimova, Lyudmila, Definition und Vertragsarten für die Organisation der bargeldlosen Zahlungen [Ponjatije i widy dogoworow na organisaziju besnalitschnych rastschetow], 2011 (zit.: *Efimova,* Definition und Vertragsarten für die Organisation der bargeldlosen Zahlungen).

Efimova, Lyudmila, Einzelne Probleme der Theorie der bargeldlosen Zahlungen [Otdel'nye problemy teorii besnalitschnych rastschetow], Westnik Uniwersiteta imeni O.Je. Kutafina (MGJuA) 2016, Nr. 2 (zit.: *Efimova,* Einzelne Probleme der Theorie der bargeldlosen Zahlungen).

Efimova, Lyudmila, Rechtsmechanismus für den Schadenersatz im Falle der Abwicklung der nicht autorisierten Zahlung unter Einsatz des elektronischen Zahlungsmittels [Prawowoj mechanism wosmeschtschenija ubytkow ot neßankzionirowannogo perewoda deneshnych sredstw s ispol'sowanijem elektronnych sredstw platesha], Chosjajstwo i prawo 2020 (zit.: *Efimova,* Rechtsmechanismus für den Schadenersatz im Falle der Abwicklung der nicht autorisierten Zahlung).

Efimova, Lyudmila, Umstrittene Fragen der Theorie des bargeldlosen Zahlungsverkehrs [Spornye woproßy teorii besnalitschnych rastschetow], Tsivlist 2010, Nr. 2 (zit.: *Efimova,* Umstrittenen Fragen der Theorie des bargeldlosen Zahlungsverkehres).

Ellenberger, Jürgen /*Findeisen,* Michael /*Nobbe,* Gerd: Kommentar zum Zahlungsverkehrsrecht. Praxiskommentar zum Zivil- und Aufsichtsrecht des Zahlungsverkehrs, 3. Auflage, 2020 (zit.: *Ellenberger/Findeisen/Nobbe/Bearbeiter,* Kommentar zum Zahlungsverkehrsrecht).

Erfurth, René, Haftung für Missbrauch von Legitimationsdaten durch Dritte beim Online-Banking, WM 2006, 2198 (zit.: *Erfurth,* WM 2006).

Erman, Bürgerliches Gesetzbuch, Handkommentar mit AGG, EGBGB (Auszug), ErbbauRG, LPartG, ProdHaftG, VBVG, VersAusglG und WEG, 16., Auflage, 2020 (zit.: *Erman/Bearbeiter,* BGB, 16. Aufl.).

Feezer, L.W, Capacity to bear loss as a factor in the decision of certain types of tort cases, University of Pennsylvania Law Review and American Law Register, 1930 (zit. *Feezer,* Capacity to bear loss as a factor in the decision of certain types of tort cases).

Fervers, Matthias, Die AGB-Kontrolle von Entgeltklauseln im Recht der Zahlungsdienste, BKR 2019, 165 (zit.: *Fervers,* BKR 2019).

Fischinger, Philipp; Haftungsbeschränkung im Bürgerlichen Recht, Tübingen 2015 (zitiert: *Fischinger,* Haftungsbeschränkung im Bürgerlichen Recht).

Fornasier, Matteo, Die Inhaltskontrolle von Entgeltklauseln im Lichte des europäischen Zahlungsdiensterechts, WM 2013, 205 (zit.: *Fornasier,* WM 2013).

Franck, Jens-Uwe, Massari, Philipp, Die Zahlungsdiensterichtlinie: Günstigere und schnellere Zahlungen durch besseres Vertragsrecht? WM 2009, 1117 (zit.: *Franck,* WM 2009).

Friedman, Miltion/Savage, L.J, The Utility Analysis of Choices Involving Risk, The Journal of political Economy, Volume LVI, Number 4, 1948 (zit.: *Friedman/Savage,* The Utility Analysis of Choices Involving Risk).

Galander, Tanya, Russisches Wirtschaftsrecht, Leitfaden für die Unternehmenstätigkeit, 3. Auflage, Stuttgart 2016 (zit.: *Galander*, Russisches Wirtschaftsrecht).

Gawze, Fajwel, Schuldrecht. Allgemeine Vorschriften [Objasatel'stwennoje prawo. Obschtschije poloshenija], Minsk 1968 (zit.: *Gawze*, Schuldrecht).

Gravin, Dmitrij: Kreditvertrag nach englischem und russischem Recht [Kreditnyj dogowor po anglijskomu i rossijskomu prawu], 2014 (zit.: *Gravin*, Kreditvertrag nach englischem und russischem Recht).

Gribanov, V.P, Die Ausübung und der Schutz der Zivilrechte [Oßuschtschestwlenije i saschtschita grashdanskich praw], 2011 (zit.: *Gribanov*, Die Ausübung und der Schutz der Zivilrechte).

Grigoleit, Hans Christoph, Vertragsänderung durch Erklärungsfiktion, ÖBA 2020, 460 (zit.: *Grigoleit*, ÖBA 2020).

Grundmann, Stefan, Das neue Recht des Zahlungsverkehrs, Teil I, WM, 2009, 1109 (zit.: *Grundmann*, WM 2009)

Grüneberg, Bürgerliches Gesetzbuch mit Nebengesetzen, 81. Auflage, 2022 (zit.: *Grüneberg/Bearbeiter,* BGB, 81. Aufl.).

Gusak, Roman, Einseitige Änderung der Bedingungen des Bankkontovertrags mit natürlicher Person [Odnostoronneje ismenenije uslowij dogowora bankowskogo stscheta s fisitscheskim lizom], Bankowskoje obosrenije, Priloshenije BankNadsor, Nr. 1, 2017 (zit.: *Gusak*, Einseitige Änderung der Bedingungen des Bankkontovertrags).

Habersack, Mathias, AGB-Rechtskonformität des Mechanismus zur Änderung der AGB der Kreditwirtschaft, BKR 2000, 53 (zit.: *Habersack*, BKR 2000).

Hansson, Elena, Das Gesamtsystem der Mängelrechte des Käufers nach neuem deutschem und russischem Recht, Baden-Baden 2013 (zit.: *Hansson*, Das Gesamtsystem der Mängelrechte des Käufers nach neuem deutschem und russischem Recht).

Haratsch, Andreas / *Koenig*, Christian/ *Pechstein*, Matthias, Europarecht, 12. Auflage, Tübingen 2020 (zit.: *Haratsch/Koenig|Pechstein,* Europarecht).

Herberger, Maximilian / *Martinek,* Michael / *Rüßmann,* Helmut / *Weth,* Stephan / *Würdinger,* Markus, juris Praxiskommentar BGB, Band 1, 9., Auflage, 2020 (zit.: *Bearbeiter* in *Herberger/Martinek/Rüßmann/Weth/Würdinger*, jurisPK-BGB, 10. Aufl.).

Herdegen, Matthias, Europarecht, 21. Auflage, München 2019 (zit.: *Herdegen*, Europarecht).

Herresthal, Carsten, Die Kündigung von Girokonten durch private Banken nach dem Recht des Zahlungsdienstleistungen, WM 2013, 773. (zit.: *Herresthal*, WM 2013).

Hoffman, Elizabeth / *Spitzer* Matthew L., The Coase Theorem: Some Experimental Tests, The Journal of Law and Economics, Vol. 25, N1, S. 73–98, 1982 (zit.: *Hoffmann/Spitzer*, The Coase Theorem).

Hoffmann, Jochen, Die Überweisung anhand fehlerhafter Kundenkennung unter der Neufassung der Zahlungsdiensterichtlinie, WM 2016, 1110 (zit.: *Hoffmann*, WM 2016).

Hoffmann, Jochen, Kundenhaftung unter der Neufassung der Zahlungsdiensterichtlinie, VuR 2016, 243 (zit.: *Hoffmann*, VuR 2016).

Hoffmann, Jochen, Die Überweisung anhand fehlerhafter Kundenkennung unter der Neufassung der Zahlungsdiensterichtlinie, WM 2016, 1110 (zit.: *Hoffmann,* WM 2016).

Hoffmann, Jochen / *Haupert,* Vincent / *Freiling,* Felix, Anscheinsbeweis und Kundenhaftung beim Online-Banking, ZHR 181 2017, 780 (zit.: *Hoffmann/Haupert/Freiling,* ZHR 181 2017).

Hofmann, Christian, Das neue Haftungsrecht im Zahlungsrecht, BKR 2018, 62 (zit.: *Hoffmann,* BKR 2018).

Hofmann, Christian, Haftung im Zahlungsverkehr, BKR 2014, 105 (zit.: *Hoffmann,* BKR 2014).

Homenko, Elena, Besonderheiten der Errichtung und Funktionsweise des nationalen Zahlungssystems in Russland in Blazeev, Viktor, Dritte Woche des Russischen Rechts, Potsdam, 13–17.10.2014, mit der Moskauer Staatlichen Juristischen O.E. Kutafin Universität (Akademie), 2016 (zit.: *Homenko,* Besonderheiten der Errichtung und Funktionsweise des nationalen Zahlungssystems in Russland).

Ioffe, Olimpiad, Schuldrecht [Objasatel'stwennoje prawo], Moskau 1975 (zit.: *Ioffe,* Schuldrecht).

Ivanov, Vitalij, Der Begriff des elektronischen Zahlungsmittels in der russischen Gesetzgebung [Ponjatije elektronnogo sredstwa platesha w rossijskom sakonodatel'stwe], Bankovskoje pravo, Nr. 3, 2014 (zit.: *Ivanov,* Der Begriff des elektronischen Zahlungsmittels in der russischen Gesetzgebung).

J von Staudinger, Kommentar zum Bürgerlichen Gesetzbuch: Staudinger BGB–Buch 2: Recht der Schuldverhältnisse: §§ 241-243, 2019 (zit.: *Staudinger/Bearbeiter,* 2019).

J von Staudinger, Kommentar zum Bürgerlichen Gesetzbuch: Staudinger BGB–Buch 2: Recht der Schuldverhältnisse: §§ 675c-676c (Zahlungsdiensterecht), 2020 (zit.: *Staudinger/Bearbeiter,* 2020).

Jansen, Nils, Die Struktur des Haftungsrechts. Geschichte, Theorie und Dogmatik außervertraglicher Ansprüche auf Schadenersatz, Tübingen 2003 (zit.: *Jansen,* Die Struktur des Haftungsrechts).

Jauernig, Bürgerliches Gesetzbuch, 18. Auflage, 2021 (zit.: *Jauernig/Bearbeiter,* 18. Aufl.).

Jungmann, Carsten, Begriff des Geschäftstags nach § 675 n BGB, BKR 2019, 349 (zit.: *Jungmann,* BKR 2019).

Jungmann, Carsten, EuGH 21. März 2019 – Rs. C-245/18: Ausführung von Zahlungsvorgängen anhand einer Kundenkennung; fehlgesteuerte Zahlungsvorgänge; Haftung von Zahlungsdienstleistern bei fehlerhafter Ausführung von Zahlungsaufträgen, WUB 2019, 328 (zit.: *Jungmann,* WUB 2019).

Karapetov, Artem, Vertrags-und Schuldrecht, Allgemeiner Teil, Kommentar zu den Art. 307–453 des Zivilgesetzbuches der Russischen Föderation [Dogowornoje i objasatel'stwennoje prawo (obschtschaja tschast'): postatejnyj kommentarij k stat'jam 307–453 Grashdanskogo kodeksa Rossijskoj Federazii], 2017 (zit.: *Karapetov/Bearbeiter,* Kommentar zum Zivilgesetzbuch der Russischen Föderation, Allgemeiner Teil).

Karapetov, Artem, Darlehen, Kredit, Factoring und Bankkonto, Artikelweiser Kommentar zu den Artikel 807–860.15 des Zivilgesetzbuchs der Russischen Föderation [Saem, kredit, faktoring, wklad i stschet: postatejnyj kommentarij k stat'jam 807–860.15 Grashdanskogo kodeksa Rossijskoj Federazii], 2019 (zit.: Karapetov/Bearbeiter, Kommentar zu den Art. 807–860.15 ZGB).

Karper, Irene, Sorgfaltspflichten beim Online-Banking – Der Bankkunde als Netzwerkprofi? Zur möglichen Neubewertung des Haftungsmaßstabs, DuD 2006, 215 (zit.: *Karper,* DuD 2006).

Klabunde, Sebastian / *Schulte am Hülse,* Ulrich, Abgreifen von Bankzugangsdaten im Onlinebanking, MMR, 2010, 84 (zit.: *Klabunde/Schulte am Hülse,* MMR 2010).

Klunzinger, Eugen, Einführung in das Bürgerliche Recht, 16. Auflage, München 2013 (zit.: *Klunzinger,* Einführung in das Bürgerliche Recht).

Köbrich, Thomas, Phishing 2.0 – Ein Überblick über die zivilrechtlichen Streitstände, VuR 2015, 09 (zit.: *Köbrich,* VuR 2015).

Koch, Matthias, Missbrauch von Zahlungsauthentifizierungsinstrumenten, Haftungsverteilung zwischen Zahlungsdienstleister und Zahlungsdienstnutzer, Baden-Baden 2012 (zit.: *Koch,* Missbrauch von Zahlungsauthentifizierungsinstrumenten).

Koller, Ingo, Die Risikozurechnung bei Vertragsstörungen in Austauschverträgen, München 1979 (zit.: *Koller,* Risikozurechnung).

Koller, Ingo, Der Verzicht auf die Prüfung von Scheckunterschriften, WM, 1985, 821 (zit.: *Koller,* WM 1985).

Köndgen, Johannes, Das neue Recht des Zahlungsverkehrs, JuS 2011, 481 (zit.: *Köndgen,* JuS 2011).

Kötz, Hein, Vertragsrecht, 2. Auflage, Tübingen 2012 (zit.: *Kötz,* Vertragsrecht).

Krascheninnikow, Pawel, Artikelweiser Kommentar zum Zivilrechtlichen Gesetzbuch der Russischen Föderation, Teil 1 [Postatejnyj kommentarij k Grashdanskomu kodeksu Rossijskoj Federazii, tschast' perwaja], 2011 (zit., *Krascheninnikow/Bearbeiter,* Kommentar zum ZGB, Teil 1).

Krascheninnikow, Pawel, Gesetzbuch der Russischen Föderation, Finanztransaktionen. Artikelweiser Kommentar zu den Kapiteln 42–46 und 47.1 [Grashdanskij kodeks Rossijskoj Federazii. Finansowye sdelki. Postatejnyj kommentarij k glawam 42–46 i 47.1], 2018 (zit.: *Krascheninnikow/Bearbeiter,* Kommentar zu den Kapiteln 42–46 und 47.1 ZGB).

Kropf, Christian, Abkehr vom Veranlasserprinzip seitens des BGH beim bereicherungsrechtlichen Ausgleich im Überweisungsverkehr, WM 2016, 67 (zit.: *Kropf,* WM 2016).

Laitenberger, Angelika, Das Einzugsermächtigungslastschriftverfahren nach Umsetzung der Richtlinie über Zahlungsdienste im Binnenmarkt, NJW 2010, 192 (zit.: *Laitenberger,* NJW 2010).

Langenbucher, Katja, Die Risikozuordnung im bargeldlosen Zahlungsverkehr, München 2001 (zit.: *Langenbucher,* Die Risikozuordnung im bargeldlosen Zahlungsverkehr).

Langenbucher, Katja / *Bliesener,* Dirk H./Spindler, *Gerald (Hrsg.):* Bankrechts-Kommentar, 3. Auflage, 2020 (zit.: *LBS/Bearbeiter,* 3. Aufl.).

Larenz, Karl, Lehrbuch des Schuldrechts, Band I, Allgemeiner Teil, 14. Auflage, München 1987 (zit.: *Larenz,* Lehrbuch des Schuldrechts).

Larenz, Karl, Richtiges Recht, München 1979 (zit.: *Larenz,* Richtiges Recht).

Laue, Carolin, Die zivilrechtliche Haftung der Banken in Zahlungsrechtsbeziehungen nach deutschem und russischem Recht (rechtsvergleichender Aspekt) [Grashdansko-prawowaja otwetstwennost' bankow w rastschetnych prawootnoschenijach po sakonodatel'stwu Germanii i Rossijskoj Federazii (srawnitel'no-prawowoj aspekt], Moskau 2016 (zit.: *Laue,* Die zivilrechtliche Haftung der Banken).

Linardatos, Dimitrios, Das Haftungssystem im bargeldlosen Zahlungsverkehr nach Umsetzung der Zahlungsdiensterichtlinie, Baden-Baden 2013 (zit.: *Linardatos,* Das Haftungssystem im bargeldlosen Zahlungsverkehr).

Linardatos, Dimitrios, Die Rechtscheinhaftung im Zahlungsdiensterecht – Zugleich eine Anm. zu LG Darmstadt, Urt. v. 28. 8. 2014 – 28 O 36/14, BKR 2015, 96 (zit.: *Linardatos,* BKR 2015).

Lochter, Manfred /*Schindler,* Werner, Missbrauch von PIN-gestützten Transaktionen mitec- und Kreditkarten aus Gutachtersicht, MMR 2006, 292 (zit.: *Lochter,* MMR 2006).

Looschelders, Dirk, Schuldrecht, Allgemeiner Teil, 18. Auflage, München 2020 (zit.: *Looschelders,* Schuldrecht, Allgemeiner Teil, 18. Auflage).

Looschelders, Dirk, Schuldrecht, Besonderer Teil, 15. Auflage, München 2020 (zitiert.: *Looschelders,* Schuldrecht, Besonderer Teil, 14. Auflage).

Lorenz, Bernd, Sorgfaltspflichten im Umgang mit Passwörtern, DuD 2013, 220 (zit.: *Lorenz,* DuD 2013).

Luntz, L.A. / *Novitsky,* I. B, Die allgemeine Lehre der Schuldverhältnisse [Obschtscheje utschenije ob objasatel'stwe,], Moskau 1950 (zit.: *Luntz/Novitsky,* Die allgemeine Lehre der Schuldverhältnisse).

Mack, Jan-Niklas, Die „rechtsscheinbare" Autorisierung von Zahlungsvorgängen – Rechtsscheingrundsätze im europarechtlich determinierten Zahlungsdiensterecht, Berlin 2018 (zit.: *Mack,* Die „rechtsscheinbare" Autorisierung von Zahlungsvorgängen).

Mavromati, Despina, The Law of Payment Services in the EU – The EC Directive on Payment Services in the Internal Market, Netherlands, 2008 (zit., *Mavromati,* Law of payment services).

Mikoni, T., Die vorvertragliche Informationspflicht der Bank beim Abschluss eines Vertrages über die Nutzung einer Zahlungskarte mit einem Verbraucher [Preddogowornaja objasannost' po raskrytiju informazii pri sakljutscheniju s potrebitelem dogowora ob ispol'sowanii plateshnoj karty], Shurnal »Sakon«, Nr. 4, 2017 (zit.: *Mikoni,* Die vorvertragliche Informationspflicht der Bank beim Abschluss eines Vertrages über die Nutzung einer Zahlungskarte mit einem Verbraucher).

Mülbert, Peter O. / *Früh,* Andreas / *Seyfried,* Thorsten / *Kümpel/ Siegfried,* Bankrecht und Kapitalmarktrecht, 6. Auflage, 2022 (zit.: *Kümpel/Mülbert/Früh/Seyfried/Bearbeiter,* Bankrecht und Kapitalmarktrecht, 6. Aufl.).

Müller, Gerd, Der Bereicherungsausgleich bei Fehlleistungen des Kreditinstituts im bargeldlosen Überweisungsverkehr, WM 2010, 1293 (zit.: *Müller,* WM 2010).

Müller, Gerd, Zur Wende in der höchstrichterlichen Rechtsprechung zum Bereicherungsausgleich bei fehlerhaften Banküberweisungen. Eine kritische Anmerkung zu den Urteilen des XI Zivilsenats des BGH vom 2. und 16.6.2015 = WM 2015, 1458 und WM 2015, 1631, WM 2016, 809 (zit.: *Müller*, WM 2016).

Müller-Brockhausen, Michael, Haftung für den Missbrauch von Zugangsdaten im Internet, Baden-Baden 2014 (zit.: *Müller-Brockhausen*, Haftung für den Missbrauch von Zugangsdaten im Internet).

Münchener Kommentar zum Bürgerlichen Gesetzbuch, Band 1, Allgemeiner Teil, §§ 1 - 240, 9. Auflage, 2021 (zit.: *MüKo-BGB/Bearbeiter*, 9. Aufl.)

Münchener Kommentar zum Bürgerlichen Gesetzbuch, Band 2, Schuldrecht – Allgemeiner Teil, §§ 241 – 310, 9 Auflage, 2022 (zit.: *MüKo-BGB/Bearbeiter*, 9. Aufl.).

Münchener Kommentar zum Bürgerlichen Gesetzbuch, Band 6, Schuldrecht - Besonderer Teil III, §§ 631 - 704, 8. Auflage, 2020 (zit.: *MüKo-BGB/Bearbeiter*, 8. Aufl.).

Münchener Kommentar zum Bürgerlichen Gesetzbuch, Band 7, Schuldrecht – Besonderer Teil IV, §§ 705 - 853, 8. Auflage, 2010 (zit.: *MüKo-BGB/Bearbeiter*, 8. Aufl.).

Münchener Kommentar zum Bürgerlichen Gesetzbuch, Band 13, Internationales Privatrecht II, Internationales Wirtschaftsrecht, Einführungsgesetz zum Bürgerlichen Gesetzbuche, 8. Auflage, 2021 (zit.: *MüKo-BGB/Bearbeiter,* EGBGB, 8. Aufl.).

Musielak, Hans – Joachim, Grundlagen der Beweislast im Zivilprozess, Berlin 1973/74, 1975 (zit.: *Musielak*, Grundlagen).

Nobbe, Gerd, Neuregelungen im Zahlungsverkehrsrecht – Ein kritischer Überblick, WM 2011, 961 (zit.: *Nobbe*, WM 2011)

Obermüller, Manfred, Überweisungsverkehr bei Insolvenz, ZInsO 2010, 8 (zit.: *Obermüller,* ZInsO 2010).

Oechsler, Jürgen, Die Haftung nach § 675v BGB im kreditgeschützten Mailorderverfahren, WM 2010, 1381 (zit.: *Oechsler*, WM 2010).

Omlor, Sebastian, Online-Banking unter Geltung der zweiten Zahlungsdiensterichtlinie (PSD 2), BKR, 2019, 105 (zit.: *Omlor*, BKR 2019).

Omlor, Sebastian, Die zweite Zahlungsdiensterichtlinie: Revolution oder Evolution im Bankvertragsrecht? ZIP 2016, 558 (zit.: *Omlor*, ZIP 2016).

Omlor, Sebastian, E-Geld im reformierten Zahlungsdiensterecht, ZIP 2017, 1836 (zit.: Omlor, ZIP 2017).

Omlor, Sebastian, Entgelte im Zahlungsverkehr nach Umsetzung der Zweiten Zahlungsdiensterichtlinie (PSD II), WM 2018, 937 (zit.: *Omlor*, WM 2018).

Piekenbrock, Andreas: Das Recht der Zahlungsdienste zwischen Unions- und nationalem Recht, WM 2015, 797 (zit.: *Piekenbrock*, WM 2015).

Posner, Richard A, Economic analysis of law, 7th Edition, 2007 (zit.: *Posner*, Economic analysis of law).

Posner, Richard A, A Theory of Negligence, The Journal of Legal Studies, Vol. 1, Nr. 1, 1972, 29 (zit.: *Posner*, A Theory of Negligence).

Prütting, Hans / *Wegen,* Gerhard/ *Weinreich,* Gerd, Bürgerliches Gesetzbuch, Kommentar, 16. Auflage, 2021 (zit.: *PWW/Bearbeiter*, BGB, 16. Aufl.).

Rademacher, Lukas: § 675u BGB: Einschränkung des Verkehrsschutzes im Überweisungsrecht? NJW 2011, 2169 (zit.: *Rademacher,* NJW 2011).

Rammos, Thanos, The future is near ... field communication? Rechtliche Rahmenbedingungen bei kontaktlosen Zahlungen mittels mobiler Endgeräte, CR 2014, 67 (zit.: *Rammos,* CR 2014).

Ranieri, Filippo, Europäisches Obligationsrecht-Ein Handbuch mit Texten und Materialien, 3. Auflage, 2009 (zit.: *Ranieri*, Europäisches Obligationsrecht).

Recknagel, Einar, Vertrag und Haftung beim Internet-Banking, München 2005 (zit.: *Recknagel,* Vertrag und Haftung beim Internet-Banking).

Roggemann, Herwig/ *Bergmann,* Wilfried, Zivilgesetzbuch der Russischen Föderation, Erster Teil, 1997 (zit.: *Roggemann/Bergmann,* Zivilgesetzbuch der Russischen Föderation).

Roggemann, Herwig/ *Bergmann,* Wilfried, Zivilgesetzbuch der Russischen Föderation, Zweiter Teil, 1995 (zit.: *Roggemann/Bergmann,* Zivilgesetzbuch der Russischen Föderation).

Roshdestwenskaja, T.E. / *Gusnow,* A.G./ *Efimova* L.G., Privates Bankrecht, Lehrbuch [Tschastnoje bankowskoje prawo: utschebnik], 2020, (zit.: *Bearbeiter,* Privates Bankrecht).

Rösler, Patrick/ *Werner,* Stefan, Erhebliche Neuerungen im zivilen Bankrecht: Umsetzung von Verbraucherkredit- und Zahlungsdiensterichtlinie – Überblick über den Umsetzungsbedarf in der Bankpraxis anhand der vorliegenden Gesetzentwürfe, BKR 2009, 1 (zit.: *Rösler/Werner,* Erhebliche Neuerungen im zivilen Bankrecht, BKR 2009).

Roth, Markus, Der allgemeine Bankvertrag, WM 2003 (zit.: *Roth,* WM 2003).

Rühl, Wolfgang, Weitreichende Änderungen im Verbraucherdarlehensrecht und Recht der Zahlungsdienste, DStR 2009, 2256 (zit.: *Rühl,* DStR 2009).

Schäfer, Hans Bernd / *Ott,* Claus, Lehrbuch der ökonomischen Analyse des Zivilrechts, 6. Auflage, 2020 (zit.: *Schäfer/Ott,* Lehrbuch der ökonomischen Analyse des Zivilrechts).

Scheibengruber, Christian / *Breidenstein,* Matthias, SEPA – Eine Zumutung für Verbraucher? – Ein Beitrag zur Analyse der Veränderung der Verteilung des Rückerlangungsrisikos bei fehlgeleiteten Überweisungen durch die Zahlungsdiensterichtlinie, WM 2009, 1393 (zit.: *Scheibengruber/ Breidenstein,* WM 2009).

Scheibengruber, Erlangen, Zur Zulässigkeit und Sinnhaftigkeit der Verlagerung des Missbrauchsrisikos bei Zahlungsdiensten auf die Nutzer – Ein Beitrag zur Analyse der Umsetzung der Zahlungsdiensterichtlinie in das BGB und die AGB der Banken, BKR 2010, 15 (zit.: *Scheibengruber,* BKR 2010).

Scheibengruber, Christian, Zur Zulässigkeit und Sinnhaftigkeit der Verlagerung des Missbrauchsrisikos bei Zahlungsdiensten auf die Nutzer – Ein Beitrag zur Analyse der Umsetzung der Zahlungsdiensterichtlinie in das BGB und die AGB der Banken, BKR 2010, 15 (zit.: *Scheibengruber,* BKR 2010).

Schimansky, Herbert / *Bunte,* Josef-Hermann / *Lwowski,* Hans-Jürgen, Bankrechts-Handbuch, 2017 (zit.: *Schimansky/Bunte/Lwowski/Bearbeiter,* Bankrechts-Handbuch).

Schinkels, Boris, Die Verteilung des Haftungsrisikos für Drittmissbrauch von Medien des bargeldlosen Zahlungsverkehrs, Berlin 2001 (zit.: *Schinkels,* Die Verteilung des Haftungsrisikos für Drittmissbrauch).

Schulte am Hülse, Ulrich /*Klabunde,* Sebastian, Abgreifen von Bankzugangsdaten im Onlinebanking - Vorgehensweise der Täter und neuezivilrechtliche Haftungsfragen des BGB, MMR 2010, 84 (zit.: *Schulte am Hülse,* MMR 2010).

Schulze, Reiner / *Dörner,* Heinrich / *Ebert,* Ina / *Fries,* Martin / *Siegfried,* Friesen/ *Himmen,* Andreas / *Hoeren,* Thomas / *Kemper,* Rainer / *Saenger,* Ingo / *Scheuch,* Alexander, / *Schreiber,* Christoph / *Schulte-Nölke,* Hans/ *Staudinger,* Ansgar / *Wiese,* Volker: Bürgerliches Gesetzbuch: Handkommentar, 11. Auflage, 2022 (zitiert: Bearbeiter, BGB, 11. Aufl.).

Schwab, Dieter, *Löhnig,* Martin, Einführung in das Zivilrecht, mit BGB - Allgemeiner Teil, Schuldrecht Allgemeiner Teil, Kauf- und Deliktsrecht, 20. Auflage, 2016 (zit.: *Schwab/Löhnig,* Einführung in das Zivilrecht).

Schwintowski, Hans-Peter, Bankrecht, 6. Auflage, 2022 (zit.: *Schwintowski/Bearbeiter,* Bankrecht, 6. Aufl.).

Sergeev A.P, Zivilgesetzbuch der Russischen Föderation. Teil 2. Studien- und Praxiskommentar, [Kommentarij k Grashdanskomu kodeksu Rossijskoj Federazii. Tschast' wtoraja: Utschebno-praktitscheskij kommentarij (postatejnyj)], 2010 (zit.: *Sergeev/Bearbeiter,* Kommentar zum Zivilgesetzbuch der Russischen Föderation).

Shamraev, Andrej, Rechtliche Regulierung von Zahlungsdienstleistungen: Vergleichende Analyse der russischen und europäischen Rechtsansätze [Prawowoje regulirowanije plateshnych uslug: srawnitel'nyĭ analis podchodow rossiĭskogo i jewropeĭskogo prawa], Den'gi i Kredit, 2011 (zit.: *Shamraev,* Rechtliche Regulierung von Zahlungsdienstleistungen: Vergleichende Analyse der russischen und europäischen Rechtsansätze).

Söbbing, Thomas, Mobile Zahlungssysteme -Die rechtlichen Herausforderungen bei Zahlungen via Smartphone, Tablet, Watch etc., WM 2016, 1066 (zit.: *Söbbing,* WM 2016).

Solotych, Stefanie: Das Zivilgesetzbuch der Russischen Föderation – Erster Teil. Textübersetzung mit Einführung, 2. Auflage 1997 (zit.: *Solotych,* Das Zivilgesetzbuch der Russischen Föderation).

Spitzer, Albert, Gesetz zur Umsetzung der Zweiten Zahlungsdiensterichtlinie, MDR 2018, 561 (zit.: *Spitzer,* MDR 2018).

Suchanov, E.A, Zivilrecht, Lehrbuch in zwei Bänden, Band.1, Allgemeiner Teil [Rossijskoje grashdanskoje prawo: Utschebnik: W 2-ch tomach, Tom I, Obschtschaja tschast'] 2011 (zit.: *Suchanov,* Zivilrecht, Bd.1).

Taupitz, Jochen, Ökonomische Analyse und Haftungsrecht- Eine Zwischenbilanz, AcP 196 (1996) (zit.: *Taupitz,* Ökonomische Analyse und Haftungsrecht).

Taupitz, Jochen, Zivilrechtliche Haftung bei Kreditkartenmissbrauch, 1996 (zit.: *Taupitz,* Kreditkartenmissbrauch).

Tihomirov M.U. (Hrsg.), Juristische Enzyklopädie [Juriditscheskaja enziklopedija], 1998 (zit.: *Tihomirov,* Juristische Enzyklopädie).

Ulmer, Eugen: Das Recht der Wertpapiere, Stuttgart 1938 (zit.: *Ulmer,* Das Recht der Wertpapiere).

Ulmer, Peter / *Brandner,* Hans Erich, *Hensen,* Horst-Diether, AGB-Recht, 13. Auflage, Köln 2022 (zit.: *Ulmer/Brandner/Hensen,* AGB- Recht, Kommentar).

Van Gelder, Alfons / Phisher, Pharmer & Co. – Angriffe und Haftung beim Online-Banking, aus der Praxis eines Ombudsmannes, FS Nobbe, 2009, 55 (zit.: *Van Gelder,* Alfons FS Nobbe 2009).

Verheyen, Jan / *Elgert,* Daniel, Haftungsfragen bei Angriffen auf das mobile TAN-Verfahren beim Online-Banking, K&R 2015, 440 (zit.: *Verheyen,* K&R 2015).

Weber, Klaus, Rechtswörterbuch, München 2021 (zit.: Weber, Rechtswörterbuch).

Werner, Stefan, Das Weisungsrecht im Überweisungsrecht, BKR 2010 (zit.: *Werner,* BKR 2010).

Werner, Stefan, Wesentliche Änderungen des Rechts der Zahlungsdienste durch Umsetzung der Zweiten EU-Zahlungsdiensterichtlinie in deutsches Recht, WM 2018, 449 (zit.: Werner, WM 2018).

Werner, Stefan, Neue Möglichkeiten für Zahlungsdienstnutzer im Recht der Zahlungsdienste nach Umsetzung der PSD II, ZBB 2017, 345 (zit.: Werner, ZBB 2017).

Westphalen, Friedrich Graf v.: Zustimmungsfiktion zur Vertragsänderung im Verbraucher- und Unternehmerverkehr, NJW 2021, 3145 (zit.: NJW, 2021, 3145).

Wiebe, Andreas, Die elektronische Willenserklärung, Kommunikationstheoretische und rechtsdogmatische Grundlagen des elektronischen Geschäftsverkehrs, Tübingen 2002 (zit.: *Wiebe,* Die elektronische Willenserklärung).

Winkelhaus, Jan-Dirk, Der Bereicherungsausgleich im Lichte des neuen Zahlungsdiensterechts, BKR 2010, 441 (zit.: Winkelhaus, BKR 2010).

Wolf, Manfred / *Neuner,* Jörg, Allgemeiner Teil des Bürgerlichen Rechts, 11. Auflage, München 2019 (zit.: *Wolf/Neuner,* Allgemeiner Teil des Bürgerlichen Rechts).

Zahrte, Kai, Angriffe auf das Onlinebanking im Jahr 2016 – Zugleich eine Besprechung von LG Köln (Az. 30 O 330/14) und OLG Köln (Az. 13 U 223/15) in diesem Heft, BKR 2016 (zit.: *Zahrte,* BKR 2016).

Zahrte, Kai, Neurungen im Zahlungsdiensterecht, NJW 2018, 337 (zit.: Zahrte, NJW 2018).

Zahrte, Kai, Neue Möglichkeiten für Zahlungsdienstnutzer im Recht der Zahlungsdienste nach Umsetzung der PSD II, ZBB 2017, 345 (zit.: Zahrte, ZBB 2017).

Zwade, Christian / *Mühl,* Thomas, Der Aufwendungs- und Schadensersatzanspruch im Kreditkartengeschäft, WM 2006, 1225 (zit.: *Zwade/Mühl,* WM 2006).

Zweigert, Konrad /*Kötz,* Hein, Einführung in die Rechtsvergleichung: Auf dem Gebiete des Privatrechts, 3. Auflage, 1996 (zit.: Zweigert/Kötz, Einführung in die Rechtsvergleichung).